# ナチズム前夜
## ワイマル共和国と政治的暴力

原田昌博
Harada Masahiro

a pilot of wisdom

# 目次

図版作成／MOTHER

# 凡例

一、本書では、「国民社会主義ドイツ労働者党」（ＮＳＤＡＰ）を基本的に「ナチス」と表記し、政党としての意味合いが大きい場合には「ナチ党」の表記を用いる。

一、本書では、ナチ党を支持する者を「ナチ党員」（もしくは「ナチス」）、共産党を支持する者を「共産党員」と表記する（党籍の有無を示すものではない）。ただし、史料を引用する場合には必要に応じて、前者を「国民社会主義者」、後者を「共産主義者」とする。

一、「Weimar」は近年、ドイツ語の原音に近い「ヴァイマル」と表記されることが多くなっているが、本書では長年の慣例と日本語としての親しみやすさから「ワイマル」の表記を用いる。

一、本書で引用された原史料や欧米文献の翻訳は筆者によるものである。なお、すでに翻訳書がある場合はそれを引用しているが、必要に応じて訳語を変更している。

一、史資料の引用において、中略した部分は「……」と示す。

# 略語一覧

ADGB　ドイツ労働組合総同盟
BVG　ベルリン交通会社
HJ　ヒトラー・ユーゲント
NSBO　ナチス経営細胞組織
OHL　ドイツ軍最高司令部
RFB　赤色前線兵士同盟
RGO　革命的労働組合反対派
RLB　全国農村同盟
SA　ナチス突撃隊
SS　ナチス親衛隊

# 序章　ワイマル共和国と政治的暴力

## 一九三二年夏、ベルリン

一九三二年七月一日深夜、ベルリン有数の労働者地区ヴェディングのノイエ・ホッホ通り。ここで、集会から帰宅途中だったナチス突撃隊（SA）の一団に向けて、接近してきたサイドカー付きバイクから数発が発砲され、さらに付近の住宅からの発砲が続いた。犯人は共産党員であり、発砲は三〇発近くに及んでいた。この襲撃で、SA隊員一名が喉を撃たれて死亡し、三名が負傷した。その後、駆けつけた警官たちに対しても発砲が行われ、警察も応射して、多数の共産党員が逮捕されている。さらにこの一時間半後にも、この通りの近くでナチ党員と共産党員の銃撃戦が発生し、ナチ党員二名が負傷している。[*1]

翌二日、前日の事件に報復するかのように、ベルリン市内ではナチ党員が共産党系の酒場に向けて発砲する事件が相次いだ。二日深夜だけで、警察は七件の銃撃事件を確認している。その一つ、労働者地区フリードリヒスハインのフォークト通りの酒場での事件では、二三時三〇分頃、サイドカー付きバイクから六発が撃ち込まれ、店の入り口付近にいた一名が死亡、一名が負傷している。警察の報告書によると、「ナンバーのないバイクがライトを消してゆっくりと酒場のそばを通り過ぎ、乗っていた三人が二丁のピストルから五、六発を発射した」[*2]という。警察は犯人を不明としているが、この夜の銃撃事件すべてが共産党系の酒場を標的としていたこともあり、ナチスによる犯行の可能性が極めて高い。

事件の二週間ほど前、六月一六日に、四月一三日付で施行されていた「SA禁止令」が撤回され、SAは再び公共空間に登場していた。さらに六月二八日には、政治的諸党派による屋外での集会や行進、あるいは制服の着用に対する規制が大幅に緩和されたことで、ベルリン市内では敵対するナチスと共産党の活動が活発化していた。その結果、両派の対立は激化し、暴力沙汰が頻発するようになったというのが、七月初旬のベルリンの状況である。

似たような暴力が毎日のように発生する中では、たとえ死者が出ていたとしても、これらの銃撃事件が一般紙で大きく報じられることはなかった。この頃のベルリンで、この種の事件は話題性も緊急性も低い、いわば「ありふれた」出来事に過ぎなかったからである。二つの事件は、特にセンセーションを巻き起こすことなく、人びとの記憶の彼方《かなた》に消えていくことになる。

## 「平穏」な夜

もう一つ、関連する話を取り上げてみたい。

ベルリン北部のアイヒボルンダムにあるベルリン州立文書館には、一八〇九年から一九四五年までのベルリン警察関係の史料が時期・タイトルごとに綴《と》じられ保管されている。

この中に、一九三二年夏にベルリンで発生した「政治的動機を持つ暴力」の発生件数をまとめた警察日報が残されている。これは、ある日の八時（ないし一五時）から翌朝八時までに発生した政治的な暴力沙汰や違法行為の件数、被害者や逮捕者の数、さらに武器の押収数が記録された速報的な報告書であり、現存するもので最も日付が古いのは、一九三二年六月二一日一五時から二二日八時までの記録（六月二二日付）であり、最後は同年九月五日付である。この間で現存する六七日分の日報を眺めてみると、ベルリンで「政治的暴力」（政治的動機を持つ暴力）が報告されなかったのはわずか三日だけであったことが判明する。

先に挙げた二つの銃撃事件も、この日報に含まれている。SAの禁止解除を契機として、ベルリンでは政敵どうしの暴力がエスカレートしていたが、この日報からもこの時期のベルリンの夜の物騒な様子がひしひしと伝わってくる。参考までに一日分の内容を眺めてみよう。例えば、一九三二年八月一日付の日報は図1のような感じである。

**【図1】**

| 1932年7月31日8時から8月1日8時までの総計 | |
|---|---|
| 政治的乱闘（4件の銃撃事件を含む） | 15件 |
| デモ未遂 | 6件 |
| 広告柱への放火 | 1件 |
| 旗のもぎ取りやポスターの引き剝がし | 4件 |
| 負傷者 | 9名 |
| 拘束された者 | 103名 |

| 押収された武器 | |
|---|---|
| ピストル | 2点 |
| ガス銃 | 2点 |
| 威嚇射撃用ピストル | 1点 |
| 刀剣類 | 8点 |

七月三一日八時からの二四時間で、ベルリン市内では銃撃事件だけで四件が発生し、それを含む一五件の政治的乱闘で九名が負傷している。警察が拘束した人数は三桁に上り、ピストルなどの武器も押収されている。

驚くべきは、日報の中で、この夜が「平穏に経過した」と評されている点である。翌日も銃撃事件二件を含む政治的乱闘六件、広告柱への放火三件、集団落書き一件が発生し、負傷者二名、被拘束者三九名で、ピストル二点と刀剣類五点が押収されているが、やはりこの日の日報も、前夜が「平穏に経過した」と報告している。現在の日本の首都で一夜にしてこれほどの事件が発生すれば、間違いなく大騒ぎとなるだろう。この状況を「平穏」とみなすのは、死者が出なかったからであろうか。いずれにせよ、そうした感覚が物語っているのは、政治的暴力が日常化し、取り立てて騒ぐほどではないと感じられていたことである。

## ワイマル共和国についての二つの記憶

それにしても、こうした暴力がありふれた光景になるとは、この頃のベルリン、あるいはドイツは、いったいどのような社会状況だったのだろうか。このような疑問を抱きつつ、本書はワイマル共和国（一九一八～三三年）の政治史を緯糸《よこいと》、その時々の政治的暴力の状況を経糸《たていと》として、共和国の成立から崩壊までの歴史を紡いでいく。

ワイマル共和国は、第一次世界大戦末期に発生したドイツ革命（一九一八年一一月）により誕生し、ナチスの政権獲得（一九三三年一月）によって崩壊したドイツ史上初の議会制民主主義体制の国家である。革命の喧騒《けんそう》を避けて、首都ベルリンではなく中部ドイツの小都市ワイマルに革命後初の国民議会が召集され、そこで憲法が制定されたため、この呼称が用いられている。

存続期間が一四年余りと「短命」であったにもかかわらず、政治的・社会的・文化的に現在とつながる数々の「遺産」を残したことで、ワイマル共和国は今なお独自の「輝き」を放っている。帝政時代の権威主義的・君主主義的な憲法にとってかわったワイマル憲法は自由主義的な色彩が強く、男女同権やさまざまな市民的自由を保障し、私有財産権の不可侵を謳《うた》っていた。また、社会権を規定した最初の憲法としても知られ、現在でも民主的憲法の代名詞のような存在となっている。

その上、ワイマル共和国では、機能美を追求したバウハウス様式や表現主義に代表される現代的なアート、映画やカフェ、デパートあるいは「見るスポーツ」などの娯楽的な大衆文化が全面的に開花し、「ワイマル文化」として一つの時代を築いた。これらはさまざまな形で現在のわれわれの社会に息づいており、この共和国はしばしば「現代の始期」と位置づけられている。

とはいえ、ワイマル共和国に関しては、そうしたポジティブな記憶以上に、ナチスに打倒された「悲劇の共和国」としての記憶の方が強いかもしれない。ワイマル共和国からナチ体制への展開は、民主主義から独裁への歴史の「暗転」として認識され、第二次世界大戦後の研究では「なぜ民主主義からナチズムが生まれたのか」という問題意識が共有されてきた。この問いかけは、今なおアクチュアリティを失うことなく、多くの研究が世に問われ続けている。

実際、ワイマル共和国史に関する研究では、この問題意識の中で「暗転」のさまざまな原因が論じられることになり、ドイツ革命の頓挫、第一次世界大戦の休戦協定調印への反発（軍事的敗北ではなく銃後からの裏切りがドイツの敗戦を決定づけたとする、いわゆる「匕首《あいくち》伝説」）、ヴェルサイユ条約の「苛酷」な条件、天文学的数字のハイパーインフレーション、賠償問題をめぐる国際関係の緊張、世界恐慌の深刻な影響、議会政治の混乱とその結果としての権威主義的な大統領緊急令統治（いわゆる「大統領の独裁」）などが議論の俎上《そじょう》に載せられてきた。それは、民主的な憲法に象徴される共和国の「理念」とナチスの台頭という「現実」の間にある、大きなギャップを埋めようとする試みであったと言えるだろう。とりわけ、その成立段階の状況が共和国の運命を規定することになり、ドイツ史上初の議会主義共和国は、現在のイメージとは程遠い「愛されない共和国」として常に危機と向き合うことになるのである。

## 「暴力」から見るワイマル共和国史

ワイマル共和国の一四年間の歴史は、一般的には三つの時期に区分して説明されることが多い。すなわち、前期（一九一八〜二三年）、中期（一九二四〜二九年）、後期（一九三〇〜三三年）である。その際、前期は暴力的な内戦状況が続いた「戦後混乱期」、中期は経済の安定に伴って政治や国際関係も安定した「相対的安定期」と呼ばれている（ワイマル文化についてもこの時期の中で論じられる）。これに対して、世界恐慌の発生を契機に政治・経済・社会が再び混乱状況となり、その中でナチスが台頭した後期は共和国の「崩壊期」に位置づけられている。

こうした理解の中で、最終的にアドルフ・ヒトラーの首相指名（一九三三年一月三〇日）に至る「崩壊期」は、ナチスが選挙で「勝利」した過程として描かれることになる。本書でも触れるように、この時期のナチスの選挙での目覚ましい躍進は「誰がナチスを支持したのか」という、もう一つの問いかけを生み出し、特定の社会階層・集団とナチスとの関係を解明することが研究の重要なテーマとなってきた。

ワイマル共和国からナチ体制への「暗転」が歴史研究の関心であり続ける限り、それを引き起こした原因、すなわちワイマル共和国が直面した政治・経済・社会・国際的な「危機」の分析、あるいはナチスの社会的基盤（支持層）への問いかけが重要であることは言うまでもない。

しかし、本書はこれまでのワイマル共和国史において、中・後期の「暴力」の問題が後景化されたことを重大な空白だと考えている。それは、歴史家D・ブラジウスがワイマル共和国後期の政治的暴力を「忘れられた内戦」と呼び、研究の欠落を批判したことに重なる。[*3] 冒頭で政治的暴力事件の事例を取り上げたのは、ワイマル共和国が後期においても政治的暴力の問題を抱えていたことを示すためである。少々の暴力沙汰では新聞は取り上げず、警察もたいしたことではないと認識していたのであれば、それが意味するのは、政治的暴力が社会の中に深く入り込み、常態化していたということであろう。本書は、政治的暴力の問題が共和国の最初から終わりまで一貫して影を落としており、それが共和国の政治的安定性を揺るがす負荷になっていたのではないかと想定している。

繰り返しになるが、本書がめざすのは、この想定の下で「政治的暴力」というフィルターを通してワイマル共和国の歴史を見つめることである。

分析を始めるにあたって、もう一つ指摘しておかなければならないのは、ワイマル共和国の前期と中・後期には、大きく異なる二種類の政治的暴力が存在していた点である。すなわち、前期の暴力の特徴は、成立したばかりの議会主義体制の打倒を狙って、右翼や左翼の急進的反共和国勢力が体制（公権力）に向けて暴力を行使していたこと（あるいはその反作用として体制側から反共和国勢力に対して暴力が行使されていたこと）であった。本書では、こうした暴力を「体制転覆志向型暴力」と呼ぶことにする。

これに対して、中・後期の暴力では、それが敵対する党派間で行使された点が特徴的であり、体制（公権力）は党派間のぶつかり合いを監視・抑制する役割を担っていた。こちらのタイプの暴力を、本書では「党派対立型暴力」と呼ぶことにする。この暴力の主体となった党派は、①ナチスとその武装組織であるSA、②共産党とその武装組織である赤色前線兵士同盟（RFB）やその後継組織、③社会民主党を中心とする共和国擁護派の国旗団や、④右翼の鉄兜《シュタールヘルム》団などである。

それぞれの暴力の簡略的な構図を示すと図2のようになるだろう。体制転覆志向型暴力は国家的な体制問題として軍が出動する事態となるのに対して、党派対立型暴力は治安問題であり、警察の取り締まり対象となる。

簡潔に言えば、体制転覆志向型暴力は「体制（公権力）対反体制（右翼・左翼）」の「縦」の対立関係、党派対立型暴力は「党派対党派」の「横」の対立関係となるだろう。本書は共和国中・後期の党派対立型暴力に重心を置きつつ、共和国前期やナチス体制初期までを射程に入れて、ワイマル共和国からナチス体制への展開を捉えていく。これが本書の一つ目の特徴である。

【図2】

## 体制転覆志向型暴力の構図

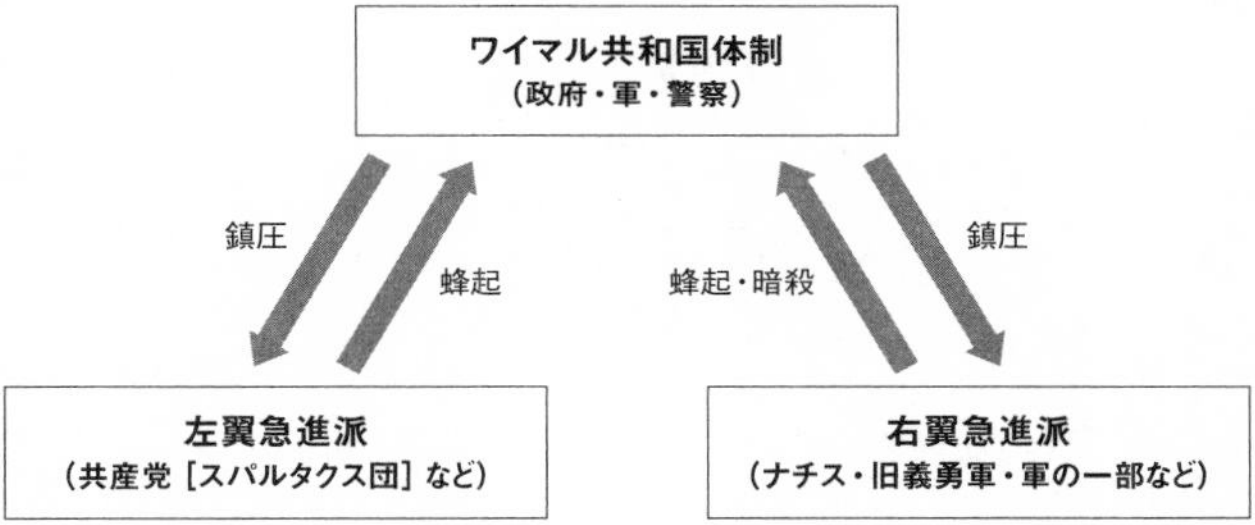


## 党派対立型暴力の構図

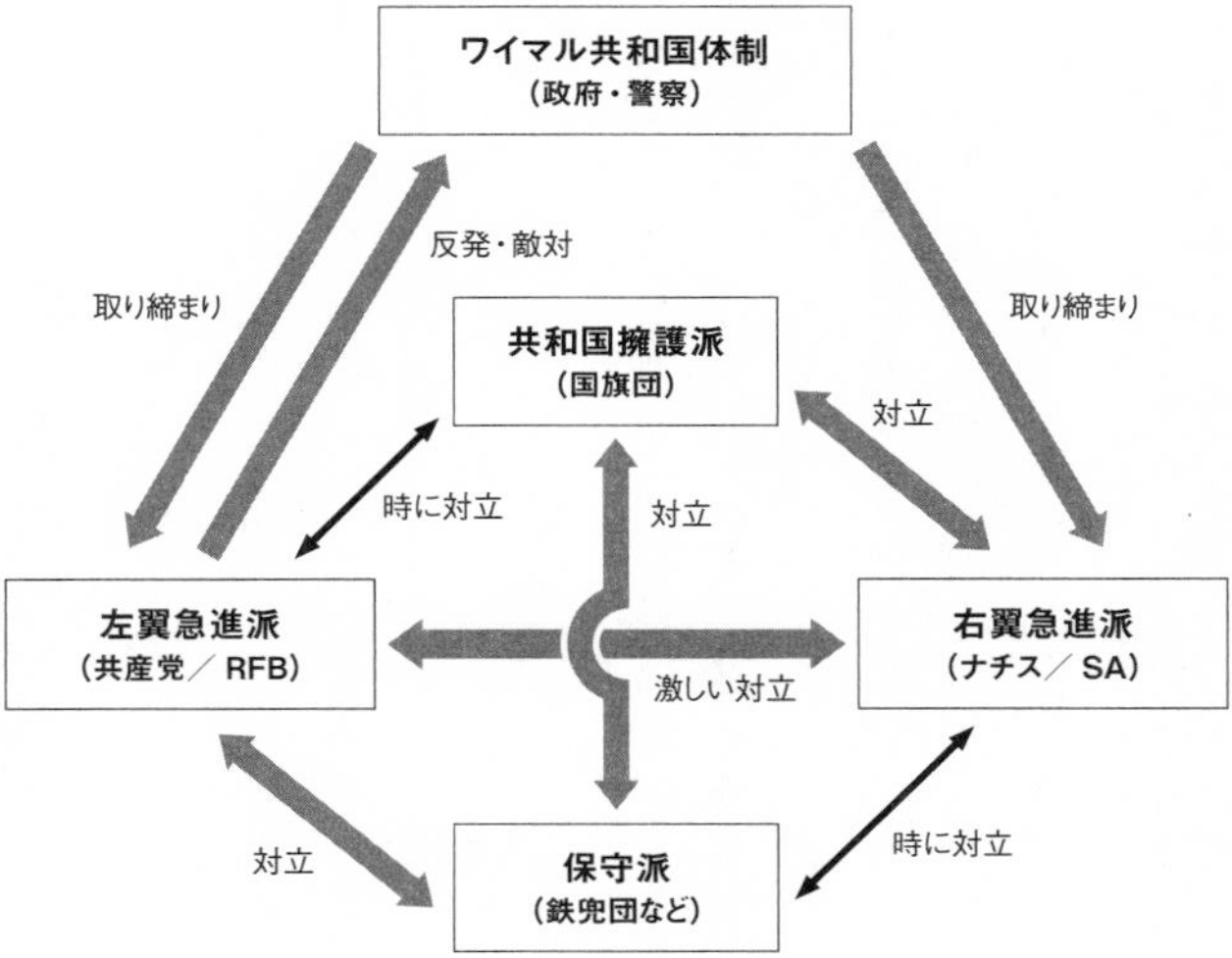

## 舞台としての首都ベルリン

本書の二つ目の特徴は、首都ベルリンの事例を中心に扱うことである。

もっとも、地方分権的・非中央集権的に発展してきたドイツでは、各州・各地域は自立性を維持し、それぞれが独自の文化的・社会的な特徴を持っているため、一つの地域事例をドイツ全体へ敷衍《ふえん》して一般化することには留保が必要となる。それは、首都ベルリンという事例であっても同じである。

それでも、ベルリンを取り上げる理由は二つある。

第一に、ベルリンに関しては政治的暴力に関する史料が比較的豊富に残されており、その活用により綿密な実態解明が期待される点である。本書は、ベルリンの文書館の所蔵文書から明らかとなる具体的な事例を織り交ぜて、政治的暴力の問題にアプローチしていく。

第二に、ベルリンで発生する政治的暴力が内包していた共和国の政治に対するインパクトの大きさである。ベルリンは共和国（ライヒ＝国家）の首都であると同時に、国土の三分の二を占める最大の州（ラント）プロイセンの首都でもあり、ここで発生する政治的暴力が引き起こす問題は、ライヒとラントの政治に対して陰に陽に影響を及ぼすことになった。この点も、本書の中で言及されるはずである。

本書の三つ目の特徴として挙げておきたいのは、政治的暴力の問題を政府・公権力や政党の指導部レベルの問題として「上」からの視点で分析するだけでなく、「ふつうの人びと」を主体として「下」から描く視点、つまり社会史を取り入れる点である。

ここで重要となるのが、「近隣社会」、「街頭」および「酒場」といった生活空間のレベルで政治的暴力を捉えることである。ベルリンの小さな街区や通りといった身近な場所において、共産党やナチスなどの政治的諸党派を支持する「ふつうの人びと」が暴力を介してどのように交錯していたのか、その実態に触れていきたい。これにより、共和国の政治的暴力の社会の隅々への広がりとその問題性を問うことができるはずである。

## 今「ワイマル共和国」を考えること

二一世紀の「現在」を生きるわれわれにとって、ワイマル共和国の出来事はおよそ一〇〇年前の話である。加えて、日本から遠く離れたドイツでの出来事でもある。だが、われわれにとって、ワイマル共和国での政治的暴力の問題は「遠い昔」、「遠い場所」の話なのだろうか。

残念ながら、政治と暴力は、現在の世界においても時に密接な関係となる。

本来なら、言葉を手段として理性的な議論の中で妥協点を見出《みいだ》し、価値観を異にする意見にも耳を傾けるというのが、民主主義の根幹であり、そうでなければならないはずである。しかし、現実の世界は、そうした姿から遠ざかっているように思える。

自らの正当性を声高に主張し、相手の声には耳を貸さず、それどころか政治的に敵対する者を「悪」として徹底的に攻撃する。たとえ身体的な暴力ではないにしても、言語的な暴力で相手を叩《たた》いて追い詰めていく。そうした現実がわれわれの「現在」であるとすれば、ワイマル民主主義が陥った状況を「現在」に重ね合わせ、「現在」を考える材料とすることは、あながち的外れと言えないのではないだろうか。

そのような思いを込めつつ、本書では先に挙げた視点に軸足を置きながら、ワイマル共和国＝「ナチズム前夜」の現実の中へと立ち入ってみたい。

# 第一章　暴力で始まった共和国——共和国前期の政治

## 一　ドイツ革命

### 共和国前期の政治的暴力

一九一八年一一月のドイツ革命から、二三年一一月のナチスによるミュンヘン一揆《いっき》に至る五年間のワイマル共和国は、左右の政治勢力からの暴力的な挑戦にさらされ、暴力の主体が右と左の間をシーソーのように入れ替わりながら、政治に暴力が連動する尖鋭《せんえい》化した状況が続くことになる。「多数の残酷で劇的な暴力事件が一一月革命後の最初の数年を特徴づけていた」[*1]のである。この動きへの反作用として、体制側から反対勢力（特に左翼）に対する暴力も繰り返されることになり、おびただしい数の犠牲者を生み出していく。

共和国前期の政治的暴力には、いくつかの局面がある。第一に、ドイツ革命とその余波が続いた一九一八年一一月から一九一九年春にかけての時期であり、左翼革命勢力と反革命勢力との闘争がその中心となる。第二に、一九二〇年春に発生したカップ＝リュトヴィッツ一揆とそれに続くルール地方での闘争の段階である。第三に、「三月行動」と呼ばれる共産党の蜂起が発生し、急進的右翼による政治的暗殺が横行した一九二一年春から一九二二年にかけての時期である。そして最後に、フランス・ベルギーによるルール地方の占領に対するドイツ側の武装闘争に始まる一九二三年の緊迫した状況であり、共産党の「ドイツの十月」やナチスのミュンヘン一揆が発生した秋に、緊張はピークに達することになる。

以下では、この四つの局面を中心に、ワイマル共和国体制に対する暴力とその反作用としての体制側からの暴力の展開を眺めてみることにしよう。

### 革命直前の状況

一九一八年八月、第一次世界大戦が五年目を迎え、西部戦線やバルカン戦線での軍事的敗北が決定的になる中、ドイツでは停戦交渉と政治改革が議事日程に上り始めていた。一九一四年八月の開戦時に築かれた「城内平和」（挙国一致）のムードは、長引く総力戦がもたらす国民生活の窮乏化の中ですっかり過去のものになっていた。一九一七年四月には、社会民主党が戦争継続に賛成する多数派（党員数約一〇〇万人）と、それに反対する少数派（党員数約一〇万人）に分裂し、後者は独立社会民主党を結成した（その最左派にプロレタリア革命を標榜《ひょうぼう》する急進的なスパルタクス団が位置した）。一九一八年に入ると、ベルリンを皮切りにドイツ各地では独立社会民主党の影響下で民主化や反戦平和を訴えるストライキが頻発していく。

大戦末期、ドイツには三つの政治的選択肢が存在していた。第一に社会民主党多数派や中道政党の連立政権で議会主義化を実現する「上からの改革」であり、第二にドイツ各地で醸成されつつあった急進的ムードを利用してロシア革命の再現をめざすスパルタクス団の「下からの革命」である。もう一つが徹底抗戦による「勝利による平和」にこだわる軍部独裁であるが、もはや勝利が絶望的になる中で、パウル・フォン・ヒンデンブルクやエーリヒ・ルーデンドルフを中心とするドイツ軍最高司令部（OHL）はこの路線を放棄して「上からの改革」を容認し、ドイツ政府に敗戦の責任を負わせる方向へ舵《かじ》を切っていた。

一九一八年一〇月三日に首相に任命されたマックス・フォン・バーデンの下で初入閣した社会民主党は、カトリック中央党や自由主義左派の進歩党とともに「十月改革」を進めたが、それは「下からの革命」を回避しつつ、帝国憲法を改正して議院内閣制を導入しようとする「上からの改革」であった。改正憲法は一〇月二八日に発効し、この改革は実現した。その前日に機関紙『フォアヴェルツ』でなおも新たな戦時公債の引き受けを訴え、完全に体制内化していた社会民主党は、帝政の存続を前提に、旧支配層（特に軍部）との妥協の下で「立憲君主制」からさらに踏み込んだ「議会主義君主制」への転換を志向していた。他方、軍部にとって、こうした「改革」は敗戦の全責任をドイツ政府に押しつけるための譲歩であり、「ドイツ最初の議会制政府は、まさにこれ以上悪くなれないくらい不利な状態で登場」[*2]したのであった。

もっとも、軍事的敗北の現実化と国民の間に広がっていた厭戦《えんせん》・反戦ムードの中で、帝政を温存しつつ議会主義化をめざす十月改革は「政治的な紙くず」[*3]同然となっていった。総力戦がもたらした社会的な苦境、とりわけ「かぶらの冬」が象徴する日常的な食料難の経験は、労働者をはじめとする人びとの鬱積した怒りを表出させ、「下からの革命」を誘発することになる。そのきっかけとなったのが、北海に面したドイツ有数の軍港ヴィルヘルムスハーフェンでの水兵たちの反乱であった。

### キール蜂起――水兵たちの反乱から革命へ

一九一八年一〇月末、ドイツ海軍指導部はイギリスとの最後の艦隊決戦のため、ヴィルヘルムスハーフェンの外洋艦隊に出撃命令を下した。しかし、沖合に停泊していた軍艦では乗組員の水兵たちが命令を拒否し、約一〇〇〇名が逮捕される事態が生じた。反乱はさらに拡大し、一一月三日にはバルト海側の軍港都市キールで兵士や労働者が蜂起するに至った。これがドイツ革命の始まりである。この日のキールでは、水兵たちの釈放を要求する兵士や労働者たちのデモに向けて憲兵隊が発砲し、九名が死亡、二〇名が負傷する惨事が発生している。

四日夕方、キールは革命勢力の支配下に入った。キールから散開して列車で移動した水兵たちの一団が各地の駐屯軍兵士や労働者たちと合流することで、革命の波は、まず北ドイツ諸都市（リューベック、ハンブルク、ブレーメン、クックスハーフェン）、さらに数日内には南下してドイツ各地へと「燎原《りようげん》の火」のように拡大していった。

各地で反乱を起こした兵士や労働者たちは、新秩序の執行・管理機関として自然発生的に「レーテ」（評議会）を結成した。選挙によらず直接的に選出されたレーテは革命権力を強化・拡大することを目的としており、大戦末期の厭戦気分の中で発生した各地のストライキ運動と連続していた。形の上で、それは前年に発生したロシア革命で政治的実権を掌握した「ソヴィエト」（評議会）のドイツ版であり、労働者と兵士のレーテはしばしば統一されて、「労働者・兵士（労兵）レーテ」となった。もっとも、このレーテの多くは急進的革命の推進機関とはならず、むしろ多数派社会民主党（以下、多数派を指す場合は「社会民主党」と表記）主導下の穏健な組織であり、食料配給、住宅の統制、失業者救済など地域住民に対する支援・補助機関としての役割を果たしていた。レーテ内の一部の急進左派勢力が「すべての権力をレーテへ」のスローガンの下、ロシア革命型のレーテ独裁をめざして突き進んでいくことになる。

一一月九日、ベルリン

一一月初旬に最も急進化したのはバイエルン地方であった。一一月七日、ミュンヘンではヴィッテルスバッハ家による王朝支配が崩壊し、独立社会民主党のクルト・アイスナーによって「バイエルン自由国」が宣言されて一足早く共和制へと移行している。

二日後の一一月九日には、首都ベルリンにも革命が波及した。この日、ベルリンはめまぐるしく事態が変化する一日を経験することになる。折しも、前日にはフランスのコンピエーニュで、中央党のマティアス・エルツベルガーを長とするドイツ代表団が連合国との講和交渉を開始していた（一一月一一日にドイツ側の無条件降伏に近い条件で休戦協定調印）。

ベルリンでの革命運動をリードしたのは、スパルタクス団と「革命的オプロイテ」（ベルリンの金属労組を中心に大戦中に形成された急進的グループで独立社会民主党の最左派勢力の一つ）であった。これらのグループの呼びかけに応じて、すでに九日午前中にはベルリン中心部で数十万人の街頭デモが実施されていた。この動きの中で、首相マックス・フォン・バーデンは正午頃に皇帝ヴィルヘルム二世の退位と社会民主党のフリードリヒ・エーベルトへの首相職の移譲を表明した。この知らせは「一五分以内に市内全域に拡大した」[*4]と言われるほどの衝撃であった。

この時点で、エーベルトが意図していたのは十月改革の継続であり、民主的な国民議会選挙を早期に実施して憲法を制定するつもりでいた。しかし、エーベルトが知らないまま、一四時に同じく社会民主党のフィリップ・シャイデマンが帝国議会議事堂のバルコニーから、群衆に向かって「ドイツ共和国」の成立を宣言し、二時間遅れて、今度は王宮前広場でスパルタクス団のカール・リープクネヒトが「ドイツ自由社会主義共和国」の成立を宣言した。二つの共和国宣言は、これから起こる革命運動内の分裂と深刻な対立の予兆であった。翌日、ヴィルヘルム二世はオランダへ亡命した。

## 革命の対立構図

一一月一〇日には、エーベルトを含む社会民主党と独立社会民主党から三名ずつが参加した「人民代表委員会」（臨時政府）が設置された。社会民主党は憲法制定のための国民議会選挙の実施をめざしており、エーベルト自身は「打倒された体制の破産管財人[*5]」を自認していた。急進的な独立社会民主党を臨時政府に受け入れた背景には、革命の行方を制御し、レーテ運動に対抗する意図があった。一方、独立社会民主党内では、左派が議会主義を拒否し、レーテ独裁へのこだわりを見せていた。もっとも、人民代表委員会の日常的な政務を実質的に取り仕切ったのは、各部局に配置された「専門閣僚」と呼ばれるブルジョア的な専門家たちであり、臨時政府が社会主義革命ではなく、中道政党との協力によるブルジョア自由主義の実現をめざしていたのは明らかであった。

その後、革命のさらなる進展を阻止するため、エーベルトら社会民主党指導部はさらに旧勢力との協力関係を選択していく。その一つが、軍部との政軍協力関係の構築であり、一一月一〇日に首相エーベルトとＯＨＬの実質的トップである参謀次長ヴィルヘルム・グレーナーの間で結ばれた取り決めだった（エーベルト・グレーナー協定）。それは、国防軍が臨時政府に協力する代わりに、臨時政府は将校団とその指揮権の存続を認める内容であり、ドイツのボルシェヴィズム化（共産主義化）阻止と秩序回復を狙ったものであった。同時に、それは軍が実質的に民主的政府の統制外に置かれることも意味していた。

さらに、一一月一五日には労働組合と資本家団体の間で「中央労働共同体協定」（シュティンネス・レギーン協定）が結ばれた。これにより、資本家側が労働組合を労働協約の交渉相手として認め、八時間労働制の導入や五〇名以上の従業員がいる全経営（事業所や工場）内での「労働者委員会」（後の経営協議会）設置に同意する一方で、労働組合側は革命の焦点の一つであった生産手段の社会化を断念することになった。

結局、社会民主党にとっての革命とは、すべての国民から選挙された議会による憲法制定であり、それを超える社会主義的な変革、ましてやロシアのようなボルシェヴィズム化など論外であった。旧勢力との協力関係もこうした目標実現のための現実的な選択であった。こうして、ドイツ革命は旧体制の支配勢力と革命勢力の対立ではなく、革命勢力内での穏健派と急進派の争い、もっと言えば、かつては同じ社会民主党内にいた者どうしの争いへ収斂《しゅうれん》していった。

一一月一〇日のベルリンでは、革命派の労働者や兵士の代表としてのレーテ運動も活発な動きを見せていた。約三〇〇〇人の労働者と兵士のレーテ代表がベルリン最大の集会場であるブッシュ・サーカスに集まり、レーテの中央機関となる執行委員会を選出した。この委員会は人民代表委員会を監視・統制することを意図していたが、実際のところ、社会民主党と独立社会民主党が同数の代表を送っており、人民代表委員会を臨時政府として承認したことで、急進的革命を推進する対抗勢力とはならなかった。つまり、レーテ運動の多数派も変革ではなく秩序の安定を志向していたのであり、ロシアにおける臨時政府とソヴィエトのような二重権力状態がドイツには存在しないことは明らかであった。

これにより、人民代表委員会は「上からの改革」と「下からの革命」の両方から正当性を得ることになった。他方で、レーテ運動内の急進派にとって、それは社会主義革命への道を閉ざすものであり、こうした不満がやがて街頭を舞台にした革命的暴力へとつながっていく。

### 平穏な革命

ともあれ、一一月三日のキールでの発砲から一か月、革命は暴力的な武装闘争よりもむしろ政治闘争として展開していた。散発的な銃撃事件はベルリン市内でも発生していたが、全体として見ると、大規模な暴力は不在であった。

ワイマル時代を生きた著述家・外交官であり、社交界でも活躍したハリー・ケスラー伯爵は、熱心なワイマル共和国擁護者であったが、彼が残した日記は、当時の状況や雰囲気を知るのに有益である。一一月一二日付の日記では、ベルリンの様子が以下のように記されている。

市内は今日のところいずこも平穏であった。工場はふたたび動きだしたし、撃合い騒ぎのニュースは全然流れていない。そのほか注目に値するのは、革命が起きてからの数日間、市街戦まであったというのに、電車が平常どおり動いていること。電気も水道も電話も、一瞬の切れ目もなく通じている。革命は都市の日常生活に小さな渦以上のものを生み出しておらず、その渦のまわりを生活は平静にいつものとおり流れているわけだ。また、撃合いがずいぶんありながら、不思議なくらい死傷者が少なかった。[*6]

この比較的平穏な状況も一二月に入ると変化し始め、ベルリンでは流血の事態が発生するようになる。その皮切りとなったのが、一二月六日に発生した「血の金曜日」事件であった。この日、ベルリン市司令官オットー・ヴェルス（社会民主党）の命令を受け、スパルタクス団のデモ行進を阻止しようとした政府軍の兵士約六〇名が、市中心部のショセー通りとインヴァリーデン通りの交差点に陣取り、満員の路面電車がちょうど交差点に入ってきた際にマシンガンを一斉掃射した。この銃撃で一六名が死亡し、一二名の重傷者を含む八〇名の負傷者が出た。犠牲者の大半はスパルタクス団のデモ参加者ではなく、無関係の路面電車の乗客や通行人だった。歴史家M・ジョーンズはこの日を「一一月九日以降のドイツの首都で最も激動の日」[*7]と呼んでいるが、この事件は以後六週間にわたるベルリンでの流血騒動の起点となり、革命は武装闘争の局面へと移っていく。

### クリスマス闘争

社会民主党の影響下にあったレーテ運動は、ベルリンにおいて一二月一六日から五日間の日程で全国大会を開催し、ドイツ全土から約五〇〇名の代議員が参加した。このうち、三〇〇名近くが社会民主党に属し、独立社会民主党の所属者は九〇名程度（スパルタクス団は一〇名ほど）であった。したがって、ここで決議されたのは、議会制民主主義の実現と国民議会選挙実施であり、臨時政府への同調に他ならなかった。この大会で、国民議会選挙の実施日が一九一九年一月一九日と決定され、ドイツ革命の着地点が議会主義共和国であることが確実になった。ただし、この流れは「すべての権力をレーテに」のスローガンに固執するスパルタクス団やその他の左翼急進派を刺激し、この後、街頭が主たる闘争の舞台となっていく。

同じ頃、ベルリン市内では次なる流血の事態が生まれていた。一二月二三日から二四日にかけてベルリン中心部の王宮を舞台に、革命派部隊である人民海兵師団と政府側部隊が衝突した「クリスマス闘争」である。事の発端は、人民海兵師団の水兵たちが未払いの給与支払いを求めて首相官邸に押しかけたことであった。首相エーベルトは難を逃れたが、ベルリン市司令官ヴェルスが人質として拘束され、人民海兵師団が駐屯していた、目抜き通りウンター・デン・リンデンの東端に位置する王宮へと拘引された。エーベルトは軍に出動要請し、二四日に政府側部隊は王宮へと攻撃を仕掛けた。双方からの銃撃戦は政府側部隊の敗北に終わり、王宮前からの撤退を余儀なくされた。ウンター・デン・リンデン周辺が戦場と化したこの銃撃戦で六七名の死者が出たが、このうち政府側部隊は五六名、人民海兵師団は一一名であった。王宮前に詰めかけた多数の革命派民衆の怒号の中、政府側部隊は撤退した。

それでもまだベルリン市内が平静を保っていたことは、一二月二四日付のケスラーの日記からも明らかになる。そこには、戦闘の現場と付近一帯のクリスマスムードとのコントラストが明瞭に示されている。

流血をともなったこの出来事をよそに、クリスマスの市は賑《にぎ》わっていた。フリードリヒ街では手廻《てまわ》しオルガンが鳴っている。露店では室内用の花火やクリスマス用のクッキーやきらきらした飾り物を売っている。リンデンの宝石店も平気で店をあけていて、ショーウインドーにはあかあかと電光が輝いている。ライプツィヒ街に出れば、ヴェルトハイムやカイザーなどの百貨店は、いつものクリスマスの買物客で混み合っている。……そのすぐ近くの王室厩舎《きゆうしや》にはいくつもの死骸が横たわり、クリスマス・イヴの王宮は、そしてドイツ国は、なまなましい傷痕を見せている。[*8]

クリスマス闘争は、二つの大きな政治的帰結をもたらすことになった。一つは、革命派兵士を政府側部隊が銃撃したことに抗議して、一二月二九日に人民代表委員会から独立社会民主党が離反したことである。これを受けて、社会民主党からグスタフ・ノスケとルドルフ・ヴィッセルが補充されたことで、同委員会は社会民主党員のみで構成されることになった。もう一つは、エーベルトとノスケが軍部と連携して、革命を阻止するための義勇軍を本格的に編成し始めたことである。国防軍の予備兵力を基盤として、一時は四〇万人もの兵を抱えたと言われる義勇軍は、ドイツ各地の革命運動に対して容赦のない暴力を行使していく。

## 一月蜂起

独立社会民主党の臨時政府からの離反後、最左派であるスパルタクス団は反指導部の動きを強め、これにベルリンの革命的オプロイテが同調する事態となった。スパルタクス団は急遽《きゅうきょ》八三人の代表の参加で全国協議会を開催し、独立社会民主党からの離脱と新党結成を決定した。こうして、一二月三〇日、スパルタクス団を中心にドイツ共産党が創設され、同時に目前に迫っていた国民議会選挙への不参加と街頭闘争による革命路線を選択した。もっとも、独立社会民主党員一〇万人のほとんどは残留し、共産党に移ったのは数千人であり、革命的オプロイテも革命路線には同調しなかった。社会民主党や労働組合主流派はもちろん、独立社会民主党や労働者・兵士レーテの大部分も革命路線を拒んでおり、これから始まる街頭闘争には、革命勢力内で少数派だった共産党（スパルタクス団）と一部の左翼急進派がコミットしていくことになる。

マシンガンを構える政府軍兵士（1919年1月）
［連邦文書館（Bundesarchiv Berlin-Lichterfelde、以下BA), Bild 183-18594-0029］

「一月蜂起」と呼ばれるベルリンでの騒擾《そうじょう》のきっかけは、一九一九年一月四日にプロイセン内相パウル・ヒルシュ（社会民主党）により、独立社会民主党急進派に属するベルリン警視総監エミール・アイヒホルンが解任されたことであった。翌五日には、これに抗議する大規模なデモが共産党、独立社会民主党、革命的オプロイテの呼びかけで実施された。ここから過激化した一部のデモ参加者が自然発生的な蜂起を開始し、ベルリン市内の新聞社、鉄道管理局、中央電報局、国立印刷所などを占拠した。この混乱の中、共産党などが結成した「革命委員会」が政府の転覆を宣言したのに対して、ノスケの指示で国防軍や義勇軍が投入され、各所で市街戦に発展した。
今回の武力闘争は市内中心部を舞台としており、ベルリンの街の様相は先のクリスマス闘争の時とは一変していた。ケスラーは一月六日付の日記で、以下のように記している。

私は昼食をとるためマウエル街とライプツィヒ街を通って家へ帰った。ヴェルトハイム百貨店の前に、一群の武装した民間人が銃を立てて整列していたが、政府側なのか、スパルタクス団側なのかはわからない。ポツダム広場はおびただしい数の群衆にあふれていた。政府軍の強力な隊列が、前線を強化するために、たいていは駆け足で、ベラリアンス広場の方向へ移動していった。ひっきりなしに叫び声が聞えている。今やベルリン全体が魔女の厨《くりや》の大鍋と化し、武力とイデオロギーを呑《の》み込んで、逆巻き沸き立つ。……五時半になって、突然激しい撃合いが始まる。機関銃、大砲、あるいは迫撃砲、手榴弾《しゅりゅうだん》であろう、地獄のような光景、戦場の爆音が展開する。[*9]

この後も、ケスラーの日記ではベルリン市内での銃撃戦の状況が描写されており、そこから本格的な市街戦の緊張感が伝わってくる。

一月一一日には社会民主党機関紙『フォアヴェルツ』の社屋解放をめぐって激しい戦闘が発生し、その際に拘束された革命派八名を即刻射殺するなど、義勇軍はデモ参加者に占拠された建物を奪還する中で残忍な殺害行為を繰り返した。一二日以後も、ベルリン周辺の義勇軍が追加的に投入され、一五日まで及んだ戦闘の結果、蜂起に参加した一五〇名以上が殺害され、四〇〇名の逮捕者のうち少なくとも九名が獄中死した。

この犠牲者の中にはスパルタクス団の有力指導者だったローザ・ルクセンブルクとカール・リープクネヒトも含まれていた。ルクセンブルクの遺体は市内中心部を流れるラントヴェーア運河に投げ捨てられ、五月末にようやく発見されている。議会制民主主義の実現のために反民主主義的な義勇軍を用いて容赦のない暴力を行使した社会民主党の決断は左翼内の亀裂を深刻化させ、後々まで禍根を残すことになる。

## 二　議会制民主主義とレーテ共和国

### 国民議会選挙とワイマル連合政権の成立

ベルリンが市街戦状態にある中、国民議会選挙は予定通り一九一九年一月一九日に実施された。それは国政レベルではドイツ史上初の二〇歳以上の男女普通選挙であり、八〇%を超える高い投票率を記録した（ワイマル共和国の議会選挙では拘束名簿式比例代表制が採用され、得票率に応じて議席が配分された。このため、常に一〇〜一五の政党が議席を獲得している）。社会民主党は得票率三七・九%で第一党となる一方、独立社会民主党は七・六%にとどまった。ブルジョア陣営内では、自由主義左派の民主党が一八・五%、同右派の国民党が四・四%、右派の国家国民党が一〇・三%、カトリックの中央党が一九・七%であった（以後、国会選挙の結果については巻末の表1を参照）。大戦中の十月改革から議会主義化を推し進めてきた三党（社会民主党、中央党、民主党［当時は進歩人民党］）に四分の三の票が集まっており、多くの国民が穏健な改革を支持しているのは明らかであった。

一九一九年二月六日、国民議会は混乱するベルリンを避け、中部ドイツの小都市ワイマルに召集された。十月改革での三党による連立の新版、いわゆる「ワイマル連合」が形成され、社会民主党のエーベルトが共和国大統領、同党のシャイデマンが共和国首相に指名された。こうしてドイツ革命は一応の政治的帰結を見ることになったが、それは、革命の激動を挟みつつも、十月改革から国民議会へと連続線が引かれていることを意味していた。

## レーテ運動からレーテ共和国へ

国民議会による決定はドイツ国民のコンセンサスであったが、それは広範な社会化やレーテ支配などの社会主義的変革を拒否することでもあり、その方向に進めば進むほど、左翼急進派は革命に失望し、より急進化して直接的な実力行使を選択していくことになった。こうして一九一九年上半期、ドイツ革命は初期段階よりも暴力的な「戦闘的内戦の局面」[*10]あるいは「革命の第二局面」[*11]を迎えることになる。

ベルリンでの一月蜂起に刺激されて、革命の騒擾はドイツの各地へと拡大し、レーテの影響力が強い都市では独立社会民主党や共産党の指導下でレーテ共和国（社会主義共和国）の樹立が宣言されていた。まず一九一九年一月中旬にブレーメンやクックスハーフェンでこの宣言が行われ、その後マンハイムとブラウンシュヴァイク、さらに四月にはミュンヘンが続いた。共和国政府はこうした実力行使による現状変更の試みに断固たる処置で応じ、義勇軍を躊躇《ちゅうちょ》なく投入した。その「前例のない反革命テロ」[*12]により、ほとんどのレーテ共和国は流血のうちに一日もしくは数日内に鎮圧され、レーテによる支配権の確立には至らなかった。その中で、最も長く維持されたのがブレーメン・レーテ共和国であったが、ワイマル国民議会が開会する二日前の二月四日、ノスケが派遣した国防軍部隊や義勇軍が市内に突入し、七五名の死者と二〇〇名の負傷者を出して崩壊した。

## ベルリンとミュンヘン

レーテ共和国樹立の動きと並行して、各地ではゼネストも頻発していた。特に大規模なゼネストに発展したのが、中部ドイツ地方、ルール地方、そしてベルリンであった。

ベルリンでは、一九一九年三月三日に共産党の影響下で労働者レーテが政府転覆と権力奪取をめざしてゼネストを宣言し、これに対抗して政府はベルリンに戒厳令を布告した。ここでも政府側司令官のノスケは重武装した三万人もの政府軍と義勇軍を派遣し、五日にはクリスマス闘争の当事者であった人民海兵団と義勇軍の戦闘が繰り広げられた。ゼネスト自体は八日に中止されたが、ノスケは九日の時点で武器を持つ者に対する即刻射殺を命じ、義勇軍と革命派の戦闘はさらに継続した。三月一五日付のケスラーの日記でも戦闘の様子が記されている。

銃による殺戮《さつりく》はなおも続いている。この町も今日から再び大きな機関銃がぎっしりと並ぶことになった。まるで大作戦でも展開中といわんばかりだ。シャルロッテ街には、モール街へ曲る角の地下鉄駅の脇と、タウベ街へ曲る角の劇場の脇にそれぞれ一台、重機関銃が置かれ、砲手が付いている。鉄兜《てつかぶと》をかぶり手榴弾を持ったパトロール隊員が車を停《と》め、軍人のようにふるまっているので、ちょっとした戦争気分がある。*13

ケスラーは一週間前（三月九日付）の日記の中で、ベルリン中心部の様子も描写している。

午後、町を歩いて昨今の闘いによる荒廃の様子を見る。……いずれにしても個々の建物はかなりひどく傷んでいる。通りには至るところにガラスの破片が見え、ところどころに崩れた煉瓦《れんが》が厚い層をなしている。警視庁の建物は以前のそれに加えて新たな亀裂を見せていた。ティーツ百貨店はガラス窓がすべて割れてしまっている。この百貨店の前の電車道には血溜《ちだま》りがある。その向かいのプレンツラウアー街へ曲る角の建物は、屋根から下へ向けて二階分ほど、飛行機の投下した爆弾か、あるいは手榴弾によって生じた亀裂がある。プレンツラウアー街のベッツォウの工場近くでは墓地の塀が一本の立木やガス灯の柱とともに倒壊している。明らかに迫撃砲弾にやられたのだ。……至るところに鉄条網とバリケードがあり、政府軍が警備についている。まだかなり撃合いは続けられている。しかし、誰が、また何のために撃っているのかはよくわからない。[*14]

ベルリンでは一連の戦闘で約一二〇〇名が殺害されているが、多くが非武装の労働者だったと言われる。ベルリンの三月蜂起はレーテ側の敗北で終わり、舞台はミュンヘンへ移っていく。

ドイツ革命当初にいち早く共和国が樹立されたバイエルン地方では、独立社会民主党のクルト・アイスナー州政府が行き詰まりを見せ、政権に対する不満が増大していた。一九一九年一月一二日に行われたバイエルン州議会選挙（プファルツ地方のみ二月二日に実施）では、社会民主党の三三％、バイエルン国民党の三五％という得票率に対して、独立社会民主党のそれは二・五％と惨憺《さんたん》たる結果であった。

二月二一日には、アイスナーが右翼急進派の学生によって殺害され、この行為に憤慨した支持者が州議会の議場で発砲する事件が発生した。これにより、社会民主党所属の州内相エアハルト・アウアーが重傷を負い、議員一名と将校一名が死亡している。三月一七日に社会民主党のヨハネス・ホフマンを首班とする州政府が成立したものの、四月に入ると政治状況が急進化し、七日には独立社会民主党がミュンヘン・レーテ共和国の樹立と、同党が多数を占める人民代表委員会による政権掌握を宣言した（第一次レーテ政権）。これを受けて、ホフマン政府はニュルンベルクへ、その後はバンベルクへ拠点を移した。四月一三日には国防軍のバイエルン駐屯部隊の反乱でレーテ共和国は崩壊するが、今度は共産党がレーテ共和国宣言を行った（第二次レーテ政権）。四月三〇日にレーテ政権側の兵士が人質一〇名を処刑したことで、ミュンヘンではレーテに対する悪評と憎しみが高まった。

この間、バンベルクのホフマン政府は、フランツ・リッター・フォン・エップ大佐の下で一万五〇〇〇名からなるバイエルン義勇軍を編成していた。五月に入ると、このバイエルン義勇軍とノスケがベルリンから派遣した同じく一万五〇〇〇名の国防軍部隊がミュンヘンへと進軍し、レーテ共和国の鎮圧を図った。ここでも義勇軍の暴力は残忍さを極め、ミュンヘンで約六〇〇名が殺害されている。その多くは、逮捕後の処刑だったという。五月二日、政府軍がミュンヘンに入城し、ミュンヘン・レーテ共和国は最終的に崩壊した。この後、バイエルンでは社会民主党も支持を減らし、政治は急速に右傾化していく。

一九一九年春にドイツ全土で発生した騒擾は、ベルリンとミュンヘンでの革命的行動の失敗により沈静化し、革命と反革命の争いはいったん決着した。一連の出来事は結果として、共和国の秩序維持における国防軍への依存度を高め、国防軍の影響力を確かなものにした。他方、体制・反体制それぞれの憎しみの連鎖の中で、暴力と結びつく政治はその後も続いていく。

### ヴェルサイユ条約の締結

一九一九年六月二八日、第一次世界大戦の講和条約として、ドイツは連合国と一五編四四〇条からなるヴェルサイユ条約を締結した。

一九一九年一月一八日に始まったパリ講和会議での四か月にわたる審議の結果、五月七日に連合国からドイツ代表団に講和条件が提示されたが、ドイツ国内では左右の党派を問わず講和条約拒否の声が圧倒的であった。翌八日には、大統領エーベルトも共和国政府も講和条件への反対を表明し、九日も社会民主党指導部が党員に向けて講和阻止のための団結を訴えた。六月一六日に連合国から最終案が提示された後も、首相シャイデマンは反対姿勢を崩さなかった。

シャイデマン内閣は閣内対立により六月二〇日に総辞職し、前労相グスタフ・バウアー（社会民主党）を首相とする新内閣が条約調印の責任を負うことになった。バウアーは二二日に条件付きでの講和条約調印を表明し、国民議会は賛成二三七票、反対一三八票でこれを承認した。しかし、連合国が条約案の修正を拒否したため、六月二八日に無条件での調印となった。

ドイツにはあまりに苛酷と受けとめられた講和条件の根拠となったのは、開戦の一切の責任がドイツとその同盟国にあるとするヴェルサイユ条約二三一条であった。これによりドイツは、植民地の喪失のみならず、本国領土の一部（面積の一三％、人口の九％）を周辺国に割譲した。それは、耕地面積の一五％、鉄鉱石鉱脈の七五％、銑鉄《せんてつ》生産の四四％、鋼鉄生産の三八％、石炭生産の二六％の喪失を意味していた。

また、ザール地方は国際連盟の管理下に入り、フランス・ベルギーと国境を接するライン川左岸地域（ラインラント）は非武装化された。その上、連合国（特にフランス）が負った戦災や戦費の補償のための賠償金が課された（賠償額は一九二一年五月までに決定するとされた）。さらに、ドイツ側にとって厳しいもう一つの講和条件が、武装解除に等しい軍備制限であった。そこで示された兵員数一〇万人への制限、参謀本部の解体、空軍保有や徴兵制の禁止が実行されるならば、軍や右翼の激しい反発とともにドイツの内政に禍根をもたらすことは必至であった。

## 反ヴェルサイユから反共和国へ

ドイツ国内での条約に対する反発は、連合国、わけても強硬姿勢を貫いたフランスと並んで、ドイツ政府にも向けられた。そもそもドイツが戦場とならなかった第一次世界大戦の敗戦自体が、ドイツ国民には実感を伴わない未消化の状態であり、大戦中の「勝利による講和」を信じていた者にとって、ヴェルサイユ条約は連合国との「和解による講和」どころか、連合国から「押しつけられた講和」に他ならなかった。一九一八年一一月の休戦協定からドイツ国内に蔓延《はびこ》っていた、ドイツ軍の前線での不敗を信じて疑わない「不敗神話」や、銃後（国内）からの一刺し（裏切り）がドイツを敗戦に追いやったという「匕首伝説」に、今や二三一条の「戦争責任の嘘《うそ》」が加わり、さらに敗戦の屈辱感や共和国に対する憎しみが下敷きとなって、右翼急進派は「恥辱の講和」を進めた政府や政治家に対する総攻撃を開始した。

その中でも、バウアー内閣で首相代理かつ財務相の任にあり、休戦協定の代表だった上に条約調印でもキーパーソンとなったエルツベルガーに対する憎悪は突出していた（条約に署名したのは外相のヘルマン・ミュラーと運輸相のヨハネス・ベル）。ケスラーは一九一九年六月二三日付の日記でエルツベルガーの身を案じている。

エルツベルガーに対する非難の声は至るところで巻き起っている。……私は、エルツベルガーがリープクネヒトと同じ運命をたどりはしないかと心配だ。といっても、リープクネヒトのように不当な目に遭いはしないかというのではない。彼の禍多い行動をみずから償って殺されはしないかということだ。[*15]

ヴェルサイユ条約調印に続き、七月三一日には内政の基盤となる新憲法が国民議会で採択された。二六二票対七五票での可決であった。最終的に共和国大統領エーベルトが八月一一日に署名し、一四日に「ドイツ国憲法」（ワイマル憲法）は発効した。これにより「革命の合法化[*16]」が達成され、ドイツは正式に議会制民主主義に基づく共和国となった。憲法が可決された日、国民議会議長コンスタンティン・フェーレンバッハは議会演説でこう語った。

われわれは今、憲法を国民の手に委ねる。われわれはこれによりドイツ国民を地球上で最も自由な国民となしたのである。もはや君主によって統治されることはない。国民の運命はもっぱら国民自身に委ねられた。……政治的権力は極めて普遍的かつ自由な選挙に由来する議会の下にある。そして最終的に、特に重要な場合には国民自身の下にある。[17]

当時、最も民主的な憲法と呼ばれたワイマル憲法は、国民主権を謳い、二〇歳以上の男女全員に選挙権を保障した上、自由・平等権に加えて、社会権を初めて明文化した。そこには社会民主党が長年望んできた、議会制民主主義や包括的な社会保障が盛り込まれていた。他方で、議会主義への不信から「代理皇帝」たる共和国大統領の強力な権限と長い任期（七年）が導入されたことで、議会と大統領の二重権力体制が敷かれた。特に四八条に規定された大統領の非常権限は、後に肥大化して共和国の政治を大きく変えることになる。また、一五三条で私有財産権の不可侵を規定しつつ、一五六条で社会化規定、一六五条で労使の共同決定権を盛り込むなど、この憲法はレーテ独裁（生産手段の社会化）と私有財産制に基づく資本主義経済の間で揺れ動く政治を反映した、労働者政党とブルジョア政党の妥協の産物であり、社会主義的変革のオルタナティブとしての性格が強かった。

一九一九年夏の段階で、内政上の基盤となる憲法と外交上の土台となる講和条約を得たことで、ワイマル共和国はようやく国家として出発することができたと言えよう。とはいえ、それが共和国の政治を安定させることはなかった。

一九二〇年に入って、ベルリンでは再び流血の惨事が引き起こされた。一月一三日、ワイマル憲法一六五条の労使共同決定の規定を受けて審議中の「経営協議会法」(二月二四日成立)に抗議して、独立社会民主党、共産党、労働組合左派の呼びかけにより国会前で実施されたデモに対して、治安警察が無差別に発砲して四二名が死亡、一〇〇名以上が負傷した。国会前の芝生は死体や負傷者で覆いつくされたという。政府は共産党や独立社会民主党の機関紙を禁止し、大統領エーベルトは戒厳令を出して、国防相ノスケがベルリンやブランデンブルク地方の執行権を引き継ぐ事態となった。

この事件の三日前、一九二〇年一月一〇日がヴェルサイユ条約の発効日であったが、この日の日記に、ケスラーは不吉な予感を書き記している。

今日パリで講和条約が批准された。戦争終結。ヨーロッパにとっては恐ろしい時代が始まった。どうやら世界大戦よりもっと恐ろしい爆発をもたらしそうな、嵐の前の鬱陶しい空気が感じられる。わが国にはナショナリズムが、この先なおも増大していく徴候がすべてそろっている。[*18]

この予感はすぐに現実となっていく。それがカップ=リュトヴィッツ一揆であり、以後四年にわたり、ワイマル共和国は、体制を転覆しようとする右翼と左翼の挟撃に苦しむことになる。

## 三　共和国に対する左右挟撃

### カップ＝リュトヴィッツ一揆とその余波

一九二〇年三月一三日、共和国政府の転覆と新政権樹立を目論《もくろ》むカップ＝リュトヴィッツ一揆が発生した。きっかけはヴェルサイユ条約の軍備制限規定であった。これが適用されると、国防軍の兵士の四分の三が解雇され、さらに義勇軍を解散させる必要も生じた。

義勇軍に影響力のあった国防軍ベルリン司令部のヴァルター・フォン・リュトヴィッツ将軍は国防相ノスケの義勇軍解散命令を拒否し、三月一〇日に大統領エーベルトに対してその撤回を申し入れた。これは即座に拒否され、翌日にリュトヴィッツの更迭が決まると、リュトヴィッツと、東プロイセンの高級官僚で第一次世界大戦中に右翼政党であるドイツ祖国党を組織していたヴォルフガング・カップが、エアハルト海兵旅団とともに体制転覆をめざして蜂起した。三月一二日深夜、ベルリン近郊のデーベリッツに駐屯していたエアハルト海兵旅団がベルリン市内に入城し、一三日には無血のまま官庁街であるヴィルヘルム通りの政府庁舎を占拠した。反乱軍は共和国政府の解任を宣言し、カップを首相、リュトヴィッツを国防相とする新政府が樹立された。劣勢に立った共和国政府は急行列車でドレスデンに移動し、その後、国民議会とともに南ドイツのシュトゥットガルトへ移って抵抗を試みた。

結局、国防軍の中でこの一揆を支持したのは一部の部隊にとどまり、国民議会内のほぼすべての政党が反対を表明した。このため、カップ政権はわずか四日で瓦解し、三月一七日、一揆は失敗に終わった。カップやリュトヴィッツは国外に逃亡し、三月二〇日に共和国政府がシュトゥットガルトからベルリンへ戻った。

このクーデター計画の失敗には、いくつかの要因があった。第一に社会民主党や労働組合の指導部が呼びかけたゼネストの影響であり、第二に国防軍が反乱軍を支持せず、傍観的態度を決め込んだことである（共和国政府を積極的に守ろうともしなかったが）。第三に決定的だったのは、中央政府の官僚たちが不服従に徹したため、新政府の行政が機能しなかったことである。首都の官庁街を占拠していたエアハルト海兵旅団は三月一八日にベルリンから撤収したが、その際に抗議する労働者たちに無差別発砲を行い、死者一二名と多数の負傷者が出ている。

カップ＝リュトヴィッツ一揆の無残な失敗は、右翼急進派に一つの「教訓」を残した。それは、共和国に対する軍事的な蜂起は困難であるという認識であり、これ以後、解散した義勇軍は地下に潜って秘密結社化し、政府要人を狙った個別テロ行為へと活動を移していくことになった。一揆の失敗後に解散したエアハルト海兵旅団も「コンスル機関」（同旅団指導者である退役少佐ヘルマン・エアハルトによってミュンヘンで設立された極右・反ユダヤ主義的傾向の強いパラミリタリー組織）と称する秘密結社に姿を変え、政治的暗殺を実行する中心的な組織となっていく。

カップ＝リュトヴィッツ一揆でベルリンに入城するエアハルト海兵旅団（1920年3月）［BA, Bild 119-1983-0010］

　また、一揆の最中だった三月一六日には、バイエルン地方で保守政治家グスタフ・リッター・フォン・カールを州首相とする、社会民主党の影響力を排した右翼政権が成立した。この政権の下、バイエルンは革命の中心地から保守勢力や右翼急進派の牙城へと変貌し、保守的で国家《ライヒ》から自立した「秩序細胞」（「安全や秩序の起点」の意）としての立場を築いていった。その結果、バイエルンは、ドイツ全土の右翼勢力が保護を求めて集結する場となり、この地でナチズム運動も生まれることになる。

　一方で、左翼側もこの一揆を契機に急進化していくことになった。ベルリンに帰還した共和国政府がゼネストの終結を宣言したにもかかわらず、共産党はその継続を主張し、今度は左翼からの体制転覆の動きが顕在化した。一揆に対抗するため、ルール地方では三月一五日に労働者たちが五万人規模の武装自衛組織「ルール赤軍」を編成し、義勇軍や国防軍部隊と戦闘状態に入っていた。ゼネストは左翼急進派の武装闘争を招来する副作用を伴っていたのである。

## ルール地方での戦闘

ルール赤軍は、三月一七日にリヒトシュラーク義勇軍に勝利してドルトムントを制圧した後、エッセン、オーバーハウゼン、エルバーフェルト、デュッセルドルフも掌中に収めた。このため、同地域に展開していた国防軍は一時的な撤退を余儀なくされている。三月二〇日にはミュールハイムに赤軍指導部が置かれ、三週間にわたってルール地方の支配権を握った。その間、三月二四日には共和国政府、労働組合、レーテ指導部が労働組合の権限を確認し、停戦と武器の引き渡しなどを内容とする「ビーレフェルト協定」を結んで事態の沈静化を図った。

しかし、ルール赤軍は国防軍の解散を要求してさらに過激化し、停戦に応じなかったため、四月二日に共和国政府はルール地方に国防軍・義勇軍部隊を派遣し、激しい戦闘の末にルール諸都市を解放した（ラインラント非武装地帯への国防軍の派遣はヴェルサイユ条約違反であり、フランスは対抗措置としてフランクフルト、ダルムシュタット、ハーナウなどを占領した）。この戦闘で、国防軍側に二〇〇人以上、赤軍側に一〇〇〇人以上の死者が出ている。ルール闘争は五月まで継続し、左翼急進派に対する大量射殺が続いた。

左翼急進派の武装化と地域権力の掌握は、ルール地方だけではなく、中部ドイツでも起こっていた。一九二〇年四月三日、ザクセン地方プラウエン市庁舎を共産党の地方指導者マックス・ヘルツが占拠し、その後、数日内でザクセン・テューリンゲン地方を制圧してレーテ共和国を宣言した。この動きも、国防軍と警察が流血のうちに鎮圧している。

左翼急進派の圧力の中、社会民主党主導の共和国政府は一九一八年の革命勃発時以上に国防軍の保護を受けることになり、それが左翼急進派との新たな火種を生み出すことになった。「ドイツの戦後社会は一九二〇年に暴力と対抗暴力からなる破滅的な循環に陥った[*19]」のである。

ルール赤軍兵士（1920年3月20日）［BA, Bild 183-R11927］

## 初の国会選挙と左翼の二極化

カップ＝リュトヴィッツ一揆とルール地方での戦

闘の余韻が残る中、一九二〇年六月六日にワイマル憲法下で初めての国会選挙が実施されたが、一九一九年一月の国民議会選挙とは大きく異なる結果となった。国民議会で議席の四分の三を占め、この間、政権を担ってきたワイマル連合の三政党は大きく議席を減らした。社会民主党は第一党を維持したが、得票率は前回の三七・九％から二一・七％へと激減し、民主党や中央党も得票率を大きく下げた。この結果、ワイマル連合の得票率は七六・一％から四三・六％となって過半数を割り込んだ。これに対して、共和国に懐疑的な国家国民党や国民党、あるいは急進的な独立社会民主党が大きく得票を伸ばした。初めて選挙に参加した共産党の得票は二・一％にとどまった。

投票者ブロックで見てみると、ブルジョア・プロテスタントブロック（国家国民党・国民党・民主党）は三七・三％（前回三三・二％）、カトリックブロック（中央党・バイエルン国民党）は一八・〇％（同一九・七％）、左翼ブロック（社会民主党・独立社会民主党・共産党）は四一・七％（同四五・五％）で安定していた。各ブロック内で共和国擁護派から批判派への票の移動が起こったことは明らかであり、ヴェルサイユ条約の締結や国内での流血の衝突などで有権者の中にワイマル連合政権への批判が高まっていたことを裏づけた。この選挙結果は安定した連立形成を困難にし、ワイマル共和国ではこれ以後、少数派の連立政権が不安定な政権運営を迫られることになり、政権自体が短命化するとともに、社会民主党の野党化が進んでいくことになる。

この選挙後、左翼陣営内で大きな再編が行われることになった。第二党へと躍進した独立社会民主党の分裂である。同党内では、コミンテルン（共産主義インターナショナル）への加盟問題をめぐって、加盟を支持する左派とそれに反対する右派の対立が深まり、一九二〇年一〇月一二日に開幕したハレ党大会で分裂が決定的になった。結局、二か月後の一二月四日にベルリンで開催された合同党大会で、独立社会民主党左派は共産党と合体した。一方で、右派は一九二二年九月に社会民主党に合流し、同党内の左派を形成した。

この分裂は二つの変化をもたらした。一つは、一九二〇年六月の国会選挙で議席を大きく減らした社会民主党の議員数が増大し、ワイマル連合の多数派形成が再び可能となったことである（ただし、社会民主党は左傾化し、それが一九二五年のハイデルベルク綱領におけるマルクス主義路線への回帰に反映された）。もう一つは、一九一八年末の結党以来、党員数が伸び悩んでいた共産党が三〇万人の党員を抱える大衆政党となったことである。共産党指導部はこれにより共和国に対する革命的攻勢に必要な大衆基盤を得たと確信し、急進的な行動を推し進めた。

### 共産党の「三月行動」

共和国に対する共産党の攻勢戦術の始まりは、中部ドイツ（ザクセン地方）での「三月行動」であった。同党はハレ、メルゼブルク、マンスフェルトの鉱工業地域でかなりの勢力を保っており、コミンテルンからの指示の下、一九二一年三月にこの地方でゼネストと武装蜂起に打って出ている。これにより、ドイツ全土で革命的行動を誘発することが期待されていた。

カップ＝リュトヴィッツ一揆以後、中部ドイツは騒擾の発信地の一つになっていたが、ザクセン地方当局は共産党の蜂起に対する予防措置として警察部隊を派遣し、治安維持にあたっていた。この影響もあり、共産党は予定より二週間早めて三月一九日に武装蜂起を決行している。さらに三月二二日にメルゼブルク近郊のロイナ工場で発生したストライキを皮切りに、この地方で一二万人の労働者がゼネストに入った。翌日には、ハンブルクでも二万人の港湾労働者によるストライキが発生し、港湾施設の機能が麻痺《まひ》する事態となっている。

こうした状況を受けて、二四日には共産党がドイツ全土へのゼネストの拡大を訴えたが、この動きに対して、大統領エーベルトはザクセン地方とハンブルクに戒厳令を布告した。中部ドイツでは警察部隊と武装労働者の戦闘で、武装労働者一四五名と警察官三五名が死亡し、六〇〇〇名以上が逮捕されている。圧倒的な力の差の中で、三月末までにハンブルクのストライキや蜂起は終了し、四月二日、共産党はゼネスト中止を宣言した。

三月行動でのゼネストの呼びかけに応じた労働者は、ドイツ全土で二〇万人に満たなかった。これは当時の共産党の党員数を下回っており、中部ドイツからドイツ全土へ革命的蜂起を煽《あお》り立てる計画は完全な失敗で終わった。共産党の大衆動員への期待は現実離れした「革命的幻想」[20]に過ぎなかったのであり、三月行動の後、共産党は急激な党員数の減少を経験することになる。モスクワのコミンテルン執行委員会は四月六日付で声明「ドイツの革命的労働者へ」を発し、自らが指示した三月行動の失敗について「ドイツ・プロレタリアートの前衛部隊の最初の強襲は撃退された」と認めつつ、以下のように述べた。

プロレタリアは、その闘争［注：三月行動］において大きな経験をつんだ。彼らは、これまでよりもたくみに、次の闘争を準備することができるであろうし、武器をとれという叫びは、ますます広範な大衆のあいだに反響を生むであろう。……諸君の行動は正しかった！　労働者階級の勝利は、けっして一挙に勝ちとられうるものではない。諸君は、ドイツの労働者階級の歴史に新たな一ページを書きくわえた。次の闘争のために準備せよ。[21]

こうして共産党など左翼急進派の体制転覆志向は継続され、一九二三年の「ドイツの十月」につながっていく。この意味で、三月行動は「一九二三年の出来事の序曲」[22]に過ぎなかった。

### 右翼急進派の暗殺戦術

三月行動の後、政治的暴力の振り子は右に振れることになった。

カップ＝リュトヴィッツ一揆の原因にもなったヴェルサイユ条約によるドイツの軍備制限は、各地に存在していた義勇軍や住民軍（ドイツ革命直後に各自治体や国防軍の支援のもと、地域住民が結成した反革命的な自衛組織）といった武装組織の解散を伴っていた。その後、武装組織のメンバーたちは地下に潜って秘密結社を結成し、武装蜂起から暗殺へと戦術を転換している。極右秘密結社間のネットワークの中で最も残虐とされたのが、先述の「コンスル機関」であった。

コンスル機関規約内の文句「裏切り者はフェーメにかけられる」が示すように、これらの秘密結社では、組織防衛のため、裏切り（とみなされた）者に対する非合法の私的制裁が常態化していた。この私刑は中世ドイツの秘密刑事裁判である「フェーメ」（中世ドイツ語で「刑罰」の意）から名を借りて「フェーメ殺人」と呼ばれていた。後述の同時代人E・グンベルは、この殺人を「特定の共同体もしくは指導者の呼びかけや命令に基づき私的で独断的な『司法権』を行使して、あるいはこの共同体の個々のメンバーの取り決めだけに従って実行される政治的殺人（あるいは暗殺）[*23]」と定義している。フェーメ殺人は、例えば武器庫の存在を当局に密告した者、組織からの脱退者、スパイ容疑がかけられた者などに対する殺害行為であった。

秘密結社内での私的制裁は、反共和国キャンペーンと連動しながら、次第に「国家に対する裏切り者」として共和国擁護派の政治家やジャーナリストに向けられるようになっていく。一九二一年六月九日、バイエルン州議会の独立社会民主党議員団長カール・ガライスが講演を終えて帰宅した際に自宅前で銃撃されて死亡した。犯人はコンスル機関のメンバーとみなされている。その二か月後、八月二六日には、中央党の前財務相マティアス・エルツベルガーがバーデン地方バート・グリースバッハでの休暇中にコンスル機関メンバー二名の凶弾に倒れた。

さらに一九二二年六月四日には、共和国初代首相でこの当時カッセル市長だった社会民主党のフィリップ・シャイデマンがカッセル・ヴィルヘルムスヘーエで散歩中にコンスル機関メンバーに襲撃される事件が発生した。この暗殺は未遂に終わったが、シャイデマンは重傷を負った。三週間後の六月二四日には、電機メーカーAEG会長で外相の職にあったヴァルター・ラーテナウがベルリン・グリューネヴァルトの自宅を車で出た後、コンスル機関メンバーに銃撃されて死亡した。ユダヤ人でもあったラーテナウはヴェルサイユ条約の「履行政治家」として右翼急進派や反ユダヤ主義団体の憎悪の的となっていた。それから九日後の七月三日には、ラーテナウの友人だったジャーナリストのマクシミリアン・ハルデンが同じくベルリンの自宅前で右翼急進派に金属棒で襲撃され、重傷を負っている。

こうした一連の襲撃の中でも、共和国を代表する政治家であったラーテナウの暗殺は共和国中に右翼急進派に対する大きな憤激を巻き起こし、首相ヨーゼフ・ヴィルトは暗殺の翌日（六月二五日）に行った国会演説の中で、右翼の国家国民党議員団に向かって「敵は右にあり」と叫んだ。この演説を国会で聞いたケスラーは、その時の様子を同日付の日記にとどめている。

彼［注：ヴィルト］は、次第に議事堂が人で埋まっていくなかで、ラーテナウを追悼し悲しむ、暖かな言葉を述べ始めた。そしてこの演説は、前もって準備した部分を離れて、自然な調子に乗るにつれて力強いものに高まっていった。最後には議事堂をぎっしり埋めた議員たちの五分の三を立ちあがらせ、右派の連中に攻撃の矢を向けさせた。彼らは蒼《あお》い顔をして言葉もなく、まるで被告席に坐《すわ》っているようだった。[*24]

一九二二年七月一八日、国会は共和国保護法を可決した。これにより、反共和国的な犯罪やアジテーションの取り締まりが可能となったが、明らかに右寄りの司法の下で、同法が十分に機能することはなかった。「共和国保護法は、反民主主義のヒュドラ［注：ギリシャ神話に登場する九頭の水蛇］の何本かの頭を切り落としたが、その心臓に当たってはいなかった[*25]」。

テロを実行した右翼政治犯の多くは、カール州政府の下で右傾化の一途をたどっていたバイエルンへと逃げ込んでいる。ここでは、住民軍の暴力が依然として横行し、ナチズム運動も成長しつつあった。一九二三年にかけて、このバイエルンが騒擾の中心となっていく。

## E・グンベルの嘆き

同時代の数学者・統計学者でハイデルベルク大学教授だったエミール・ユリウス・グンベルは、一九一九年から二二年までに発生した政治的殺人を集計・分析している。

これによると、この期間に発生した政治的殺人三七六件のうち、三五四件は右翼側が引き起こしたのに対して、左翼側からの殺人は二二件であった。右翼の三五四件の投獄期間は総計で九〇年二か月、七三〇マルクの罰金刑で、終身刑が一件のみという結果であったのに対して、左翼側の二二件では、処刑が一〇件、投獄期間は総計で二四八年九か月、終身刑が三件であり、両者の間には明確な差が生じていた。ここからグンベルは、政治的殺人の九〇%以上が右翼側に由来しながら、裁判は左翼に厳しいことを不当だと指摘した。

彼によると、司法が裁いていない政治的殺人が三〇〇件以上あり、この点を法相が認めたにもかかわらず、裁かれることはなかったという。「実際のところ、右翼による殺人はどれ一つとして裁かれていない。犯人が自白した殺人ですら、訴訟手続きは恩赦に基づいて中止された」[*26]。また、左翼急進派・穏健派の指導者たちは中央党を含めて殺害されているが、極右の指導者は誰一人として殺害されていないとグンベルは訴えている。

こうした右翼に起因する政治的殺人と、それに対する司法の甘さに対して、グンベルは一九二二年に刊行された著書『政治的殺人の四年間』に、怒りを込めてこう書いた。

間違いなく現代一流の文化国家に属し、その憲法から見て自由かつ民主的な共和国であり、かつては極めて秩序が保たれていた国家で、どうすればこのようなことが可能になるのだろうか。[*27]

しかし、その嘆きとは裏腹に、政治的動機を持つ暴力はその後も継続していく。

## 四　共和国存続の危機

### 運命の年一九二三年

政治的暗殺がようやく収束に向かっても、ワイマル共和国が危機から脱することはなかった。むしろ一九二三年の共和国では、危機はいっそう深まっていくことになる。

フランス・ベルギー軍によるルール地方占領で幕を開けたこの年、記録的なインフレーションによる国内の混乱を隠《かく》れ蓑《みの》に、国家転覆を試みる勢力が成長し、共和国は「国民国家として、民主主義国家としてそれまでで最も厳しい存立危機[*28]」に陥った。ドイツの西部ではフランス・ベルギーに対する闘争（ルール闘争）とそれに連動した分離主義運動への対応に追われ、中部では相変わらず共産党など左翼急進派が蜂起を準備していた。さらに南部のバイエルンでは右翼急進派の動きが活発化した。

反共和国的な動きは、今や左翼・右翼のどちらからでも、またドイツのどこからでも容易に起こりうるようになり、共和国は「急進化と内戦状況の最高点」[*29]を迎えることになる。

### ルール闘争

ヴェルサイユ条約で規定されたドイツの賠償支払いに関して具体的な金額を決定するため、一九二一年三月一日にロンドン会議が開幕した。この七日後、フランス軍は賠償支払い案拒否への制裁としてデュッセルドルフ、デュースブルク、ルールオルトを占領したが、これに抗議してドイツ代表団はロンドン会議を脱退している。連合国は会議を継続し、五月に入ってドイツに対する最後通牒《つうちょう》を提示した。それは、一三二〇億金マルクに「減額」されて確定した賠償金の支払い（まずは二五日以内の一〇億金マルクの支払い）を求めており、ドイツの工業の中枢であるルール地方の占領という脅しを伴っていた。

一九二二年一一月二二日に成立したヴィルヘルム・クーノを首班とするブルジョア少数派内閣の段階で、ドイツの賠償支払い意思はほぼ消失していた。フランスのポアンカレ内閣は、賠償支払い規定に盛り込まれた現物（石炭・木材）支払いの遅滞を条約不履行とみなし、一九二三年一月一一日、ベルギーとともにルール地方の占領に踏み切った。フランスはこの占領により「生産的抵当」を確保して賠償支払いの無条件の履行を求めたが、それ以上にドイツの潜在的脅威を取り除こうとする意図が隠されていた。

ルール占領に対して、ドイツ国内では右翼から左翼まで一致した「国民的憤激」の声が上がったが、それは一九一四年八月の「城内平和」以来の現象だった。共産党はナショナリズムの高まりと革命を結びつける国民ボルシェヴィズム路線を採り、占領勢力への抵抗とクーノ内閣への闘争を展開した。ルール地方に投入されたフランス・ベルギー軍の兵力は最終的に一〇万人まで膨れ上がり、実質的な軍事独裁が敷かれた。

ヴェルサイユ条約の軍備制限により軍事的にフランスに対抗することができないドイツ政府に残されていた手段はゼネストであり、ルール地方の公務員や労働者に対して占領当局への不服従を呼びかけた。この「消極的（受動的）抵抗」により、フランス側への石炭やコークスの供給はほぼ停止した。これに対して、フランス占領当局は、ルール地方を共和国から分離してベルリンの統治外にした上で、職場に復帰しない公務員や鉄道員など約一五万人を追放処分とし、企業や炭鉱を強制管理下に置いた。

そもそも短期的なデモンストレーションのつもりだった消極的抵抗は、数か月にわたって長期化することで大きな影響をもたらすことになった。共和国政府はルール地方に対する全面的な財政支援を打ち出し、公務員・労働者の給与・賃金の支払いや企業への補償を行ったが、その膨大な出費が財政を圧迫した。その一方で、ルール地方からの税収と石炭供給は途絶え、外国からの代替品購入により外貨準備は減少している。さらにルール地方との結びつきが断たれたことで、共和国全体の生産性も低下していった。

結果として、消極的抵抗にかかるコストは同期間の賠償支払い額を大きく上回ることになり、月額にすると、賠償金の年額の五〇%を超えていた。この法外な支出に、共和国政府は紙幣印刷機をフル稼働させることで対応している。一九二三年秋には共和国政府の支出のわずか一九%が通常の歳入で賄われるだけで、ほとんどは裏づけのない紙幣増刷であった。一九二三年を通じてマルクの通貨価値は大きく毀損され、ハイパーインフレーションが加速度的に進行した。「労働者がその週の賃金を持って帰宅すると――賃金袋ではもはや合わないため、箱に入れて引きずって帰ると――すでに翌日には購買力のかなりの部分を失っていた*30」。

通貨が交換手段としての機能を失う中、巷《ちまた》では手にした賃金（現金）を即座に食料や物品に交換する光景が見られた。この状況下では、現物こそが「通貨」としての価値を持っていたのである。もっとも実質賃金が著しく低下したため、この時期の労働者の週賃金は五〇キロのジャガイモにしかならず、一ポンドのバターを買うのに二日間、一足のブーツを買うのに六週間の労働が必要であった。失業も大量発生し、預金者や債権者は資産を失うことになった。

ルール地方を占領したフランス軍（1923年1月、エッセン）［BA, Bild 102-14185］

共和国政府が指示した消極的抵抗に加えて、右翼急進派はフランス・ベルギー軍への積極的抵抗を実行した。とりわけ義勇軍出身の活動家たちが、橋梁《きょうりょう》・鉄道施設・運河施設の爆破や占領軍指導者に対する襲撃などの直接的な暴力活動を行った。占領当局も断固たる処置で対抗し、一九二三年三月三一日にエッセンで発生した「血の土曜日」では、ルール占領に反対するデモ隊にフランス軍が発砲し、一三名の労働者が死亡している。この事件を頂点として、ルール闘争では一三二名のドイツ人が死亡し、多数の逮捕者に対して死刑や無期懲役の判決が下された。同年五月二六日には、義勇軍兵士だったアルベルト・レオ・シュラーゲターの死刑が執行されたが、その死は右翼急進派のみならず、国民ボルシェヴィズム路線の共産党によってても賛美された。こうした処罰は、国民の中に反フランス感情を深く刻みつけることになった。

## バイエルンのさらなる右傾化

バイエルン地方では州政府がさらに右傾化し、共和国政府と対立状態に陥った。この地は三つの点で右翼急進派の「楽園」となっていた。第一に、州政府が公然と右翼急進派を擁護・支援していたこと、第二に、ドイツ各地から逃げてきた右翼政治犯が潜伏する「駆け込み寺」として機能していたこと、第三に、右翼急進派組織のネットワークが構築されていたことである。

一九二三年八月一二日、消極的抵抗を推し進めてきたクーノ内閣が退陣し、翌一三日にそれまでの与党（国民党・中央党・民主党）に社会民主党が加わったグスタフ・シュトレーゼマンの大連合内閣が成立した。新内閣は九月二六日に消極的抵抗の中止を表明し、フランスやベルギーへの賠償金支払いを再開することで、国際的対立の解消へと歩み始めた。さらに、一一月一五日の新通貨「レンテンマルク」導入により、通貨の安定とインフレの終息に目途をつけている。他方で、「第二の敗戦」と言われた消極的抵抗の中止により、シュトレーゼマン内閣は内政上のリスクも抱え込むことになった。

共和国政府の決定に反発したのが、バイエルンであった。消極的抵抗の中止が公表された九月二六日、バイエルン州政府は戒厳令を発し、カールが独裁的な執行権力を持つ州総監に任命されている。この後、バイエルンでは、左翼勢力に対する権利の制限、保護拘禁の濫用、新聞発行や集会の禁止が行われ、さらに州警察・国防軍・右翼団体による秩序維持が拡充された。

これに対抗する形で、大統領エーベルトも同じ日に全国に戒厳令を公布し、国防相に執行権力を移譲するとともに、バイエルンでのカールの任命承認を拒否した。事態はバイエルン政府と共和国政府の力比べの様相を呈し始め、その中で国防軍の政治的立場もさらに高まっていった。「一九二三年秋、ドイツは議会制民主主義よりも潜在的な軍事独裁に近い状態だった」[*31]。

事態はさらに深刻化していった。一〇月二〇日、バイエルンに駐屯する国防軍第七師団司令官オットー・ヘルマン・フォン・ロッソウが共和国政府（国防相）への服従を拒否したため罷免されたが、カールがロッソウを再任命し、バイエルンの国防軍は州政府に従属することになった。この国事犯行為に対して、国防軍最高司令官ハンス・フォン・ゼークトは部隊をバイエルンに派遣せず、様子見を決め込んだ。

## 危急存亡の「秋」

一九二三年秋のドイツは、文字通り「危急存亡の秋」を迎えていた。ハイパーインフレーションが極限に達する中、各地で反共和国的行動が同時に発生し、共和国を苦境へと追いやった。

消極的抵抗の終了直後、ラインラント・プファルツ地方では分離主義運動が活発化した。この地域では伝統的にプロイセンへの敵対意識が強かったが、フランスの支援を受けながら、ライン左岸諸都市で次々に反乱が発生している。九月三〇日にデュッセルドルフで発生した蜂起では、市民一二名と警官五名が殺害された。その後一一月までに、アーヘン、コブレンツ、シュパイア、ヴィースバーデン、アイフェルなどで独立共和国が宣言されたが、ドイツ政府の要求でフランスが支援を止め、現地住民が独立の動きに激しく反発したため、多くは短期間で崩壊した。一一月一二日に独立が宣言されたシュパイアの「プファルツ共和国」のみがしばらく存続したが、一九二四年一月九日に指導者フランツ＝ヨーゼフ・ハインツが射殺され、二月にはピルマゼンス市庁舎で分離主義者一五名が殺害されて崩壊した。

さらに一九二三年一〇月一日には、ベルリン近郊のキュストリンで、国防軍がひそかに徴募していた非合法部隊「闇の国防軍《シユヴァルツエ・ライヒスヴェーア》」が共和国政府の転覆をめざして蜂起している。この部隊は、首都を警護する国防軍第三防衛区司令部の了解のもと、一九二一年春に国防軍の予備的兵力として退役少佐ブルーノ・ブッフルッカーによって設立された。隊員の多くは義勇軍やコンスル機関の出身であり、国防軍の資金援助で一九二三年夏にはブッフルッカーの下に一万八〇〇〇人が属していた。この蜂起は正規の国防軍によって制圧されたが、組織内部でフェーメ殺人を繰り返していた非合法部隊の存在が白日の下にさらされることになった。

## 「ドイツの十月」

三月行動失敗後も、中部ドイツでは左翼急進派の動きが活発で、再び共和国は挑戦を受けることになった。それが「ドイツの十月」と呼ばれる共産党の蜂起計画である。

ザクセン・テューリンゲン地方で革命の機が熟したと考えたモスクワのコミンテルンの指示で、共産党は一九二三年夏にプロレタリア蜂起の準備を開始し、ソ連の資金援助や専門家派遣の下で五〜六万人からなる武装部隊「プロレタリア百人隊」を創設した。コミンテルンとドイツ共産党は、ザクセンとテューリンゲンからドイツ全土へ「ドイツの十月」を巻き起こすことを意図しており、その開始は一一月初旬と取り決められた。

一〇月に入ると、この地域では「統一戦線」のスローガンの下で社会民主党左派と共産党による州政府が誕生し、共産党が初めて政権に入った。まず一〇月一〇日にザクセンでエーリヒ・ツァイクナー（社会民主党）の州政府に共産党が参加し、経済相と財務相のポストに就いている。一六日には、テューリンゲンでも同様の政府が成立し、共産党は法相と経済相を引き受けた。こうした動きに対して、共和国政府は積極的に介入した。すでに九月二六日に発せられた戒厳令により、ドイツ各地では管轄の国防軍に執行権力が移譲されており、大統領エーベルト、シュトレーゼマン内閣、ザクセン地方の国防軍が両州政府と対峙《たいじ》した。

一〇月二一日、ザクセン地方に国防軍部隊が進駐し、武装労働者との戦闘の結果、現地の警察指揮権を掌握している。この事態を受けて、同日、共産党はゼネストや武装蜂起の中止を決定したが、その情報がハンブルクには未着であったため、同市内では二三日に数百人の武装蜂起が発生した。労働者地区での治安部隊との二日間にわたる激しい戦闘の結果、共産党側二五名、警官一四名の死者を出して、蜂起は失敗に終わった。

一〇月二七日には、共和国政府がザクセン州政府に対して退陣を要求し、それが拒否されると、二九日に大統領エーベルトがザクセン地方への強制執行に乗り出した。その結果、ツァイクナー州政府は解任され、ザクセンは共和国政府全権委員の管理下に入っている。この後、ザクセンでは社会民主党穏健派の州政府が成立した。さらに、一一月初旬にはテューリンゲンにも国防軍が入城してプロレタリア百人隊を解散させ、共産党はテューリンゲン州政府からも離脱した。

この一連の動きは、共和国政府の分断という副作用を伴っていた。すなわち、社会民主党国会議員団が中部ドイツの左派政権とバイエルンの右派政権への措置の不平等に抗議し、一一月三日に大連合内閣を離脱したのである。大統領エーベルトは自らの党の決定に激怒したという。

## ミュンヘン一揆

再び、話をバイエルンに戻してみよう。確かに共和国政府のバイエルンへの対応は、ザクセンとはまったく異なっている。それにはバイエルン国防軍が共和国政府に従わず、州政府を支持したことが大きかった。これにより、バイエルンでは共和国政府の強制執行ができず、国防軍最高司令官ゼークトは国防軍どうしの対立を忌避して、バイエルンへの部隊派遣を拒んだ。

しかし同時に、バイエルンではカール州政府の君主主義と右翼急進派の行動主義の間にも不一致が生じていた。同地の右翼急進派内では、ナチズム運動が有力な勢力へと成長していた。一九二一年七月にその指導者となったヒトラーはクーデターによる権力獲得を志向し、ファシストの「ローマ進軍」（一九二二年一〇月二八日にイタリアでファシスト党指導者ベニト・ムッソリーニが政権奪取のために起こしたクーデター）をモデルに、右翼急進派の領袖だったルーデンドルフを担いで「ベルリン進軍」による共和国政府の打倒をめざした。

一九二三年一一月八日、ヒトラーは「ミュンヘン一揆」と呼ばれるクーデターを決行した。この日の夕刻、市内中心部のビアホール「ビュルガーブロイケラー」では、州総監カール、バイエルン国防軍司令官ロッソウ、州警察長官ハンス・リッター・フォン・ザイサーらが出席して、革命五周年の式典が催されていた。武装したヒトラーとSAはこの会場に乱入して、共和国・バイエルン両政府の罷免と暫定的な「ドイツ国民政府」の樹立を宣言した。カールらはこの反乱への参加を強要され、武器による脅しの下で表面的には同意している。

だが、バイエルン州政府幹部たちは解放後すぐに同意を撤回し、逆に反乱鎮圧のために州警察の出動を命じた。翌九日、ヒトラーやルーデンドルフたちがミュンヘン市内でデモ行進を行った際、市内中心部の将軍廟《しょうぐんびょう》前に集結した警官隊がデモ隊に向けて一斉射撃して多数が死傷した。ヒトラー自身は二日後の一一日に逮捕され、ナチス側に一六名の死者を出して一揆は失敗に終わった。

この「オペレッタ的な大げさな企て」[*32]は、右翼急進派の信用を失墜させることになった。バイエルン州政府は共和国政府と歩み寄り、シュトレーゼマンは一九二三年秋の危機を克服した。ヒトラーの政治的素人ぶり《ディレッタンティズム》が、図らずも共和国を助ける結果を招いたのである。大統領エーベルトは、一一月九日に国防軍最高司令官ゼークトに執行権力を移譲して秩序の回復を図り、バイエルンの混乱が収束した一九二四年二月一三日、ゼークトはその権限を大統領に返還した。

ミュンヘン一揆当時のヒトラー［BA, Bild 102-18375］

## 「体制転覆志向型暴力」の終息

ミュンヘン一揆は、ドイツ革命から続いた体制転覆志向型暴力の最後の局面であった。右翼・左翼急進派の動きは「一九二〇年代の三分の一の時期に、再三にわたる武装蜂起でワイマル民主主義を弱体化させた」[*33]が、共和国は危機の五年間を何とか乗り切った。歴史家E・コルプの表現を借りるならば、「ワイマル民主主義がこの数年間の、このうえなく困難な内外の圧力から身を守りえたことは奇跡に近い」[*34]ものであった。

執行権力を移譲されたゼークトは、シュトレーゼマン内閣が退陣表明した一九二三年一一月二三日、ナチスと共産党を全国で禁止する措置をとった。共和国の政治舞台に戻ってきた時、両党は選挙での勢力拡大をめざす合法的な政党となっていた。暴力で共和国を打倒して国家権力を奪取しようとする動きは影を潜め、一九二四年以降、共和国に対するクーデターが起きることはなかった。

もっとも一揆路線が放棄されたとしても、政治的暴力それ自体がなくなることはなかった。むしろ、それまでとは違う形で、暴力が政治と結びついていくことになる。

# 第二章　街頭に出ていく政治

## 一　共和国の「安定」――共和国中期の政治

### 「相対的安定期」としての共和国中期

一九二三年という激動の年を何とか乗り越えたワイマル共和国は、一九二〇年代半ばに「相対的安定期」と呼ばれる、平穏な時期を迎えることになる。「平穏」とされる理由としては、革命から一九二三年までの間に共和国を何度となく襲った危機の克服、ハイパーインフレーション後の経済回復、左右の政治的急進派の後退などが挙げられるだろう。ワイマル共和国の一四年間の中期にあたる、この数年間は最善の時期であり、外交的成果、社会保障政策の発展、女性の社会進出、「ワイマル文化」と呼ばれるモダニズム文化の隆盛がそれを特徴づけていた。

政治的に見ると、共和国中期はそれ以前のような劇的な出来事が見られない時期であった。ケスラーの日記を眺めてみると、一九二四年から二八年にかけて政治に関する内容がほとんど登場しない（ケスラー自身が民主党から立候補した一九二四年一二月の国会選挙と二五年の共和国大統領選挙ぐらいである）。ケスラーの個人的な事情（闘病や度重なる外国滞在）もあろうが、何より彼が書き留める必要を感じるほどの政治的な出来事がなかったことがその理由だろう。

それにもまして、共和国中期が平穏だとみなされる最大の理由は、政治から暴力的な色彩がなくなったことにある。一九二三／二四年を分岐点として、政治と暴力の直接的な結びつきはほぼ見られなくなり、共和国の政治は議会の枠内で動いていくことになる。

もっとも、その「安定」は前後の時期に対する相対的なものであり、しばしば「偽りの安定」と表現され、「不安定化の諸要因がただ抑え込まれていたに過ぎない」[*1]と言われてきた。以下では、外交・経済・連立政治の側面から、この時期の共和国の様子を概観してみよう。

## 外交の安定

ドイツに対して強硬的なフランス外交は失敗に終わり、独仏の対立関係を軸とするヨーロッパの国際関係は一九二四年以降、アメリカの対欧戦略（ヨーロッパ市場への進出と反ボルシェヴィズム）の影響下で協調外交へと転換した。

ドイツの外交政策は、一九二〇年代を通じて外相を務めたシュトレーゼマンのイニシアティブの下で展開した。「シュトレーゼマン外交」と呼ばれる外交政策は、ヴェルサイユ条約の段階的修正を最優先課題とし、ドイツの主権制限の撤廃と東部国境問題のドイツに有利な解決をめざすものであり、シュトレーゼマンはそれらを軍事的手段ではなく、西欧諸国、わけてもフランスとのコンセンサスの中で実現しようとした。国会において社会民主党から国民党までに広く支えられた、その穏健な外交政策は、結果としてヨーロッパの緊張緩和を実現し、ワイマル共和国の安定に貢献することになる。

外交の安定化への第一歩は、賠償問題解決への道筋をつけたことであった。一九二三年一一月末、連合国賠償委員会はアメリカのチャールズ・G・ドーズを議長とする専門家会議を設置した。一九二四年四月九日にこの会議が提出した報告書（ドーズ案）は、賠償支払いに関する五年間の暫定的な措置を規定した。その最大の特徴はドイツ側の状況に配慮した形で賠償支払い額を設定したことであり、ドイツの年賦額は初年次には一〇億マルクとされ、五年間かけて一九二一年のロンドン会議での決定額（二五億マルク）まで引き上げられることになっていた。

賠償支払いを確実にするため、中央銀行であるライヒスバンクが国際管理下に置かれ、ドイツ国鉄（ライヒスバーン）も会社化された後、収益の一部および鉄道債券の利息や償還が賠償支払いに充てられることになった。一九二四年七月に行われたロンドン会議で各国はドーズ案を承認し、これを受けてルール地方からのフランス・ベルギー軍の撤兵が開始された（一九二五年七月三一日完了）。

グスタフ・シュトレーゼマン
［BA, Bild 146-1982-092-11］

ドーズ案が可能にした独仏和解の流れを受け、一九二五年一〇月にはスイスのロカルノで独仏の他にイギリス、イタリア、ベルギー、ポーランド、チェコスロヴァキアが参加してヨーロッパ集団安全保障に関する会議が開催された。一二月にロンドンで調印された最終議定書（ロカルノ条約）において、独仏およびベルギーは相互不可侵を誓い、ドイツはエルザス・ロートリンゲンの最終的放棄（フランスへの帰属）、西部国境の現状維持、さらにラインラントの非武装化に同意している。他方、ヴェルサイユ条約による東部国境の確定は、シュトレーゼマンがこれを頑《かたく》なに拒否したため未決のままとなり、ロカルノ条約参加国の保障がない状態であった。一九二六年四月二四日、シュトレーゼマンはロカルノ条約を補完する形で独ソ友好中立条約（ベルリン条約）を結んで、独ソ間の軍事面での秘密協力の基盤を築くとともに、ソ連が第三国（ポーランドを想定）と戦争に入った際のドイツの中立と国際連盟の対ソ連制裁への不参加を約束した。これは、ポーランドの弱体化を企図するものであり、同国に割譲された旧ドイツ領に対するシュトレーゼマンの固執を示していた。

独仏の協調外交により、ドイツの国際連盟加入への道も開かれることになり、一九二六年九月八日に実現した。ヨーロッパに平和と安定をもたらした一連の外交成果に対して、シュトレーゼマンとフランス外相アリスティード・ブリアンに同年のノーベル平和賞が授与された。

シュトレーゼマンに残された課題は、なおも連合国の占領状態にあるライン左岸地域からの撤兵であったが、こちらは賠償問題の最終段階となるヤング案をめぐる動きの中で実現されることになる。一九二九年二月九日にパリで始まったアメリカのオーウェン・D・ヤングを議長とする賠償問題専門家会議が作成した報告書（ヤング案）は、ドイツの財政主権の回復を認めた上で、賠償年賦額および支払い総額の減額と五九年後（一九八八年）までの支払いを定め、新設の国際決済銀行が支払いの管理を行うことを示した。ヤング案の発効（一九二九年九月一日）と引き換えに、期限より五年早いラインラントからの連合国の完全撤退が実現した（一九三〇年六月三〇日）。

## 経済の安定

ドーズ案の発効（一九二四年九月一日）は、ドイツ経済の回復をもたらすことになった。同案によると、ドイツは一九二五年八月三一日までに最初の一〇億マルクを支払うことになっていたが、このうち二億マルクだけをドイツが独自に調達し、残りの八億マルクはアメリカを中心とする国際借款が提供した。これを境に、ドイツには好景気に沸くアメリカから多額の資本が流入することになる。こうして「相対的安定期」には、ドイツが連合国に賠償を支払い、連合国がアメリカに戦時債務を償還し、アメリカに集まった大量の資金が信用供与の形でドイツに移動する「経済の一種の循環交通」[*2]が成立した。

相対的安定期のドイツの経済状況は、他の先進国と比べ「相対的な停滞」[*3]とみなされているが、それでもドーズ案後の外国からの大量の資金流入はドイツの経済を回復基調に乗せた。一九二七年の工業生産は一九一三年の水準を超えるまでに回復し、設備投資も一九二七／二八年にピークを迎えている。さらに、生産の合理化の影響などで一九二六年に増加した失業者数も二七年にはかなり減少した（冬季に増加し、夏季に減少する傾向は毎年同じ）。また、新規住宅建築数は一九二四年の九万五〇〇〇戸から二九年には三一万二〇〇〇戸へと上昇し、個人支出における家賃支出割合も戦前に比べて低くなっていた。

こうした経済の回復を背景に、社会国家としてのワイマル共和国の姿もはっきりと現れた。国家の介入による賃金上昇もその一つである。一九二三年の「調停制度令」によって導入された「労働争議調停制度」に基づき、国家が労働者に有利な形で労使の賃金決定に関与したことで相対的安定期を通じて賃金は上昇ないし横ばいの傾向を示した（第六章第一節参照）。一九二七年七月一六日には「職業紹介・失業保険法」が制定され、労使折半の掛け金を軸に失業給付の社会保険化が実現した。「ワイマル共和国の社会国家としての拡充のクライマックス」[*4]と評されるように、この社会立法は憲法が保障する社会権を具現化するものであった。

## 連立政治の展開

一九二三年までの体制転覆志向型暴力を主導してきた左右の急進的勢力が衰退したことや、外交・経済が安定したことで、混乱が続いてきた共和国の政治も二〇年代半ばには落ち着きを見せるようになった。相対的安定期には多くの党派に連立可能性が存在しており、一九二三年の危機を経験した後で、安定的な政治を求める声は高まりを見せていた。

一九二四年五月、比較的平穏なムードの中で四年ぶりの国会選挙が実施された。この時の内閣は中道四党を基盤とする第一次マルクス内閣であったが、選挙では与党が軒並み得票を減らす一方、右派の国家国民党が大幅に議席を伸ばした。また、左翼では社会民主党が前回から得票を微減させながらも第一党の地位を維持し、共産党は前回の二・一%から一二・六%へと躍進した。禁止されていたナチ党（党首ヒトラーは収監中）は他の民族至上主義（フェルキッシュ）勢力とともに初めて国政選挙に参加し、三二議席（六・五%）を獲得している。

ワイマル共和国の議会政治には、大きく分けて四つの連立パターンが存在していた（巻末表2参照）。それは、①共和国擁護派三党（社会民主党・中央党・民主党）による「ワイマル連合内閣」、②中道諸政党による「ブルジョア少数派内閣」、③中道諸政党と国家国民党による「ブルジョア右派内閣」、④中道諸政党と社会民主党による「大連合内閣」である。数的に最も安定する④は、外交政策で一致することが可能であったものの、労使それぞれの代表（社会民主党と国民党）が閣内にいるために内政での対立が顕著であった。これに対して、③は内政での合意は容易であったが、外交政策では右派の強硬な反対にさらされることになった。共和国への忠誠度が最も高い①は国政レベルでは共和国前期のみに存在した連立形態であり、一九二四年から二八年六月までの国政を担ったのは②もしくは③の政権であった。

左右の両翼政党が伸長し、中道政党が後退した一九二四年五月の選挙後、連立交渉は難航した。六月三日に成立した第二次マルクス内閣は中道三党の少数派内閣であり、議会での多数派形成が困難な中、国会は再び解散されている。一二月に実施された選挙の結果は五月とは対照的であった。社会民主党が三一議席増加させて第一党を維持する一方で、共産党は得票率を大きく下げた。また、国家国民党は得票率を伸ばして議席数を三桁に載せ、中道諸政党もすべて議席を伸ばしたが、ナチ党など右翼急進派は三二議席から一四議席へ後退した。新たな国会の勢力図の中で、第二党の国家国民党が体制内化して連立交渉に参加し、一九二五年一月に中道四党と国家国民党から成るブルジョア右派内閣として第一次ルター内閣が成立した。四九三議席のうち二四二議席が与党であったが、党としては連立に参加しなかった民主党（三二議席）の協力を得ることで、多数派形成が可能となった。

これ以後、一九二八年までにさらに三回の組閣が行われた。第二次ルター内閣と第三次マルクス内閣は中道四党のブルジョア少数派内閣、第四次マルクス内閣は再び国家国民党が加わったブルジョア右派内閣（民主党は離脱）であった。

社会民主党を排除したブルジョア内閣は、外交政策でしばしば対立することになった。例えば、第一次ルター内閣はロカルノ条約の受け入れに反対した国家国民党が連立を離脱したために崩壊している。シュトレーゼマン外交は、右派の反発を受けながら、野党の社会民主党が閣外協力することでかろうじて国会の承認を得ていたのであり、この時期には「実際のところ二つの連立政権が存在していた[*5]」ようなものであった。しかし、相対的安定期の連立政権は、その時々の諸問題に起因する閣内対立（第二次ルター内閣での「国旗論争」や第四次マルクス内閣での「ライヒ学校法」をめぐる対立）や内閣不信任案をめぐる野党共闘（一九二六年一二月に社会民主党が提出した第三次マルクス内閣への不信任案に共産党・国家国民党・ナチ党が同調）により短命化した。

第四次マルクス内閣が宗派別学校の設置をめぐる閣内対立で総辞職した後、三年半ぶりの国会選挙が一九二八年五月に実施された。結果は左派の勝利となり、社会民主党は得票率二九・八％で一五三議席を獲得し、共産党も議席を伸ばした。これに対して、中道四党はすべて議席を減らし、さらに国家国民党は一〇三議席から三〇議席を失う大敗を喫した。正式な党名で初めて参加したナチ党も前回の選挙からさらに得票率を下げ、一二議席で泡沫《ほうまつ》政党の域を出ることはなかった。ブルジョアブロック内での連立形成は困難となり、シュトレーゼマンの働きかけもあって、第一党の社会民主党が一九二三年以来の与党復帰を決め、中道四党との大連合内閣が成立した。ヘルマン・ミュラーは一九二〇年以来の社会民主党所属の首相であった。

結果としてワイマル共和国最後の議会主義政府となるミュラー内閣は、発足から五か月後に危機に直面することになる。一九二八年一一月一六日、国会ではヴェルサイユ条約が許容するAクラス装甲巡洋艦の建造に関する政府案（八月の閣議決定）への中止動議が採決されたが、動議を提出した社会民主党議員団に、首相と三名の社会民主党閣僚が追従する「一度きりの光景」[*6]が生じた（社会民主党は五月の国会選挙で「装甲巡洋艦よりも子どもたちの給食を」をスローガンに掲げていた）。社会民主党の首相の下で取りまとめた政府案に対して首相の所属政党が中止動議を出し、首相や閣僚がそれに賛成するという「悲惨としか言いようのない芝居」[*7]である。結局、動議は否決されたが、この一件は連立与党間の軋《きし》みを早くも顕在化させることになった。「連立政権はすでに最初の数週間で崩壊していた」[*8]のである。この後、世界恐慌下の社会政策（特に失業保険）をめぐる閣内対立で、大連合内閣はさらに混乱していくことになる。

### 政策の連続性と対立の火種

頻繁な内閣の交代や連立交渉の難航の中でも、相対的安定期の政治は、ある程度の連続性を維持していた。シュトレーゼマンは首相辞任（一九二三年一一月二三日）後もすべてのブルジョアブロックの連立政権で外相を務めて政策を継続させ、一連の外交的成果を可能にした。この他にも、民主党のオットー・ゲスラーは一九二〇年三月から二八年一月まで、同党が連立に参加していない内閣でも国防相のポストに就き、中央党のハインリヒ・ブラウンスも一九二〇年六月から二八年六月まで八年間にわたって労相を務めていた。

また、国会も一九三〇年のナチ党の大量当選以前は、妥協や合意形成が可能な風土を維持していた。その中で、一九二〇年から三二年まで一時期を除いて国会議長を務めたパウル・レーベ（社会民主党）の役割は大きく、中央党・国民党・国家国民党から選出された副議長とともに、民主的な審議手続きを保障した。例えば、第四次マルクス内閣の下で一九二七年七月一六日に可決された「職業紹介・失業保険法」は、国家国民党から社会民主党に至る広範な党派から賛成を得ていた。

しかし、これと並行して、社会内部での対立の深刻化や、それに伴う政治的分節化（党派対立の明確化）も進行していた。一つは、共和国のシンボルをめぐる対立である。一九二六年五月には「国旗論争」と呼ばれる国旗の正当性をめぐる対立が顕在化した。それは、ワイマル共和国の国旗である「黒赤金」の三色旗（共和国擁護派）と旧ドイツ帝国の「黒白赤」の三色旗（反共和国派）の対立であり、統一的なシンボルで共和国を表象できない「ドイツにおける政治文化の矛盾」[*9]を示していた。在外公館や国外の海港にある商館での国旗（黒赤金）と商船旗

（黒白赤）の両旗掲揚を認める政令（新国旗令）に対してワイマル連合の諸政党が猛反発し、第二次ルター内閣への不信任案が可決されるに至った。しかし、新国旗令はそのまま発効し、その後、憲法記念日（八月一一日）のたびに新旧二つの国旗の掲揚を通じて共和国への賛否を表明するシンボル闘争が繰り広げられた。一九二七年八月一一日付のケスラーの日記からは、この時期の国旗をめぐる社会の不統一が感じられる。

憲法制定記念日。……各省の建物にはすべて旗が出ている。また乗合バス、電車、地下鉄、大きな商店、デパート、ホテル、銀行には、たいてい出ていないか、出ていても国旗ではない。他の個人住宅には、まずまずという程度に黒赤金の旗が出ている。[*10]

もう一つは、大統領選挙や国民票決などの直接投票における対立の深刻化である。一九二五年二月二八日に大統領エーベルトが急死したことを受けて、憲法四一条に基づき国民の直接投票による大統領選挙が実施された。絶対多数を当選条件とする第一回投票（三月二九日）では各党派から七名の候補者が乱立して当選者がいなかったため、相対多数が当選条件の第二回投票が行われた（四月二六日）。共和国擁護派が前首相のヴィルヘルム・マルクス（中央党）に候補者を一本化したのに対して、中道右派や右翼は第一次世界大戦の「英雄」パウル・フォン・ヒ

パウル・フォン・ヒンデンブルク［BA, Bild 183-R17289］

ンデンブルクを立てた。結果は、バイエルン国民党が同じカトリック政党である中央党の候補者マルクスではなく、ヒンデンブルク支持に回ったことが決定打となり、僅差でヒンデンブルクが当選した。共和国擁護派が反共和国陣営の候補者に敗れたという点で、この選挙は一つの画期をなす出来事であった。

さらに、一九二六年には旧王侯貴族の財産処理をめぐる問題が表面化した。補償なしの王侯財産の収用を求める共産党に社会民主党が同調したことで、一九二六年三月に国民請願が実施され、国民票決の実施に必要な署名数の三倍以上を集めた。しかし、同年六月二〇日に実施された国民票決では、有権者の過半数の賛成を集められず、王侯財産収用は実現しなかった。その後も、反共和国派はこの議会外での国民請願運動を世論の煽動《せんどう》手段として活用していく（一九二八年の共産党によるAクラス装甲巡洋艦建造反対や一九二九年の右翼陣営によるヤング案反対の国民請願運動）。

共和国のアイデンティティに関わるシンボル闘争や、大量の有権者の動員を必要とする直接投票の実施は、街頭でのプロパガンダ合戦を活発化させ、敵と味方をはっきりと色分けして感情的な対立を煽り、社会の分断を助長する一因となった。総じて見ると、議会での連立形成や政策的妥協を模索する政治に対して、直接投票は議会外（街頭）を主たる場として、複雑で多様な政治問題を単一論点への賛否に単純化させた。この意味で、共和国中期は、諸党派の妥協と分断が混在して進行する「連立形成と政治的分節化の時期」[*11]であった。

## プロイセンとベルリン――ワイマル民主主義の「砦《とりで》」

国家《ライヒ》レベルでのめまぐるしい政権交代や共和国擁護派の不安定さに対して、面積や人口でドイツ全体の六〇％以上を占めていた最大州《ラント》プロイセンの状況は違っていた（巻末地図①）。

第一次世界大戦後、プロイセンを解体して他の州と同規模化しようとする動きがあったが、右派から社会民主党までの幅広い反対でプロイセンは存続した。広大な領域を持つゆえに、プロイセンは政治的特性も複雑で、首都ベルリンやルール地方といった都市部では自由主義や社会主義が強力であるのに対して、エルベ川以東の農村地域では保守的な風土が根強く、大農場保有者の利益政治が蔓延っていた（この利益政治は一九三〇年代に入るとワイマル共和国崩壊の一因となる）。

しかし、プロイセン全体としては都市人口の多さから自由主義的傾向が優勢であり、政治的に安定していた。一九一九年三月二五日に正式にワイマル連合の州政府が成立し、特にカップ＝リュトヴィッツ一揆後の一九二〇年三月二九日に誕生したオットー・ブラウン（社会民主党）を首班とする州政府の下で行政や警察の民主化が進められた。これ以後、ブラウンは、数か月単位の短期を除いて、一九三二年七月の共和国政府（パーペン内閣）による「プロイセン・クーデター」まで大連合やワイマル連合の安定した政権を維持している。共和国政府とは異なり、プロイセン州政府はワイマル連合の「成功モデル」であった。

この州政府を支えたのが州議会である。一九二〇年代の三度の州議会選挙において社会民主党は第一党となり、ワイマル連合三党で五〇％近く、国民党を加えた大連合では六割近くの得票率を安定的に記録した。州議会内のワイマル連合三党は、州政府を守る「議会内の規制線」[*12]として機能していた。一九二八年五月二〇日の州議会選挙では、ワイマル連合で四八％、大連合で五六・五％の得票率であったのに対して、ナチスは一・八％であった。この後、一九三二年四月まで州議会選挙が行われなかったため、プロイセンでは国会レベルでのナチス台頭の影響をほとんど受けなかった。一九三〇年代初頭、プロイセンは国政レベルでの民主主義の危機に対する「最後の砦」と呼ばれることになる。

ベルリン市政も似たような状況であった。一九二〇年代を通じて市長はグスタフ・ベス（民主党）が務め、一九二五年一〇月の市議会選挙ではワイマル連合が四五・三％、大連合で五一・三％の得票率であった。ナチスの勢いが増しつつあった一九二九年一一月に行われた市議会選挙でこの数字は低下するが、ナチスの得票率も五・八％にとどまっていた。その後、一九三三年三月まで選挙が行われなかったため、ベルリン市議会でのナチスの影響力もわずかなままであった。

プロイセンの治安を担当する州内務省や、最大の警察機構であるベルリン警察本部も社会民主党など共和国擁護派の牙城となった。プロイセン内相は一九二〇年から三二年七月まで（一九二一年の数か月を除いて）、カール・ゼーヴェリングやアルベルト・グルジェジンスキなどの社会民主党員が務めていた。プロイセン内務省で警察を監督する警察局長は一九二六年までヴィルヘルム・アベッグ（民主党）、その後はエーリヒ・クラウゼナー（中央党）であった。また、ベルリン警察本部のトップである警視総監も一九一九年から三二年七月まで社会民主党の指定席となっており、カール・フリードリヒ・ツェルギーベルやグルジェジンスキなどが務めた。同様に、警察上層部も多数の社会民主党や民主党の党員が占めていた。とりわけ一九三〇年代に入ると、ベルリン警察本部はプロイセン内務省とともに、共和国防衛の拠点として左右両翼からの政治的暴力に対峙していく。

以上のように、相対的安定期には、国政レベルでブルジョア諸政党の連立あるいは大連合内閣がめまぐるしく入れ替わる一方、最大州プロイセンやベルリンでは社会民主党を中心とするワイマル連合が一貫して政権を担い、ひとまずの平穏と安定をもたらしていた。しかし、その中で新たな形の政治的暴力が社会に影を落としてくることになる。その起点となるのが、ミュンヘン一揆によって禁止されていたナチ党の再建であった。

## 二　相対的安定期のナチズム運動

### ナチ党再建

ナチ党は一九一九年一月五日にミュンヘンでアントン・ドレクスラーによって結成されたドイツ労働者党（DAP）を前身とする極右政党である。バイエルン国防軍の軍人だったアドルフ・ヒトラーは同年九月一二日に軍の命令で同党の集会を訪問し、数日後に入党した。

一九二〇年二月二四日に開催された大衆集会において、ドイツ労働者党は党名を「国民社会主義ドイツ労働者党」（NSDAP）とあらため、二五か条の党綱領を公表した。四月一日付で軍務を離れ、党での政治活動に専念することになったヒトラーは徐々に党内で頭角を現し、一九二一年七月二九日に党内対立が深刻化する中で開催された臨時党員集会でドレクスラーに代わって党首に選出された（この二週間前には、ヒトラーは離党をちらつかせて党内の緊張を高めていた）。この後、ナチ党はカリスマ的党首ヒトラーの下で、「ヒトラーの党」としての性格を強めていく。

一九二一年八月、ヒトラーは党の会場警備係として「体操・スポーツ隊」、後の突撃隊（SA）を組織した（二〇年一一月とする研究もある）。一九二三年一一月以前のナチ党（初期ナチ党）は政党というよりも、このSAを拠《よ》り所《どころ》にしたバイエルン地方の極右武装セクトの趣が強く、一九二三年には八〇以上存在していたと言われる同規模の「反ユダヤ主義団体」の一つに過ぎなかった。ドレクスラーは選挙での勢力拡大を志向していたようだが、ヒトラーはもっぱら一揆（クーデター）による権力獲得をめざし、選挙への参加を頑なに拒んだ。実際、初期ナチ党は一度も議会選挙に参加していない。

ミュンヘン一揆の被告と弁護人（1924年3月26日）
［BA, Bild 119-1409D］

ミュンヘン一揆で逮捕されたヒトラー以下の首謀者に対する裁判は一九二四年二月二六日に始まった。同年四月一日、ヒトラーに対して破格に軽い禁固五年、罰金二〇〇金マルクの判決が言い渡され、ヒトラーは即日ランツベルク刑務所に収監された。

指導者を欠く中、ナチ党員たちは北・中部ドイツを拠点とする「ドイツ・フェルキッシュ自由党」（DVFP）と選挙同盟「フェルキッシャーブロック」を結成し、統一リストで議会選挙に臨んだ。この同盟は四月六日のバイエルン州議会選挙（プファルツ地方のみ五月四日）で一七・一％の高得票率を記録した後、五月四日の国会選挙では三二議席（得票率六・五％）を獲得している。これらの選挙結果を見て、ヒトラーは一揆路線から合法路線への転換を考え始めたと言われる。

ヒトラーは収監からわずか八か月後の一二月二〇日に保護観察付きで釈放され、年が明けると早くも政治活動を再開した。一九二五年一月四日にはバイエルン首相と会談して一揆路線の放棄を明言し、さらに翌月のバイエルン法相との面会で、ナチ党の解禁について協議している。これを受けて、二月一六日、バイエルン州でナチ党の再結成と機関紙『フェルキッシャー・ベオバハター』（「民族的観察者」の意）の発行が許可された。

党を再建するにあたり、ヒトラーには二つの明確な意図があった。一つは、一揆路線を捨てて合法路線に転換すること、つまり議会へ進出して選挙での勝利により政権奪取をめざすことである。このためには、党の武装組織であるSAを（少なくとも表面的には）非武装化された集団にする必要があった。もう一つは、自らが党の全権を握り、党内に無制限の指導権を確立することであったが、その際には、やはりSAやドイツ各地の地方組織との関係が問題となった。ヒトラーにとって、ナチ党の再建はこの二つを達成することで成就されるはずであった。

ヒトラーは一九二五年二月二六日付の『フェルキッシャー・ベオバハター』に「国民社会主義ドイツ労働者党再建のための基本方針」[*13]を掲載し、新ナチ党が旧党の原則や綱領を継承するとしつつ、先の二つの方針を入れ込んだ。まず合法路線に関して、SAが結社法に準拠することと、武装した集団をSAに受け入れないこと、指導部の命に反して武器を所持・保管する者は即刻SAや党から除名されることが示された。さらに、指導部の命に反して公共空間でのデモ行進を行う場合やそれに参加した場合にも、そのSA部隊を即座に解散させ、指導者をSAや党から除名する点も言明された。

ヒトラーが危惧していたのは「挑発的な行動によって、ナチズム運動をさらに迫害するための証拠を当局に握られる」ことだった。その上で、「若者の身体の鍛錬」、「規律化と偉大な理念への献身のための教育」、「会場警備や啓蒙《けいもう》活動」をSAの目的として掲げ、軍隊的側面を排除した。もう一つのヒトラーの党内での全権についても、フューラー（指導者）の立場を優先する姿勢が打ち出され、「まずフューラー、次いで組織であり、その逆はない」という原則が示された。翌二七日、ミュンヘンのビュルガーブロイケラー（ミュンヘン一揆を開始したビアホール）で公開集会が開かれ、超満員の三〇〇〇人が詰めかけた。ヒトラーは「基本方針」に沿って行われた演説の中でナチ党の再建を表明した。

新ナチ党には旧党員も新規に加入する必要があり、ヒトラーは新規党員の受け入れをミュンヘン党指導部の所管とした。最初の登録党員数は数百人に過ぎなかったが、一九二五年末には二万七一一七人にまで増加している。

## ヒトラーにとっての壁

政治活動を再開したとはいえ、二月二七日の演説での共和国への敵対的姿勢を警戒して、バイエルン（一九二五年三月九日）を皮切りに、ほとんどの州がヒトラーに対して公開集会での演説を禁じた。これにより、ヒトラーの政治活動は当面の間（約二年間）、非公開の党内集会に限定されることになった。同じ頃、ヒトラーの国籍が問題視されており、国籍があるオーストリアへ追放される可能性もヒトラーの行動を制約していた（結局、一九二五年四月三〇日にヒトラーはオーストリア国籍から外れ、無国籍状態となった）。

その上、収監中にヒトラーは党の指導権を手放しており、再びナチ党内で全権を持つにはそれなりの時間を必要とした。そのため、ヒトラーはドイツ各地でナチ党地方組織を構築する権限を各地のリーダーに託したが、それが地域レベルでの行動の余地を生み出し、ヒトラー（ミュンヘン党指導部）との間に緊張関係を作り出すことになった。

この代表的な事例が、北ドイツでのナチ党の組織化をめぐる顚末《てんまつ》だろう。一九二五年三月一一日、ヒトラーはナチズム運動がまだ弱かったこの地域での党勢拡大のため、グレゴール・シュトラッサーに全権を託した。シュトラッサーはこの地域の大管区をまとめ、同年秋に「北部・西部ドイツ大管区活動共同体」を結成している（ラインラント北部大管区で活動していたヨーゼフ・ゲッベルスが事務局長に就任）。この動きはヒトラーへの反旗ではなかったが、その社会主義的傾向や反ミュンヘン感情から、北ドイツのナチ党では「反動的」なミュンヘン党指導部（ヒトラーの「取り巻き」）に対する反発が大きかった。同じ頃、シュトラッサーは社会主義的色彩の強い独自の党綱領案（シュトラッサー綱領）を作成し、二五か条綱領の修正をめざしている（この草案は二六年一月一四日にハノーファーで開催された「活動共同体」の会合で検討されたが、採択には至らなかった）。さらに、シュトラッサーやゲッベルスは、共産党や社会民主党が主張する王侯財産の収用に賛成したが、これもヒトラーやミュンヘン党指導部の意向に反していた。

こうした北ドイツの動きが党の統一性を傷つけ、自らの指導権を脅かすと考えたヒトラーは、一九二六年二月一四日、オーバーフランケン地方のバンベルクに急遽、党指導者会議を召集している。ミュンヘンではなく、バンベルクを開催地にしたことはヒトラーの譲歩であったと言えるが、会議ではヒトラー（ミュンヘン派）が北ドイツ派を完全に抑え込み、党内での指導権を確立するとともに、シュトラッサー綱領草案に関する一切の議論を認めなかった。さらに、五月二二日のミュンヘンでの党員総会では、ヒトラーが全大管区指導者の任免権を持ち、ナチスのイデオロギーに対して全責任を負うことが確認され、二五か条綱領が不可変化された。

こうして、ヒトラーは党内での指導権を築くことに成功し、さらに一九二七年にかけて他のフェルキッシュ運動を糾合することで、右翼陣営内における指導的地位も固めていくことになる。名実ともにヒトラーの「個人商店」（フューラー政党）となったナチ党は、ワイマル期の他の政党とはまったく異なる性格を持つ特異な政党であった。

同じ頃（一九二七年七月四日）、ヒトラーはルール地方の重工業家エミール・キルドルフと面会し、ナチ党への資金援助を要請している。キルドルフは八月一日に多額の寄付とともにナチ党に入党し、重工業家の中で最初のヒトラーへの支援者となった。一〇月二六日には、キルドルフの招待でヒトラーが代表的な重工業家一四名を前に演説を行うなど、まだ泡沫政党だった時点でエスタブリッシュメントとの接触も強めていった。

## 党組織の整備

合法路線での権力獲得を党再建の柱としたヒトラーにとって、重要なポイントは大衆の支持基盤を築くことであった。そのため、ナチ党は一九二〇年代後半、一方で大衆の受け皿となる党組織の整備、他方で大衆の動員を可能にするプロパガンダの構築をめざした。ここではまず前者について一瞥《いちべつ》してみよう。

ナチスの党組織は、垂直的構造と水平的構造の二つの方向で整備された。垂直的構造とは、ヒトラー（フューラー）と党指導部の下で全国に張り巡らされた地方組織の「縦」のつながりである。その核となる「大管区《ガウ》」は一九二五年三月に最初の整備が行われた後、一九二八年には国会選挙の三五の区割りに応じた形に再編された。さらに大管区は「管区《クライス》」、管区は「支部《オルツグルッペ》」へと細分化されることで社会の末端まで行き届くヒエラルキー構造が作られ、大管区指導者以下それぞれのレベルの指導者が、上意下達の「指導者原理」に基づいてヒトラーの命令を実行した。こうして、バイエルンの「地方政党」に過ぎなかったナチ党は、ドイツ全土に地方組織を置くことで「全国政党」化し、すべての選挙区に立候補者を立てる体制を築いた。

党組織の末端である支部は、さまざまな形で党員の生活に関わっていた。例えば、一九二〇年代後半にミュンヘン支部内のシュヴァビング地区では、酒場を会場にした演説の夕べや党員集会が毎週実施され、祝宴やハイキング、クリスマスパーティー、サイクリングが催されていた。また、党員はスポーツクラブ、音楽隊、合唱団などに参加し、図書の貸し出しも行われた。さらに、情報紙が定期的に発行され、活動報告や行事予定の他に求人や住宅情報を掲載していた。経済的に困窮する党員には、共同金庫から無利子の貸し付けも行われていたという。こうした日常的なサービスは、実利的な面からナチズム運動の魅力を高める効果を持っていた。

もう一つの水平的構造とは、社会集団・階層に応じた、さまざまな大衆組織の「横」のつながりであり、それらはナチ党がまだ弱小だった一九二〇年代後半に次々と設置された。

まず年齢・性別組織としては、一四歳から一八歳までの男子をメンバーとする「ヒトラー・ユーゲント」（HJ）が一九二六年七月に設立され、すぐにSAの下部組織となった。同年一二月の党の方針を受けて、HJのメンバーには、一八歳に達した段階で党とSAへの加入が義務づけられた。その後、「ドイツ少年団」（一〇～一四歳の男子が加入）、「ドイツ少女団」（一〇～一四歳の女子が加入）、「ドイツ女子青年団」（一四～一八歳の女子が加入）が結成され、「ヒトラー・ユーゲント」はこれら四つの組織をまとめた包括的な名称としても用いられた。学生向けには、早い段階（一九二六年）で「ナチス学生同盟」が結成されて各大学の自治会選挙に立候補し、一九二九年一一月には「ナチス生徒同盟」も登場している。成人女性に関しては、すでに一九二三年には存在していた「ドイツ女性騎士団」などが一九三一年に「ナチス女性団」となり、全国組織指導部内に置かれた。

職業別組織としては、「ナチス教員同盟」（一九二七年設立）を皮切りに、「ナチス法律家同盟」（一九二八年設立）、「ドイツ文化闘争同盟」（一九二八年設立、芸術家・知識人への浸透を目的として既存のナチス文化協会を改組）、「ナチス医師同盟」（一九二九年設立）が続き、さらに党が農業政策に力を入れ始めた一九三〇年八月には全国組織指導部内に「農業政策機構」が設置されている。

被用者組織に関しては、党内で意見対立が生じ、結論まで時間を要した。ナチ党独自の「労働組合」設立要求は一九二五年の党再建直後から工業地帯や大都市の労働者党員を中心に出されていたが、資本家との接触も進める党内での労使の利害対立を危惧して、ヒトラーは結論を先延ばしにした。その中で、一九二七年頃からベルリンを皮切りに各地の企業・工場内での「経営細胞」と呼ばれるナチ党員やシンパのセクトが自然発生的に登場した。一九二九年に入って、この経営細胞はヒトラーによって公認され、同年夏のナチ党大会で全国組織化が決定されている。最終的には一九三一年一月に全国組織指導部内に「全国経営細胞局」（ＲＢＡ）が設置され、労働者や職員層の受け皿として「ナチス経営細胞組織」（ＮＳＢＯ）が誕生した。

これらの水平的組織は「一九三三年までのドイツの政党史では類例が存在しない」[*14]ものであり、ナチ党はドイツ社会の広範な集団・階層と接点を持つことになった。その結果、フェルキッシュ陣営内の「セクト政党」の立場を超え、また一つのターゲットグループに焦点を合わせた「利益政党」とも異なり、ナチ党はさまざまな社会集団を包含する「国民政党」となる可能性を手にしたのである。時に利害対立や矛盾も生じた党内諸組織は、フューラー（ヒトラー）の権威とナチスのイデオロギーの下に統合され、その後の党の躍進を支えていくことになる。

## SAの再編

ナチ党の大衆組織のもう一つの柱になったのが武装組織のSAである。すでに触れたように、SAは一九二一年八月に「体操・スポーツ隊」として組織され、一〇月には「突撃隊」へと改称された（二三年には隊員数が一万五〇〇〇人に達した）。バイエルン国防軍所属で「バイエルンの機関銃王」（動員解除された部隊の武器を徴発し、右翼防衛団体や住民軍に流していた）の異名を持つナチ党員エルンスト・レームの下、SAは自立的防衛団体の性格を強めていくが、ミュンヘン一揆の失敗後に党とともに禁止された。ヒトラーは、自身が収監中にいち早くレームに対してSAの再組織を委ねた（レームは、ミュンヘン一揆の裁判で保護観察付き禁固一五か月の実刑判決を受けたが釈放されていた）。同年八月、レームは旧SAを含むバイエルンの防衛団体を「フロントバン」という新組織にまとめ、これをナチ党から切り離して直接の指揮下に置こうとした。

これに対して、党再建の「基本方針」に表れていたように、ヒトラーはナチズム運動に対する指揮権とSAの脱防衛団体化（合法化）を求めており、党再建後すぐにレームと対立した。レームは一九二五年四月にSA指導者を辞任し、いったんヒトラーのもとを去ることになる。

この事態を受けて、SAの再結成は地方レベルでばらばらに進められていった（これと並行して、一九二五年四月にはヒトラーの警護を主務とするエリート部隊としてナチス親衛隊［SS］が組織され、一九二九年一月にハインリヒ・ヒムラーがそのトップに就任した)。

結局、党の再建から一年以上遅れて、一九二六年夏にSAの本格的な再編、「その歴史の第二局面」[*15]は始まった。それは、ヒトラーの意に沿った形で、SAを自立した防衛団体ではなく、党に従属する組織として再編しようとする試みであった。

その手始めが一九二六年九月一七日付で出されたSAの「規約」である。そこでは、冒頭で「突撃隊は国民社会主義ドイツ労働者党の組織である」と明言した上で、SA隊員の活動として、会場警備による大衆集会の安全確保、工場や街頭における敵(マルクス主義)のテロに対する仲間の警護やプロパガンダ活動(新聞販売やビラ配布)などが挙げられている。続いて、この規約は以下のように述べている。


SAは最善の党講習や教育の夕べなどを通じて、[注:ナチズム]運動の理論的考えに習熟することになるだろう。さらにSAはスポーツ訓練も行い、それが秩序や規律を促し、自衛に役立つことになる。まずもって、それはボクシング、柔術、さらには体操やハイキングである。軍隊ごっこの類はすべてきっぱりと拒否される。SAは決して防衛団体ではない。国民を軍隊的に教育することは国防軍の仕事であって、国民社会主義ドイツ労働者党のそれではない。規則に応じて警察が発行する武器許可証を所有せずに、SA内で禁止された武器を所持する者は、どんな類であれ、除名される。密偵を介してSAの部隊を軍事演習へとそそのかしたり、武器所持を促したりしようとすれば、そうした集団は即座に解散され、当該の隊員はSAや党から除名される。場合によっては、首謀者を告発しなければならない。[*16]

その後、全国のSAを束ねる「最高指導部」が設置され、一九二六年三月までヴェストファーレン大管区指導者を務めていた元義勇軍兵士フランツ・プフェッファー・フォン・ザロモンが一一月一日付で「SA最高指導者」に任命された。プフェッファーは翌年にかけて一連の「SA命令」を出して組織を固めていくが、SAを党に従属させようとする意図はそこでも示された。「SAの教育は軍隊的な観点ではなく、党の目的に沿う観点で行われなければならない」、あるいは「SAは目的のための手段である。目的とはナチ党を担い手とする世界観の勝利である」といった文言がそれである。SA命令では、SAへの加入をナチ党員に限定することも規定されているが、これはあまり守られなかった（SA隊費と党費の二重負担が敬遠されたため）。

SA再建の途上で、ヒトラーは三つのことに腐心していたと言えるだろう。第一にSAを合法路線の枠組みで存在可能にすること、第二にSAを党に従属させること、第三にその活動性を踏まえて、ＳＡを党のプロパガンダ活動の担い手として機能させることである。ＳＡが防衛団体化して国家権力に弓を引くことでナチ党禁止を再来させることを危惧し、併せて党内での自らの指揮権が揺らぐ事態も想定して、ヒトラーはＳＡを抑制しようとしていたのである。

とはいえ、ＳＡが党におとなしく従うことはなかった。プフェッファー自身もＳＡを党から自立した組織にする意図を隠しておらず、一九三〇年九月の国会選挙の際には、ＳＡ隊員を候補者リストに入れることを主張してヒトラーと対立し、最終的にＳＡ最高指導者を辞任している。この時、ヒトラーは自らＳＡ最高指導者となって混乱を収め、一九三一年一月にはボリビアの軍事顧問になっていたレームを呼び戻し、ＳＡ幕僚長のポストに就けた。ＳＡを党に従属させようとするヒトラー・党指導部と、暴力も辞さない行動主義で党からの自立を志向するＳＡの間の緊張はいったん沈静化するが、ナチスの政権獲得後に再び表面化して一九三四年六月の「長いナイフの夜」（第六章第三節参照）へとつながっていく。

一方で、ヒトラー・党指導部はＳＡの暴力性・戦闘性・急進性を党勢拡大のためのプロパガンダの材料として最大限に活用することも忘れなかった。街頭を舞台とするＳＡのプロパガンダ活動も、その後のナチ党躍進を支える重要なファクターになっていく。

## ベルリンのナチズム運動とＳＡ

ここで、この時期のベルリンでのナチズム運動の状況について確認しておこう。ヒトラーがミュンヘンでナチ党再建を正式に宣言する前の一九二五年一月七日にプロイセンではナチ党が解禁され、二月一七日にベルリンで支部が再結成された。ベルリンを訪問したヒトラーは三月一四日に大ベルリン大管区の設置を承認し、大管区指導者にエルンスト・シュランゲ、その代理にエーリヒ・シュミーディケを任命した。この時の大ベルリン大管区の党員数は三〇〇人程度であり、シュランゲの私邸や飲食店で会合を重ねる程度のかなり脆弱《ぜいじゃく》な組織であった。

大ベルリン大管区では、一九二〇年に周辺自治体を統合して誕生した「大ベルリン」を構成する二〇の行政区すべてに支部が設置されるはずであったが、実際に活動を行っていたのは一部の地域だけである。一九二五年一〇月二五日にベルリンでは地区議会選挙が行われたが、ナチ党は北西部のシュパンダウ地区のみで候補者を立て、一三七票を獲得したのみであった（得票率は〇・三%）。ドイツ全土では再建後一〇か月で党員数を二万七〇〇〇人まで増加させていたナチ党であったが、ベルリンの党員数は二六年三月でも数百人にとどまっており、党勢は芳しいものではなかった。

上述したように、全国レベルでのSAの再建は一九二六年夏以降になるため、二五年後半から翌年春にかけて、SAは各地方レベルでフロントバンを基盤に再結成された。ベルリンでも二六年三月、やはりフロントバンを基盤にクルト・ダリューゲとヴァルデマル・ガイアーによってSAが結成されている（当初の名称は偽装のために「スポーツ隊」であった）。もっとも、ベルリンSAの当初の隊員数は五〇〇人程度で「誰も気に留めることのない存在」[*17]に過ぎなかった。しかし、二六年後半になると、ヴァイキング団やオリンピアなど解散した右翼防衛団体のメンバーがSAに合流したことで、ベルリンではSA隊員数がナチ党員数を上回る事態となった。

SAが党に対して数的に優位に立つ中で、ベルリンでの大管区指導部とSAの対立は他の地域よりも厳しいものとなった。従来通りの集会や演説を中心にした活動を求める大管区指導部は活動主義的なSAを抑えることができず、事態が収拾されることはなかった。逆に、厳しい対立が原因でシュランゲは休養をとり、一九二六年八月下旬にシュミーディケの下で開かれた党・SA指導者会議では、新大管区指導者問題をめぐって、つかみ合いまで発生する混乱に陥った。一〇月には事態がさらに深刻化したようであり、ナチ党ノイケルン支部に所属していたラインホルト・ムーホウは「状況報告」の中で次のように記している。

今月の党内の状況はまったく望ましいものではなかった。このたび、われわれの大管区では、ベルリンの組織の完全な混乱が見込まれるほど尖鋭化した状況が作り出された。この大管区の悲劇とは、この巨大都市において絶対的に必要とされる真っ当な指導者を抱えていないことである。[*18]

ムーホウによると、この混乱のため大ベルリン大管区は公式の活動を一切行うことができず、「党の戦闘力はゼロに落ちた」状況であった。

## 三　街頭政治の展開

### ゲッベルスのベルリン赴任

大ベルリン大管区内の混乱状態は、一九二六年夏から秋にかけて深刻さを増していた。こうした中、ヒトラーがベルリンに派遣するのがヨーゼフ・ゲッベルスである。すでに七月のワイマル党大会の折に、ヒトラーはゲッベルスに対してベルリン派遣を打診していた。先のムーホウは「同志ゲッベルス博士が大ベルリン大管区指導者になる見通しだという知らせがようやくわれわれのもとに届いた[*19]」と喜んだ。

ゲッベルスは一一月一日付で大ベルリン大管区指導者に任命され、一一月七日にベルリンに到着した。早くも一一月九日付の回状で、ゲッベルスはSAおよびSSの党への完全な従属を言明して、混乱収拾への意志を表明している。その一方、彼はベルリンSAの指導者ダリューゲを大管区指導者代理に登用することで、党とSAの緊張緩和にも努めた。

ベルリンの事態は、ゲッベルスにより短期間で改善されることになる。赴任後すぐに、ゲッベルスは狭小だった大管区事務所を部屋数が多く複数の電話回線を持つ新事務所へと移転し、さらにプロパガンダのための音楽隊の創設や公用車の購入など精力的な活動を行った。大管区内の下部指導者任命権とSA統制権の保持、官僚制的な組織の構築（事務所の活動時間の規則化や会議の通常化）、プロパガンディストとしての活発な活動など、ゲッベルスはさまざまな面で「新しいタイプの指導者」[*20]であったと言えよう。

## 街頭政治の時代

ゲッベルスにとって、ベルリンでの活動のキーワードは「街頭」であった。合法路線での権力獲得をめざすナチスは、党組織の整備と並んで、街頭を舞台に、そこに集まる大衆の支持を新しい方法（プロパガンダ）を通じて求めていく。ここからは、この点に着目してみよう。

歴史家Th・リンデンベルガーによると、ドイツで街頭を舞台にした政治的行為が活発化した

ヨーゼフ・ゲッベルス
［BA, Bild 146-1968-101-20A］

のは二〇世紀初頭のことであり、大衆政党である社会民主党の成長とともに、街頭が政治的デモや過激なストライキ行動、その中で発生する権力側と大衆の衝突の場になった。リンデンベルガーはこうした状況を「街頭政治《シュトラッセンポリティーク》」と呼び、それを「上からの街頭政治」と「下からの街頭政治」に区分している。[*21] 前者は、権力者・体制側が街頭空間を通じて自らの権力を視覚的に示威し、警察などの暴力手段を用いて日常的に街頭空間を統制して秩序を維持することで、大衆を規律化しようとする動きである。これに対して後者は、街頭を利用して大衆側の直接行動（デモやストライキなどの集合的行動）が展開することである。それは容易に過激化して暴力的な行動へと展開したため、権力側との衝突につながった。

リンデンベルガーは一九〇六年から一二年にかけて街頭や広場での国家権力と大衆との暴力的対立が最高潮に達したと指摘しているが、これは体制転覆志向型暴力の前段階とも言える動きであった。第二帝政期に芽生えた体制批判的な「下からの街頭政治」は、大戦中の反戦的街頭行動を経て、一九一八年に革命的街頭行動へと移っていくことになる。歴史家Ch・ディロンの言葉を借りると、「一九一八年一一月初頭、権力は街頭にあった」のであり、大衆が集中的に動員されて街頭空間を占有し、革命は政治的劇場として演出された。「それ以前の数十年の激しい政治的示威行動で、デモ参加者が帝国の目抜き通り、ベルリンのウンター・デン・リンデンを自由に移動するなど一度もなかった」のであり、街頭が「政治的参加と対決の決定的な場所」となったのである。[*22] そうした動きに対する「上からの街頭政治」の反作用も大きく、義勇軍を投入した街頭での残虐な抑圧は、革命期の街頭政治のもう一つの光景となった。

### ゲッベルスと街頭政治

共和国の相対的安定期に街頭政治は新たな局面へと入っていく。それは、街頭に自らのシンボルのヘゲモニー（覇権）を打ち立てようとする「象徴闘争」となり、街頭でのさまざまなプロパガンダ活動が日常の中で政治を表象し、非文筆的で感覚に訴える政治が全面的に開花することになった。「自らのシンボル、旗、制服を邪魔されることなく街頭に示すことができた者が街頭を支配した」[*23] のである。

この「象徴闘争」の主役は、第一次世界大戦後に登場したナチスと共産党であった。戦前に起源を持ち一九二〇年代の議会政治を担った「老舗」政党が活字媒体と理性的な議論の説得力、その結果としての投票用紙の力に信頼を寄せていたのに対して、ナチスや共産党は街頭の視覚的支配を積極的にめざした。

街頭政治に必要とされたのが政治的表象を担う主体の創出であり、ナチズム運動においてはSAが「政治的アジテーションの本質的基盤」[*24]となった。制服を着て規律化されたSAの隊列がシュプレヒコールとともに同一歩調で行進する姿は、街頭空間でナチズムを視覚的・聴覚的に表象した。一九二六年一一月に出されたSA命令によると、公共空間におけるSAの「一糸乱れぬ行動」は「最も強力なプロパガンダの形」であり、言論よりも「説得的で刺激的な言葉を語りかける」ものであった。[*25]

SAを用いたプロパガンダ活動を積極的に導入したゲッベルスにとって、「街頭」は政治権力の源泉であり、街頭の征服それ自体が政治活動の目標であった。彼の次の言葉は、それを端的に示している。

　街頭は今や近代的な政治の特質である。街頭を征服できる者が大衆も征服できる。そして、大衆を征服する者が、それによって国家を征服するのである。[*26]

街頭を征服するためのプロパガンダを実行するにあたって、ゲッベルスは大衆集会やデモ行進といった新しい手段を重視した。それは、「書かれた言葉」に対する「語られた言葉」の優位を意味していた。

近代的なプロパガンダは本質的に語られた言葉の効果の上に基礎を置いている。革命的な運動は、偉大な著述家によってではなく、偉大な演説者によって創られる。書かれた言葉の方が日刊紙を通じてより多くの公衆の手に届くため効果はより大きいと考えるならば、それは誤りである。……効果的な演説における暗示は、論説による紙上の暗示よりもはるかに優れている。[*27]

この認識に立って、ゲッベルスはベルリンを舞台に「語られた言葉」によるプロパガンダを実践していく。以下では、彼の赴任後のナチスのプロパガンダ活動に触れてみることにしよう。

## 四　ベルリンのプロパガンダ活動

### 街頭政治の核心①――行進

ナチスにとって、街頭の征服のために最も重要なプロパガンダ活動が「行進」であった。そ

SAの行進風景（1932年、ベルリン・シュパンダウ）［BA, B 145 Bild-P049500］

の主体がＳＡであり、制服を着用して統一感を醸し出すＳＡ隊員の身体行為（一糸乱れぬ行進）、音楽や掛け声のリズムが、それを見る者に強い印象を残した。もっぱら支持者や関心を持つ者が参加する集会に対して、街頭行進は一般市民にナチズムをアピールする絶好の機会であった。

　街頭行進では、制服を着たＳＡ隊員がまとまった隊列を組み、その両サイドに平服の隊員が随伴する形がとられている。この随伴者には、行進する隊列の側面防御や乱闘発生時の予備部隊としての役割が与えられ、さらに側面から大声で呼びかける平服隊員の存在は、居合わせた観衆がナチスに共感しているかのような印象を作り出すことにも一役買っていた。加えて、女性の随伴者はＳＡ隊員の代わりに武器を隠し持ち、必要な場合に手渡す役目も担っていた。

　行進には、事前に警察に申請し、定められた場所や時間に警察の同伴のもとに実施されるものと、突発的に予告なく実施されるものがあった。後者の場合は、警察が即座に介入し、隊列を解散させ、場合によっては関与した者を逮捕した。前者の場合でも警察は厳しい実施基準を適用し、それが守られていない場合にはすぐに介入している。

前者の事例として、警察の報告書から一九三〇年六月一三日にシャルロッテンブルクで行われたナチスの行進の様子を見てみよう。褐色の制服が禁止されたため、参加者は白シャツに飾りピンをつけており、ズボンはばらばらであった（出発時に、制服を着用していた九名が逮捕されている）。それでも、警察は飾りピンの着用を問題視し、出発前に全員にそれを外させた。また、楽器を持参した者もいたが、演奏許可が下りておらず、楽器に黒い布をかけて同行が認められた。最終的に約五〇〇名が参加した行進が労働者地区へ入ると、地区内の酒場の店先や通りの角には共産党支持者の人だかりができていた。デモ隊通過時には「ヒトラー、くたばれ」や「ファシスト打倒」といった罵声が浴びせられ、これに対してナチス側も、大声での歌やシュプレヒコールで応戦した。

なお、この行進の最中に、一〇名が武器所持、一名が命令不服従の容疑で逮捕されている。報告書は、こうしたデモ行進に対して、警察が「極めて強力に」同行しなければならないことを強調し、行進を解散させる場合のトラブルに備えて、さらなる人員と武器、警察車両の投入を訴えている。

## 政治的表象の効果

この事例が示すように、行進に不可欠だったのが、統一された政治的表象であった。一般に、政治的表象には、①価値観や世界観を広く理解可能な形でイメージ化して伝達する、②それを見る者に感情的な影響を及ぼす、③多様な者たちを統合し、同属感情を与え、主体性やアイデンティティを創り出すといった機能が考えられる。

ナチスの政治的表象の中で当局が最も神経をとがらせたのが「制服」であった。SAでは、一九二六年にまず褐色シャツが導入され、その後に帽子や襟章・徽章《きしょう》が加わり、最終的に一九三〇年代に入って全身が褐色のデザインで統一された。

歴史家G・パウルによると、制服には二重の機能が備わっていた。[*28] 一つは外部に対する差異化の機能（制服のSAと平服の市民との間、もしくはSAと敵対組織との間に明確な線を引く役割）、もう一つは内部の統合機能（集団形成の視覚的シンボルとしてメンバーを共通の理念へと向かわせる役割）である。つまり、制服は政敵との暴力を誘発するシグナルとして機能する反面、組織内に秩序や規律をもたらしていた。歴史家T・ホンベルガーは、SAの制服が支給品ではなく、隊員たちがそれを自ら購入していた点に、SAに対する彼らの「ポジティブなイメージ」を読み取っている。[*29]

もう一つの重要な表象が、ハーケンクロイツ（鉤十字《かぎじゅうじ》）旗である。アイデンティティを単純化して表象する旗は、ナチスが成長していくにつれてシンボルとしての機能を高め、選挙のたびに各党派の旗が街頭に溢《あふ》れる「旗戦争」が勃発した。とりわけ、それは共産党の赤旗とナチスの鉤十字旗のヘゲモニー争いだった。旗は行進時だけではなく、例えば自分たちの拠点である酒場や自宅にも、その存在を誇示するかのように掲げられていた。

行進の際には、視覚的表象に軍隊的な行進音楽やSA隊員の掛け声・シュプレヒコールといった音響的・聴覚的表象が加わっていく。さらに、SA隊員が大声で歌う闘争歌も、隊員のアイデンティティ感情を作り出し、隊列を一体化させる機能を担っていた。歌詞の内容が政敵を刺激することを理由に、警察は行進時の歌も取り締まっており、一九三〇年一〇月にベルリン警察はナチスと共産党の「禁止歌」九曲を指定している。そのうち五曲がナチスの歌だった。

### 街頭政治の核心②——集会

「書かれた言葉」に対する「語られた言葉」の優位を説くゲッベルスにとって、集会はその実践の場であった。集会は選挙での集票の重要な手段であり、資金集めの場でもあった。

ベルリンでは屋外での集会がしばしば禁止されたため、屋内での開催が中心となったが、集会の後には参加者が街頭に繰り出して無許可の行進を行い、政敵との騒ぎを引き起こしていた。

この意味で、集会と行進は地続きの関係であった。

一九二〇年代後半までのナチスの集会は演説とそれに基づく討論が主要なプログラムであり、そこに儀式的性格はほとんど見られなかった。しかし、ナチスが大衆政党へと成長していくにつれて、また一九三〇年四月にゲッベルスがナチ党全国宣伝部長に就任したのを契機に集会のスペクタクル化が進んでいく。そこでは演説内容よりも集会の演出に重きが置かれていた。党旗や横断幕で装飾された会場では打楽器の連打やファンファーレとともに褐色シャツを着たSAの入場行進と整列が行われ、煽情的な演説がそれに続いた。さらに、集会は国歌や闘争歌の大合唱により終了するのが常になっていく。このような派手な演出で飾り立てられたナチスの大衆集会は、それまでとは異なる新しい様式を含んでいた。

ナチスの大衆集会での演説は、もっぱら「敵」(共和国、民主主義、ユダヤ人、共産主義、ヴェルサイユ条約など)を徹底して攻撃し、ナチズムの理念やユートピア的な未来を語る手法をとった。こうした演説を最大の武器としたのがヒトラーである。党再建後に各州がヒトラーに課していた公開演説の禁止措置は、一九二七年頃から次々に解除されていった(ザクセンを皮切りに、バイエルン、ハンブルク、バーデン、リューベック、二八年にはプロイセンとアンハルトが続いた)。バイエルンでは、演説解禁の翌日である一九二七年三月六日に、ヒトラーが公開演説を行い、さらに九日にも七〇〇〇人参加の集会で演説を行っている。なお、二〇年代後半には右手を高く掲げて「ハイル・ヒトラー」あるいは「ジーク・ハイル」と叫ぶスタイルが党の公式の挨拶となった。

党や大管区が行う大規模なものだけではなく、支部や地区のレベルでの中小規模のものも含めると、集会の開催件数は無数であった。全国的に見るならば、ナチ党は一九二五年にはすでに二三七〇回の集会を実施しており、一九二八年には約三〇〇人の党公認演説者を投入して二万回の集会を行っている。ベルリンに関しては、一九二九年一月から九月の間に八五〇回の集会を実施し、ゲッベルスが九三回の演説を行ったというナチス自身の報告が残されている。この間、一九二九年六月にはバイエルン州ヘルシングに「ナチ党演説者学校」が開設され、一九三〇年九月の国会選挙戦では投票日までの四週間のうちに約一〇〇〇人の党公認演説者で三万四〇〇〇〇回の選挙集会が開催されている。

ナチスの集会活動は共産党や社会民主党など他の政党に比べて活発であり、一九三〇年五月の段階でプロイセン内務省が「辺鄙《へんぴ》な地区ですら［注：ナチスの］集会が行われない日はほとんどない[*30]」と報告するほど集中的かつ持続的な活動が展開されていた。

## ベルリンの集会アリーナ「シュポルトパラスト」

ゲッベルスの下でのベルリンでの集会活動は、後に全国化するナチ党集会の大規模化や儀式

シュポルトパラストでのナチ党集会（1930年8月29日）
［ベルリン州立文書館（Landesarchiv Berlin、以下LAB），F Rep.290（03），Nr.0091730/Fotograf: k.A.］

化の先駆をなしていた。その中心的な会場となったのが、シェーネベルクのポツダム通りにあった「シュポルトパラスト」である。

一万人以上を収容可能なこの大ホールで一九二〇年代後半以降、ナチスは何度となく大規模集会を開催している。その数は一九二八年九月三〇日から三三年一月二二日までの間に、二二回の音楽コンサートを含めて六八回に及んでいた。このうち、ヒトラーは一九二八年一一月一六日にプロイセンでの公開演説解禁後初の演説を行ったのを皮切りに一二回登壇している（ベルリンでの非公開の初演説は一九二七年五月一日にコンサートハウス「クロウ」で行われている）。ゲッベルスはほぼ毎回、演説者に名を連ねていた。

警察報告に基づいて、シュポルトパラストでの一九三〇年五月二日のナチ党集会の様子を見てみよう。ヒトラーが演壇に立ったこの日の集会には一万五〇〇〇人（うち五〇〇〇人が未成年者）が詰めかけ、「ホールは最後列の席までいっぱい」になる状況であった。二階席には鉤十字旗や横断幕が掲げられ、開始直前には党の音楽隊の演奏が行われた。その後、観客の「ハイル」の叫び声の中、ヒトラーがゲッベルスとともに登場し、続いて入場行進したSAがヒトラーたちの背後に整列した。その後、ゲッベルスとヒトラーの演説が行われ、最後は「ホルスト・ヴェッセルの歌」の合唱で締めくくられている。シュポルトパラストでのナチスの集会には、常時一万二〇〇〇人から一万六〇〇〇人が詰めかけていた。

なお、一九三八年九月二六日にチェコスロヴァキアのズデーテン地方割譲を要求するヒトラーの演説、さらに四三年二月一八日にはスターリングラードでの対ソ戦敗北を受けて国民に総力戦を要求する、ゲッベルスのいわゆる「総力戦演説」が行われるなど、シュポルトパラストはナチ体制下の重要な演説の舞台になっている。

### 街頭政治の核心③――プロパガンダ走行と早朝プロパガンダ

行進や集会と並んで、ベルリンでのナチスのプロパガンダ活動を構成していたのが、ナチ党員やSA隊員を乗せたトラックがシュプレヒコールとともにベルリン市内を回る「プロパガンダ走行」と、早朝時間帯に大勢のナチ党員が家々のポストにビラやパンフレットを配って回る「早朝プロパガンダ」である。

「プロパガンダ走行」は一九二八年頃から行われるようになったが、車上から攻撃的で野卑な叫び声で騒音をまき散らす行為には、走行地区の住民とのトラブルがつきものであった。一九二八年五月の国会選挙の際には、六〇〇人のナチ党員・SA隊員を乗せたナチスのトラック一〇台がベルリン市内を走り回り、行く先々でトラブルを引き起こしている。特に労働者地区での走行の際には、沿道から激しい野次や警笛が浴びせられただけでなく、トラックに向かって投石が行われ、建物の上階からは熱湯や植木鉢が容赦なく投下された。トラックが止まると、ナチ党員たちが飛び出て群衆に暴力を振るい、逆に共産党の反撃を受けていた。こうした事例は枚挙にいとまがないが、当局は一九三一年三月にトラブルの元凶ともいえるプロパガンダ走行に事前届け出を義務づけ、違法な走行への罰則を規定した。

もう一つの「早朝プロパガンダ」は、大規模な形で早朝時間帯にビラを投函し、目覚めた市民がそれを見ることを狙った行動である。配布用のパンフレットやビラを持った一団がアパートの中へ入り、各家庭に素早く投函し、その間、アパートの前には見張りが立ち、さらに路上には分散して要員が配置されていた。警察報告によると、例えば一九三二年二月七日のプレンツラウアーベルクでの行動には四〇〇人が動員され、二週間後には同じ地区で人数を八〇〇〜九〇〇〇人に倍増して実施されている。早朝プロパガンダは日曜日に行われることが多く、それを察知して待ち伏せした政敵とのトラブルを誘発しており、銃撃事件も含めて政敵どうしの暴力沙汰が頻繁に発生していた。一九三二年一〇月三〇日に同じくヴェディングのケスリン通りで一〇〇〇人を動員した早朝プロパガンダを計画していたナチスに対して、警察はその中止を要請した。「ケスリン通りのような非常に短い通りでナチスが計画している一〇〇〇人規模のプロパガンダ活動は……もはやプロパガンダではなく暴力行為である」[*31]（警察報告）。

## 「広義のプロパガンダ」

「街頭政治」の端緒が二〇世紀初頭であったとすれば、その重要性が格段に高まったのがワイマル共和国の時期であった。大衆民主主義が全面的に開花した一九二〇年代に、街頭は政治的意見（公論）形成の場として機能するようになったのである。街頭政治の時代の主役となったナチスと共産党は、それぞれの行動スタイルと言説を携えて「下からの街頭政治」を展開し、「老舗」政党とは異なる魅力を街頭に集う人びとに提供した。

ベルリンの街頭を舞台にしたナチスのプロパガンダ活動はゲッベルスの赴任を契機に活発化し、街頭での行進と大衆集会を軸に「プロパガンダ走行」や「早朝プロパガンダ」も織り交ぜて「街頭の征服」をめざした。この活動を担う主体となったSAは「恒常的な動員状態」[*32]に置かれ、不可避的に政敵との暴力の問題を抱え込むことになった。実際、共和国中期以降、街頭でのプロパガンダ活動に連動した暴力が多発していくが、そうした暴力もまた支持者を獲得するためのプロパガンダとして機能することになる。「SAが実践した暴力の政治は本質的にはプロパガンダであった[*33]」という歴史家R・ベッセルの指摘をここで挙げておこう。

　この「プロパガンダとしての暴力」を含む「広義のプロパガンダ」を通じて、ナチスは「街頭の征服」＝「大衆の征服」＝「国家の征服」をめざすことになる。

# 第三章　市中化する政治的暴力

## 一　体制転覆志向型暴力から党派対立型暴力へ

### ワイマル共和国と「国家による暴力独占」

近代国家は私人による暴力の行使を禁じ、そうした行為を法的に処罰するとともに、自らは合法的に暴力を行使しようとする。これが「国家による暴力独占」であり、近代国家の特徴の一つである。この状況下では、暴力の合法化と非合法化が同時に行われ、「国家による暴力＝正当で許容される暴力」と「私人による暴力＝不当で許容されない暴力」という枠組みの中で、国家の暴力装置（軍・警察）が私人の暴力行使を抑制する。

革命の中で生まれたワイマル共和国は、こうした意味での近代的な「国家による暴力独占」が貫徹されない国家であった。第一章を思い出してみれば、革命の貫徹を掲げるスパルタクス団の私的暴力を抑え込むために、正規軍の他に「義勇軍」や「住民軍」といった私的性格を持つ暴力集団が組織され、激しい内戦状況が生まれていた。

カップ＝リュトヴィッツ一揆の後、ヴェルサイユ条約の規定に従って義勇軍や住民軍が解体されると、右翼勢力はコンスル機関のような秘密結社を経て、公然たる武装勢力である「防衛《ヴェーア》団体《フェアバント》」を結成した。明確な一揆路線（暴力的クーデターによる共和国の転覆）を標榜する防衛団体は、体制転覆志向型暴力の担い手となった。ミュンヘン一揆までのSAも、こうした団体の一つに数えられる。軍や政府の支援を受けた義勇軍や防衛団体による暴力の行使は、国家による暴力独占の下で明確になるはずの正当かつ合法的な暴力行使と、不当かつ非合法的な暴力行使との境界を曖昧化し、国家が私人の暴力を統制できない事態を生じさせることになった。

## 政治的パラミリタリー組織の登場

共和国が比較的安定した時期に入る一九二四年頃、防衛団体も転機を迎えることになる。内政面での共産党による蜂起の失敗、外交面での独仏の協調や独ソの接近などが防衛団体の存在価値（左翼勢力との対峙や国境での国防活動）を弱めたことで組織の弱体化や解散が相次いだ。

この時期から私的武装勢力の中心となったのが、政治活動に軸足を置くパラミリタリー組織（政治的パラミリタリー組織）である。代表的なものが、SA、右翼の鉄兜団や青年ドイツ騎士団（以下、騎士団）、共和国擁護派の「国旗団――黒・赤・金」、そして共産党のRFBであった。一九三〇年代初頭には、この五つの組織で二〇〇万人を擁していたと言われる。

五つの主要な政治的パラミリタリー組織の中で最初に登場したのが鉄兜団であり、一九一八年一二月に中部ドイツのマグデブルクで退役将校フランツ・ゼルテによって退役軍人組織として設立された。同団はその後北部・中部ドイツの諸都市に支部を増やし、一九二二年六月にはその数が五〇〇となった。その頃の鉄兜団は議会制民主主義を拒否する右翼防衛団体の一つであり、当局は一九二二年六月に暴力的な国家転覆を画策したかどで、鉄兜団に対して解散・禁止措置をとっている（一九二三年一月までの七か月間）。

再結成された鉄兜団は一揆路線を捨て、議会制民主主義に代わる権威主義独裁の樹立をめざして政治にコミットしていくことになる。具体的には一九二四年の二度の国会選挙で右翼政党を支援し、二五年の大統領選挙ではヒンデンブルクを支持してプロパガンダ活動を展開した。一九二八年以降、鉄兜団は極端に右傾化した国家国民党に接近して反共和国・反議会主義の姿勢を明確にしていった。もっとも、同団が武装化された軍事組織であることに変わりはなく、政治活動と並行しつつ、重火器を用いた軍事教練なども国防軍と連携しながら継続していた。

なお、鉄兜団は当初、団員資格として六か月以上の前線経験を規定していたが、戦後世代の加入を阻むこの規定は一九二四年に改編され、旧前線兵士の「基幹鉄兜団」の他に種々の青年・学生組織や女性組織が設置された。その結果、鉄兜団は大衆化し、団員数を一九二四年の一〇万人から二〇年代後半には三〇万人弱、三〇年代初頭には四〇〜五〇万人まで増加させて右翼側最大のパラミリタリー組織の地位を築いた。

右翼陣営で二番目の規模を誇った騎士団は、アルトゥール・マーラウンによって一九二〇年三月にカッセルで設立された防衛団体である。一九二〇年夏には一時的にヘッセン・ナッサウ地方で禁止措置を受け、二一年二月にそれが解除された後も、騎士団は革命勢力との武装闘争を繰り返した。ラーテナウ暗殺後の警察の捜査でメンバーから大量の武器が押収されたため、一九二二年八月末に騎士団はプロイセンやテューリンゲンなどの諸州で禁止されている（一九二三年一月まで）。

鉄兜団と同様、騎士団も青年・女性組織を整備して大衆運動化し、一九二四年以降は政治的なプロパガンダ活動を展開した。メンバー数は二〇年代後半のピーク時には一〇万人に達していた。もともと超党派性を標榜し、政党政治から距離をとっていた騎士団も一九三〇年九月の国会選挙を前に、中道政党である民主党との連携に踏み切り、「ドイツ国家党」を結党するに及んで政党政治との結びつきを強めていった。

前章で触れたように、SAは一九二五年二月のナチ党再建から一年以上遅れて全国レベルでの再編が行われ、さまざまな緊張関係をはらみながらも、ナチ党の武装組織（政党軍）に位置づけられた。一九二〇年代後半、ベルリンでのゲッベルスの実践が示していたように、SAはナチスの街頭政治の主体となったが、それは大衆の獲得を目標とする合法路線の枠内でのプロパガンダ活動であった。SAの隊員数は一九二〇年代後半には三〜五万人であったが、三〇年代初頭のナチ党の躍進と並行して四〇万を超えるまでに増加した。

国旗団の行進（1924年10月）［BA, Bild 102-00774］

共和国擁護派の政治的パラミリタリー組織である国旗団は、一九二四年二月に鉄兜団の本拠であるマグデブルクで、ワイマル連合三政党（社会民主党、中央党、民主党）を中心に設立され、団長には社会民主党のオットー・ヘルジングが就いた。前年に吹き荒れた右翼による反共和国的クーデターの試みを受け、共和国と民主主義の防衛を第一に掲げて、国旗団には警察・軍といった国家の暴力装置の補完的役割が託された。団員数はすぐに一〇〇万人（登録者だけならば三〇〇万人）を超え、ワイマル共和国最大の政治的パラミリタリー組織となったが、そのほとんどは社会民主党員や自由労働組合員であった。もっともその急進性は低く、戦闘能力は未知のまま、国旗団は「分極化した社会の中心で眠れる巨人」[*1]であり続けた。

共産党は共和国に対する一九二三年の蜂起の際に武装した「プロレタリア百人隊」を組織していたが、その失敗により同隊が解散したため、一九二四年七月に中部ドイツのハレに後継の武装組織としてＲＦＢを設立した。一方では鉄兜団を中心とした右翼に対抗するため、他方では半年前に誕生していた社会民主党の国旗団を意識して、共産党側にもパラミリタリー組織を作ろうとする意向が強く働いた結果だった。ＲＦＢには非共産党員も加入できたが、組織のトップには共産党指導者のエルンスト・テールマンが就き、実質的には共産党の政党軍として機能した。ＲＦＢも青年組織や女性組織を併設することで大衆化し、一九二五年初頭に一万五〇〇〇人だったメンバー数は二八年には一〇万人を超えている。

鉄兜団や騎士団はもともと政党からの自立性の高い組織であったが、上述のように、それぞれ国家国民党や民主党との関係を強め、一九二〇年代後半には政党と連動した活動を志向することで政治化した。これに対して、ＳＡやＲＦＢはそれぞれナチ党と共産党の政党軍であり、国旗団も実質的には社会民主党の政党軍だった。組織人数から見ると、一九二〇年代後半の段階で、国旗団と鉄兜団で政治的パラミリタリー組織所属者の半数以上を占め、ＳＡやＲＦＢはむしろ少数だった。しかし、戦闘性や急進性という点で見ると、国旗団、鉄兜団や騎士団は受動的な存在であり、その中心はＳＡとＲＦＢであった。

### 軍隊化する政治

一九二四年以降の大衆化した政治的パラミリタリー組織の登場は、二つの大きな変化をもたらした。一つは、国旗団やRFBにより、パラミリタリー組織の存在が右翼陣営を越えて、左翼へと拡大したことである。もう一つは、一九二四年以降に設立・改編された政治的パラミリタリー組織がおしなべて一揆路線を放棄し、合法的な活動への従事を前提としたことである。それが意味するのは、一九二三年までの体制転覆志向型暴力が姿を消すことであった。二〇年代半ばに相次いだ大統領選挙や国民請願運動など議会外（街頭）でのプロパガンダ活動も、こうした組織の重要性を高めることになった。

SAにとどまらず、左翼・右翼すべての政治的パラミリタリー組織の価値観や行動様式は「パラミリタリー文化」とも呼ぶべき共通性を有しており、これらの団体を通じて、ワイマル共和国の政治文化には軍隊的要素が持ち込まれることになった。歴史家Th・D・グラントは、以下のように指摘する。

> 武装部隊はワイマル期のドイツにおける政治の重要な特徴であり、ヒトラーの党は「政党軍」を持つ点で異常というわけではなかった。ナチの勢力範囲の外でもパラミリタリー組織が重要であることは明白だった。突撃隊は数多くの類似した組織の一つに過ぎず、広範囲に及ぶパラミリタリー文化の文脈の中でのみ完全に理解できる。[*2]

具体的には、統一的な制服、隊旗、音楽（軍楽）演奏を伴う隊列行進などの軍隊的外観に加え、軍隊的な用語の使用、身振り（例えば挨拶の仕方）あるいは組織編成、上から下への命令系統（軍隊的規律）がその内容である。さらに、各組織は野外での軍事演習・訓練や国防スポーツ（主に若者向けの軍事訓練的色彩の強いスポーツ）も実施していた。

SAの音楽隊（1931年10月、ブラウンシュヴァイク）
［BA, Bild 102-01947］

こうした軍隊的外観を持つ大衆組織は、第一次世界大戦の参戦者、あるいは義勇軍や防衛団体で活動していた者のみならず、戦争・戦闘経験を持たない若者あるいは社会的に苦境に立つ失業者も惹《ひ》きつけていくことになる。自ら制服をあつらえ、隊列を組んで街頭に繰り出す政治的パラミリタリー組織のメンバーたちを特徴づけていたのは、何よりもその自発性であった。

さらに、程度の差はあるが、パラミリタリー組織の共通項の最たるものが、武器の携行（武装化）と暴力に対する親和性である。歴史家S・エルスバッハの言葉を借りれば、すべてのパラミリタリー組織が「暴力の共同体」[*3]であった。形態的には類似する左右両翼の政治的パラミリタリー組織の間には非妥協的なイデオロギー対立があり、それが暴力の応酬へと深刻化する危険は常に存在していた。

国旗団を含めて、その存在は明らかに憲法が規定する議会制民主主義と矛盾しており、政治的パラミリタリー組織の登場は、共和国擁護派を含む各政党が「諸問題を議会での妥協により解決できるという期待を……放棄した」[*4]ことを意味していた。その結果、政治は軍隊化され、街頭での暴力的衝突の可能性が格段に高まるとともに、国家の権威や議会制民主主義は危機にさらされていくことになる。

一九二四年以降の共和国の政治では、パラミリタリー組織を用いた活動が「合法的な政治形態」[*5]となっていった。「右翼と左翼の闘争組織の衝突が決定づける政治的日常」[*6]の中で、それまでとは異なる「政治的に動機づけられた暴力行使の新しい形態」[*7]、すなわち「党派対立型」へと政治的暴力は推移していく。それは、暴力の一方の当事者が公権力である状況から当事者双方が私的集団である状況への変化、いわば政治的暴力の「市中化」である。

## 二　「ベルリンをめぐる闘い」

## ベルリンという舞台

ワイマル共和国期に政治的パラミリタリー組織が引き起こした暴力事件はドイツ全体で四万件とも言われるが、その全体像を把握することは容易ではない。以下では、ベルリン州立文書館に残る「ベルリン警察本部」および「ベルリン地方裁判所検事総局」の史料、さらにベルリン・ダーレムのプロイセン枢密文書館に所蔵されている「プロイセン内務省」の史料から、一九二四年以降の首都ベルリンの状況を見ていくことにしよう。

三つの史料群によると、ベルリンでの党派対立型暴力の記録が登場するのは一九二五年頃である。それは、ベルリンにナチ党の支部が設置され、SAの前身である武装組織フロントバンが活動を開始した時期にあたる。

一九二五年一月からゲッベルスがベルリンにやってくる一九二六年一一月までの時期で史料から確認できる政治的暴力事件は七三件であり、ある組織から別の組織への襲撃事例がそのうち四二件、二つの組織が衝突したケースが三一件である。ほとんどは左翼と右翼の対立であるが、共産党（RFB）と社会民主党（国旗団）の間でのトラブルもそれなりに見られる。

その際、左翼側の当事者がほぼすべて共産党であるのに対して、右翼側は多様であった。一九二〇年代中頃のベルリンでまだ弱小だったナチス・SA（フロントバン）が絡んだ事件は全体の二割程度（一五件）であり、その他の右翼系組織は、鉄兜団（一四件）、ビスマルク団（七件）、国家国民党（六件）、ライヒスアードラー（四件）、騎士団（三件）、ヴァイキング団（二件）、オリンピア（一件）、ヴェーアヴォルフ（一件）などであった。一九二〇年代半ばの政治的暴力は「共産党対右翼諸党派」という構図となっていた。

もう一つ特徴的なのは、七三件のうち、死者が出たケースが一件（一九二五年八月九日の国旗団とフェルキッシュ系団体の衝突で国旗団員が発砲し、フェルキッシュ系団体員一名が死亡）のみで、多くのケースは文字通りの乱闘騒ぎであり、銃器の使用がほとんどなかったことである。この意味で、一九二〇年代半ばの党派対立型暴力は、それ以前の体制転覆志向型暴力とは質的に異なり、多数の犠牲者を生み出すものではなかった。

それでも、治安当局は街中や街頭で、つまり日常生活の中で発生する政治的な衝突や襲撃を治安や秩序に対する由々しい問題とみなしていた。例えば、すでに一九二五年五月の段階で、プロイセン内相が次のように通達していることからも、その点は明らかになる。

近頃、右翼系・左翼系組織内の個々の急進的集団の行動がますます表面化しており、政治的対立のさらなる尖鋭化が、極めて憂慮すべき事態を引き起こしている。これらの者たち、主として若者たちは、しばしば節くれ立ったステッキ、ゴム製棍棒《こんぼう》やその他の危険な道具を身につけて、小さな集団で騒がしく挑発的に通りを歩き、通行人に絡み、政治的思想が異なる者をたびたび口汚く罵るだけでなく、彼らを襲い負傷させている。こうした行動はしばしば全般的な衝突の種であり、公共の安寧、治安、秩序の点で決して許容できない規模と形態になる恐れがある。[*8]

一九二〇年代半ば時点における治安当局の危機感は、三〇年代初頭の状況を先取りするかのようである。同時にそれは、これから見ていく共和国中・後期の政治的暴力がつながりを持つ現象であることも示唆している。

## ゲッベルスの戦術

第一次世界大戦前から社会主義勢力の牙城として「赤いベルリン」と呼ばれていたベルリンでは、相対的安定期の選挙でも二つの労働者政党（社会民主党と共産党）が高い得票率を記録していた。一九二五年一〇月の市議会選挙では両党の合計が五一・四%と初めて過半数を占め、二八年五月の国会選挙で、ベルリンでの両党の得票率は五七・五%まで伸長している。もちろん、両党間にはドイツ革命以来の確執があった。コミンテルンの社会ファシズム論により共産党は社会民主党を敵視する一方、プロイセンやベルリンの与党である社会民主党は共産党を秩序攪乱《かくらん》勢力とみなしていた。それでもナチスから見れば、両党は唾棄すべきマルクス主義政党であり、労働者の獲得をめざして争う競合相手であった。

「赤いベルリン」を打破するために、新大管区指導者ゲッベルスが採用した戦術は、共産党（あるいは社会民主党）の牙城となっている労働者地区へのSAの「侵入」とそこでのセンセーショナルな行動を通じて、世間の注目や関心を集め、敵の支持者（労働者）を獲得することだった。「ナチスは、ベルリンの労働者住民の決定的な部分を獲得することに成功した場合のみ、ベルリンにおける政治的多数派を手にすることができることを知っていた」[*9]のである。

このために、ゲッベルスはSAを攻撃的なプロパガンダ活動に惜しみなく投入した。労働者地区での街頭行進や大衆集会が、そのまま地区内の敵との衝突に至ることは明らかであったが、ゲッベルスはベルリン赴任直後からこの戦術を実行していった。

### 労働者地区への侵入

ナチスによる労働者地区への侵入の口火を切ったのが、一九二六年一一月一四日にベルリン南部のノイケルンで行われたSAの隊列行進であった。ここは共産党や社会民主党の支持者が多く住むベルリン有数の労働者地区であり、行進隊列は即座に地域住民からの攻撃を受けることになる。この時、ゲッベルスはSAからの先制攻撃を禁じ、隊列の維持を命じたが、それは

「規律化されたSA」と「無秩序な住民（共産主義者）」という構図を演出するためであった。

当日の様子を少し眺めてみよう。一一月一四日朝八時、ノイケルンのカイザー・フリードリヒ通り駅からヘルマン広場をめざして三〇〇〜四〇〇名のSAの隊列が音楽隊と四本のハーケンクロイツ旗を伴って出発した。しかし、隊列とRFBや国旗団との小競り合いが繰り返されたため、警察は九時三〇分に行進の中止を命じた。この間に発生した負傷者は一七名（ほとんどがナチス）、逮捕者は一九名という記録が残っている。警察はこの事件の報告書の中で「ノイケルンの明らかな労働者地区で数的に少数のナチスがこうした計画を考えることは無謀どころではない」[*10]と記した。

ゲッベルスが続いて打ち出したのが、労働者地区の大規模ホールでの集会の開催である。中でも、最もセンセーションを巻き起こしたのが、ノイケルンと並ぶ労働者地区であるヴェディングの「ファルスホール」で一九二七年二月一一日に開催された大衆集会であった。「赤いヴェディング」と呼ばれていたこの地区は共産党の強力な牙城であり、その中心にあるホールでの集会の開催自体が共産党への挑発行為であった。しかも、市内各所にはこの集会を予告するわざわざ赤を使用した派手なポスターが貼られ、共産党を刺激した。

集会当日、ファルスホールには一〇〇〇人以上が詰めかけ超満員となったが、聴衆の八割がナチス側、残りが共産党側であった。スタートと同時に怒号が飛び交い、椅子の脚やビアジョッキを武器に乱闘が始まった。すぐに警察が介入し、多数の負傷者や逮捕者を出して集会は終了したが、ホールがあるミュラー通り一帯は騒然とした雰囲気に包まれた。

翌日のベルリンの一般紙の多くがこの事件を報じたが、特徴的なのは、この時点でのベルリンでのナチスの知名度の低さである。一般紙『ベルリナー・モルゲンポスト』が、ナチ党の正式名称を誤記するほどであった。[*11] だからこそ、ゲッベルスにとって、この乱闘はナチスの知名度アップに格好の出来事だったのであり、後に彼はこの事件により「党はたちまちのうちに世間の関心の的になった[*12]」と記した。

## 三　一九二〇年代後半の政治的暴力

### 「リヒターフェルデ東駅の衝突」

「ノイケルンの行進」、「ファルスホールの乱闘」に続く大きな事件が、一九二七年三月二〇日に発生した「リヒターフェルデ東駅の衝突」である。意図的に乱闘が誘発された前の二つの事件に対して、この事件は偶発的に発生した点で性格が異なるが、ベルリンでのナチスの暴力的イメージを決定づける契機となった。

一九二七年三月一九日から二〇日にかけて、ベルリンの南約三〇キロに位置する小都市トレッピンにベルリン・ブランデンブルク大管区（旧大ベルリン大管区）のSA隊員約八〇〇名が集まり、創設一周年祝賀行事（集会や行進）が開催された。その終了後、ベルリンから参加したSA隊員五〇〇～六〇〇名がトレッピン駅でベルリン行きの列車を待っていたが、この列車にはすでに始発駅で共産党のプロイセン州議会議員パウル・ホフマンと二二名のRFB音楽隊が乗車していた。

トレッピン駅へ入ってきた列車に共産党員が乗車していることに気づいたSA隊員は、停車後すぐに共産党員の車両に襲撃を仕掛けた。列車が駅を出た後も、ベルリン南郊のリヒターフェルデ東駅に着くまでの約四〇分間、列車内でSAの執拗《しつよう》な攻撃は続いた。

この頃、リヒターフェルデ東駅の外では、二〇〇名のSA隊員やナチ党員がこの列車の到着を待っていた。行事の締めくくりとして、ナチスはベルリン中心部への行進を計画していた。列車が定刻でリヒターフェルデ東駅に到着すると、列車内のSA隊員たちは共産党員のいる車両への攻撃を再開し、その際に発砲も行われた。警察の記録によると、約四〇発の発砲が行われ、RFB音楽隊員四名が負傷するとともに、SA側も隊長ガイヤーを含む数名が負傷した。これは共産党側の発砲ではなく、ナチス側の発砲の流弾だった可能性が高い。

しかし、駅の外にいたSA隊員たちには、ガイヤーたちが共産党の発砲で負傷したという情報が流れ、これに激昂《げきこう》したSA隊員がホームに押し寄せる状況が生じた。最終的に警察の機動隊が出動して事態を収拾し、負傷者全員を救急搬送したが、列車の窓ガラスはすべて破壊され、車内には多数の弾痕と投げつけられた石、そして血だまりが残っていた。

こうした状況にもかかわらず、事件後、ナチスは隊列を組んで約七〇〇名でリヒターフェルデ東駅からベルリン西部の中心ヴィッテンベルク広場に向かって行進を開始した。音楽隊、多数の隊旗、派手な横断幕が随伴し、隊列は二時間かけて目的地に到着した。その道すがら、あるいはヴィッテンベルク広場付近で、少なくとも一〇件の暴力事件が確認されており、政敵や一般市民、そしてユダヤ人（とみなされた者）がナチスによる暴行で負傷している。リヒターフェルデ東駅であれほどの騒ぎを起こした後でも、堂々と暴力的な行進が行われたことで、警察の威信は丸つぶれだった。

SAと共産党（RFB）がたまたま遭遇したことで発生した「リヒターフェルデ東駅の衝突」は「衝突」などではなく、ナチスを加害者、共産党を被害者とする一方的な「襲撃」であり、ナチスの野蛮さを世間にはっきりと印象づけることになった。ナチス側は事件の責任を共産党の挑発と攻撃に転嫁しようとしたが、一般各紙は（当然と言えば当然だが）事件の責任をナチス側に求めた。それは、『新ベルリン新聞』がナチスの襲撃を「獣のような粗暴な行動」[*13]と表現したことに端的に表れている。

とはいえ、新聞各紙がその行為の残虐性をどれだけ非難したとしても、ナチスの名を世間に広めるというゲッベルスの戦術にとって、メディアで報道されること自体が「成果」であった。「SAの暴力的活動を通じて党に新たな支持者をもたらすゲッベルスの構想は、明らかにプラスの効果を上げた」[*14]のである。

「リヒターフェルデ東駅の衝突」は、三つの点でベルリンの政治的暴力の状況を変えるきっかけとなる事件であった。

第一に、政治的暴力における銃器の使用が広がっていったことである。リヒターフェルデ東駅での大量の発砲はそれまでの政治的暴力の状況とは明らかに異質であり、この事件以降、党派対立型暴力でも銃の使用が一般的になり、一九三〇年代に入ると日常化していくことになる。

第二に、党派対立型暴力の一方の「主役」がそれまでの右翼諸組織からナチスに絞られ、「ナチス対共産党」という構図を決定づけたことである。「リヒターフェルデ東駅の衝突」は、一九三三年一月のナチスによる権力掌握まで続く一連の政治的街頭闘争の起点に位置づけられる事件となった。

第三に、面目を失った警察が、この事件後、政治的暴力に厳格に対峙するようになったことである。これはナチス・SAに対してのみならず、もう一方の暴力の発信源である共産党・RFBに対しても同様であった。事件から二日後の三月二二日に、共産党・RFBが開催したデモ行進では、市内各所で警察とデモ隊の衝突が発生し、シャルロッテンブルク地区のルイーゼ広場では警察の発砲でデモ参加者に死傷者が出ている。「共産党のデモ隊への無意味な発砲により、警察が単なる闘争部隊に成り下がってしまったのではないかという疑問が世間一般に広がった[*15]」という指摘が示すように、政治的暴力に対する警察側の過剰ともいえる反応は、後述する一九二九年五月の「血のメーデー」へとつながっていく。

### ベルリンでのナチ党の禁止

「リヒターフェルデ東駅の衝突」後、ベルリンの治安当局はナチスの目に余る行動に対する警戒を強め、解散命令を検討し始めていた。

その中で一九二七年五月四日、ミッテ・ショセー通りにある在郷軍人会館でナチ党が集会を開催し、ゲッベルスが演説を行った。演説中、野次を飛ばした牧師と取材中の記者をナチ党員たちが暴行し、両者が重傷を負う事件が発生している。集会を監視していた警察が介入して三〇名を連行し、ピストル四丁を含む多数の武器を押収した。

この事件をきっかけに、ベルリン警視総監ツェルギーベルは五月六日付でナチ党ベルリン・ブランデンブルク大管区とSAをはじめとする下部組織の解散命令を発し、集会や行進を禁じた（有権者向けの屋内選挙集会のみ実施可能）。警察は、解散理由として、敵対組織や政敵への襲撃、人・物への暴力行為、傷害、警察に対する抵抗、他人の所有物の暴力的破壊・窃盗、鉄道・路面電車の車両や無関係の通行人に対する危険行為、無許可の銃やその他の危険な武器の携行と使用などの「罪状」を挙げ、ナチ党が公共の安寧・秩序を脅かしている点を強調した。他地域のナチ党組織は禁止されておらず、この措置がゲッベルスの下でのベルリンのナチ党やSAの行動に起因していることは明らかだった。

ナチ党の禁止措置は一九二八年五月の国会選挙を前に三月三一日付で撤回されたが、結局、それはさらなる政治的暴力をもたらすだけであった。

### 党派対立型暴力の状況

ここで、ゲッベルスの赴任から一九二八年末までのベルリンにおける政治的暴力の発生状況を見てみよう。史料から確認できた五六件のうち、ある組織から別の組織への一方的な襲撃事例が三二件、二つの組織が衝突したケースが二四件である。基本的に「右翼対左翼」の構図であるが、明らかな特徴はナチスが右翼側の当事者となるケースが増大した点であり、五六件中三一件と半数以上でナチスが事件に絡んでいた。

一方的な襲撃のケースでは、襲撃者の多くは共産党・RFBであったが、ゲッベルスの下でナチスに起因する暴力も増加していった。一九二五年の党再建時にヒトラーが採用した「合法路線」が示していたのは、あくまで一揆路線の放棄であって、暴力それ自体の放棄ではなかったのである。一九二九年後半には警察の監視対象がナチスと共産党に絞られるようになる。

一九二〇年代後半のベルリンで政治的暴力が発生する状況としては、三つのパターンが典型的であった。それは、①政敵の集会で乱闘に至ったケース、②街頭での行進やプロパガンダ活動の際に襲撃や衝突が発生したケース、③集会や行進へ向かう途上で襲撃や衝突が発生したケースである。③の場合、各党派のメンバーは制服を着用して、もしくは徽章を身につけて街中を移動したため容易に標的とされた。集会や行進はあらかじめ開催場所や日時が把握できる場合が多く、待ち伏せも頻繁に行われていた。

他方で、すでに触れたように、相対的安定期の政治的暴力は相手の殲滅《せんめつ》をめざすものではなく、死者数はかなり少なかった。歴史家D・シューマンはこうした暴力を「ささやかな暴力《クライネ・ゲヴァルト》」と呼び、「総じて暴力は限定的で、犠牲者の数や損害の種類はむしろわずかであった」と指摘している。[*16] 集会や行進と政治的暴力が渾然《こんぜん》一体化する中で、パラミリタリー組織はアジテーションの道具となり、暴力はむしろプロパガンダの一部となった。それは、少なからぬ人びとにとって、暴力がポジティブな意味を持つ行動モデルになりうることを意味していた。

一九二四年以降の党派対立型暴力は、国家権力への暴力的抵抗の回避を前提として、市中で諸党派間の対立が展開する構図である。

ナチスの側では、警察への暴力行使が厳しく禁じられた。例えば、一九二八年四月一八日にケルンで行われたナチ党の会議記録によると、ミュンヘンのSA最高指導部はすべてのSAの支部に向けて、共産党や社会民主党に対して攻勢へ転じることを命じる一方、「どんなことがあっても警察への攻撃や衝突は回避しなければならない」と付け加えていた。さらに一九二九年一月一七日付のSA回状も「SAが国家権力に対して抵抗することは厳禁である」とかなり強い口調で命令している。[*17] こうした命令は厳守され、SAの暴力がヒトラーの「合法路線」に反してまで国家権力に直接向けられることはなかった。「ナチ活動家たちは、警察署や兵営を攻撃するほど狂ってはいなかった[*18]」のである。国旗団や鉄兜団など他のパラミリタリー組織については言うまでもない。

対照的に、警察に対して暴力を行使したのが共産党である。史料からは、一九二五年五月から一九二九年四月までの四年間に、ベルリン警察と共産党の間に三九件のトラブル事例を確認できる。このうち、最初の事例が、一九二五年五月二一日にフリードリヒスハインでRFBのデモ隊と警察の口論が乱闘に発展した事件である。その報告書で、警察はRFBについて「攻撃の執拗さ」、「明らかな装備」、「警察に対する振る舞いの物怖《ものお》じのなさ」、「はっきりと統一のとれた指揮」を指摘している。

もっとも、この事件を含めて三九件中二六件がデモの際のトラブルであり、国家権力への暴力行使といっても、それは一九二三年以前のような体制転覆をめざすものではなく、プロパガンダ活動の際の取り締まりをめぐる小競り合いであった。

とはいえ、武器を持って抵抗する共産党員たちに対して、警察も警棒や時に拳銃を抜いて応戦しており、双方に重軽傷者が出ることも珍しくなかった。すでに指摘したように、とりわけ「リヒターフェルデ東駅の衝突」後、警察は政治的暴力に対する姿勢を硬化させ、共産党による政治的暴力に対しても過剰なまでの暴力で対抗するようになった。

共産党に対する警察の攻撃的姿勢の背景には、その政治的な立場も関係していた。この頃のベルリン警察上層部には社会民主党やリベラル派の幹部が多かったが、現場の警官の圧倒的多数は農村部出身で、非常に保守的であった。彼らの中では共産主義に対する憎しみが強く、共産党員をまとめて「犯罪者」とみなして過剰な反応を示す傾向があった。さらに、共産党の牙城となっていた地区で犯罪が多発していたことも、この考えに拍車をかけた。共産党側もまた資本主義の番人として警官を攻撃の標的にしたため、警察の武器使用も過激になっていった。

## 「血のメーデー」

共産党員に対する警察の過剰反応は、一九二九年のメーデーで最高潮に達することになる。「血のメーデー《ブルートマイ》」と呼ばれる警察と共産党支持者の間の激しい衝突である。以下では、Th・クルツの研究を参考にして事件の経緯を追ってみよう。

そもそもの発端は、RFBやSAによる政治的暴力の増大に対して、ベルリン警視総監ツェルギーベルが一九二八年一二月一三日にすべての屋外集会やデモを禁止したことであった（翌年三月、この命令はプロイセン内相グルジェジンスキによってプロイセン全体へと拡大された）。ツェルギーベルはメーデーの行進もこの命令に従って禁止されると明言したが、共産党はこれに激しく反発してデモを強行しようとした。

この時期の共産党は、一九二八年七月のコミンテルン第六回世界大会での方針を受けて、社会民主党を「主要敵」とみなす（社会ファシズム論）戦術をとっており、社会民主党員のツェルギーベルやグルジェジンスキの措置を労働者に対する裏切りとして機関紙で激しく攻撃していた。共産党は一九二九年のメーデーを社会民主党に対する労働者の闘争と位置づけ、「プロレタリアートに通りを解放しろ」のモットーで多数の新聞やビラを作成した。メーデー前日の四月三〇日、共産党は機関紙『ローテ・ファーネ』で次のように宣言している。

この事実［注：デモ禁止のこと］は五月一日の闘争に特別な刻印を押す。「メーデーの式典」ではなく、「親交や家族の祭り」でもなく、国際的なメーデーの歴史の中でもなかったような闘争のメーデーだ。これにより、メーデーは真の革命の日、尖鋭化した階級闘争の雄弁なデモ、支配的な白色資本主義独裁に対するプロレタリア大衆の闘争における階級の勢力関係を示す力比べになる。*19

すでにメーデーの二週間前から警察は緊急出動態勢に入っており、労働者地区には機動隊が動員されていた。その数は一万三〇〇〇人を超え、メーデーの数日前から警察と共産党員の小競り合いが生じていた。こうした緊迫した雰囲気の中で、五月一日を迎えることになる。

共産党の呼びかけにより、メーデーのデモはベルリン市内各所で実施されたが、五月一日午前中のデモの動員人数は約八〇〇〇人（一つが五〇〜五〇〇人の小規模集団）で共産党の目論見は不発に終わった。午後に入ってさらにデモが試みられると、警察の態度は硬化し、警棒を使った介入、放水、警告射撃でデモ隊を解散させた。すでに正午前にはミッテのハッケシャー・マルクトでデモ参加者に取り囲まれた警官が発砲し、最初の死者が出ていた。

市内でも特に激しい衝突が発生したのが、ヴェディングのケスリン通りとノイケルンのヘルマン広場の一帯である。ケスリン通り周辺では、この日、何度も人だかりが発生し、そのたびに警察は警告射撃で解散を命じていた。周辺の住宅からは警官に対して石や瓶が投げつけられ、激しい罵声が浴びせられたため、警察は窓を閉めるように警告し、これに従わなかった国旗団員一名が射殺されている。その後、デモ参加者たちがケスリン通り一帯に建築資材などでバリケードを築くと、警察は人員の増強、装甲車両（機関銃付き）の投入、水平射撃など、さらに厳しい措置を講じた。ケスリン通り付近ではこの日の深夜にバリケードが再び築かれ、警察は装甲車両から機関銃を撃ちながら周辺住宅を捜索した。この中で、無関係の者を含む四名が射殺されている。

「血のメーデー」時のベルリン市内（1929年5月1日）
［BA, Bild 102-07707］

ノイケルンのヘルマン広場付近でも事態は同様であった。ここでも終日騒動が発生し、警察は警棒、放水、警告射撃でデモ参加者を激しく追い立てた。特に夜間に入って、デモ参加者が投石などで対抗すると、警察は装甲車両を投入し、周辺の建物や通りに向けて発砲を繰り返した。

共産党中央委員会は五月二日に以下の声明を発表し、警視総監ツェルギーベルと社会民主党を激しく非難し、労働者地区の住民に大衆闘争を呼びかけた。

今日五月二日も、ヴェディングの労働者に対してマシンガンやカービン銃が投入されるだろう。今日も、ツェルギーベルの警察は殺人行為を続けるのだ。……死者や負傷者はツェルギーベルを告発し、社会民主党を告発し、血にまみれた連立政権を告発する。ツェルギーベルの保安警察《シュッポ》は、ベルリンの労働者地区において労働者住宅の窓を銃撃するのをためらわなかった。……ツェルギーベルの血のメーデー、それは帝国主義戦争の準備の一端だ！　ベルリンの労働者層の下での殺戮だ――それは帝国主義的な大衆殺戮の序曲だ！革命的なメーデー行進のためのベルリンの労働者の闘いだ。……ツェルギーベルの血のメーデー、社会民主党の血のメーデー――それはブルジョアジーと社会民主党のファシスト独裁計画の幕開けだ。[*20]

これに対して、社会民主党も翌三日付の機関紙『フォアヴェルツ』で応酬している。

共産主義者は、社会民主党員が警視総監であるベルリンで死者を必要としている。社会民主党員に対して、もう一度「血に飢えた犬」の烙印《らくいん》を押さなければならないのだ。そのために必要とされているのが死体であり、それゆえ、警察に対する戦いにルンペンプロレタリアートが動員されなければならないのだ。ベルリンの死者と負傷者は共産主義者にとってアジテーションの材料であり、それ以外ではない。この犠牲者は共産党指導部の命令で落命した。これが真実だ。[*21]

「警察（社会民主党）対地域住民（共産党）」の実弾射撃を伴う激しい市街戦は五月四日まで続いた。ヴェディングとノイケルンを中心に、ベルリン市内ではバリケードが築かれては撤去される状況が続き、警察は両地区に対して装甲車両を投入し、無差別発砲で過剰に反応した。ノイケルンのヘルマン広場一帯では二日夕刻以降、一〇〇〜一五〇メートルおきに三〜四名の機動隊員が配置された。翌三日の未明には地区全体が裏通りを含めて封鎖され、付近の通行には身分証明書の提示が求められた。五月四日付の『ドイツ新聞』は、ヘルマン広場の様子を以下のように伝えている。

わめき立てるエンジン音とともに、通りに向けられた機関銃が脅しながら、一台の装甲車両が近づいてくる。再び、ピストル音が四方八方から鳴る。激しく、迅速に、荒っぽく、装甲車両の機関銃が一斉掃射で応じた。火を吐く鉄製の巨象の背後で、警官で満員のトラック三台が疾走していく。あご紐《ひも》を結び、手には安全装置を解除したカービン銃を持って、突然止まった車両から警官隊が飛び出し、発砲する装甲車両の背後で「通りをあけろ、窓を閉めろ」と呼びかけ、車道や歩道に散開して散兵線を敷く。警官が道幅いっぱいに通りを占拠する。……装甲車両は発砲しながらあとからやってくる。発砲と騒音はだんだんと通りを離れていく。バリケードは抵抗なく除去される。警察は再び車両に飛び乗り、甲高いサイレンを鳴らして、さらに発砲しながらそこから移動する。*22

五月三日午前中、ヴェディングとノイケルンには非常事態が宣言され、警視総監ツェルギーベルは「通行・灯火禁止令」を布告した。これにより、この地区のすべての通りでの医療関係者を除く夜間（二一時から四時まで）の往来、通りに面した建物での窓の開放や部屋の灯火、目的のない移動、三人以上の行動、自転車の通行などが禁止され、「この命令に従わない者は全員、命の危険にさらされる」*23との警告が添えられた。

この間も警察の発砲による死者が続出しており、警察は有刺鉄線や防御柵を使って両地区の閉鎖を続けた。五月四日になってようやく事態は沈静化し、警察は両地区の閉鎖を解き、設置されていた機関銃や投光機が撤去された。最終的に、両地区の非常事態は六日に解除された。

結局、ベルリンでは五月一日から四日までの間に、住民側に死者三三名、負傷者一九八名、逮捕者一二二八名が出た。警察側の負傷者は四七名（うち重傷者一〇名）であり、この数日間に警察が使用した銃弾は一万発を超えていた。

この事件の直接的な結果は、RFBの解散措置の発動であった。一二二八名の逮捕者のうちRFBのメンバーは八九名だけであり、RFBが今回の騒擾に関与した明確な証拠はなかったにもかかわらず、プロイセン州政府はRFBと関連団体の州内での活動禁止を決定し、その後、この措置はドイツ全体へと拡大された。

社会民主党の指導者たちが下したこの決定により、左翼陣営内では社会民主党と共産党の対立は深刻化した。これ以降、「血のメーデー」は、共和国初期のローザ・ルクセンブルクとカール・リープクネヒトの殺害と並んで、「社会ファシスト＝社会民主党指導部」に対する共産党のプロパガンダの中で事あるごとに引き合いに出されていく。

相対的安定期の政治的暴力が死者を伴わない「ささやかな暴力」であったのに対して、「血のメーデー」の状況は明らかに異なっており、それは一九二三年以前の体制転覆志向型暴力における体制側の容赦のない暴力を彷彿《ほうふつ》させるものであった。「リヒターフェルデ東駅の衝突」が「共産党対ナチ党」の党派対立型暴力、「SAやRFBが発展させた暴力的な政治対立の新たなスタイル」[*24]を決定づけたのに対して、「血のメーデー」は政治的暴力を過激化（流血化）させる点で「パンドラの箱を開けること」[*25]となった。

すでに「血のメーデー」直前の一九二九年四月、プロイセン内相グルジェジンスキはある報告書の中で以下のように記していた。

政治的に緊張や対立が存在する現時点においては、取るに足らないきっかけでしばしば激しい暴力行為や重大な危険、それどころか決して少なくないケースで人命を奪うことにすら行きついてしまう。その場合、政治的敵対者の不寛容さのため、わずかに罵っただけで、それどころか……徽章をただ身につけているだけで、しばしば暴力的な対立のきっかけにされるほどである。[*26]

こうした危機感の高まりの中で、ナチスの躍進期がやってくることになった。一九二九年後半からナチスが徐々に政治的に勢力を拡大し、ＳＡも隊員数を増加させる中、ナチスは共産党（と社会民主党・国旗団）に対する、共産党はナチス（と鉄兜団）に対する闘争を展開していくことになる。相対的安定期を通じて党派対立型暴力の形で「市中化」した政治的暴力は、「本格的内戦の様相[*27]」を呈する「頻発化」の段階へと進んでいく。

# 第四章　頻発化する政治的暴力

## 一　共和国の不安定化とナチスの台頭――共和国後期の政治

### 危機の前兆――一九二九年

一般に、ワイマル共和国は世界恐慌の発生（一九二九年一〇月）後、一九三〇年代に入って不安定化し、ナチスの台頭の中で崩壊したと語られることが多い。しかし、共和国の危機は恐慌発生以前にミュラー大連合内閣の下で生じており、その土台を蝕《むしば》み始めていた。

一九二九年春、大統領官邸周辺では権威主義的な大統領内閣（大統領が実権を持つ内閣）への移行が検討され始めていた。この動きの中心となったのは、後に首相となるシュライヒャー将軍を中心とする国防軍指導部であり、シュライヒャーは大統領ヒンデンブルクとの個人的な関係を利用して、国防軍の願望に沿った国家形態の改造（脱議会主義）に手をつけようとしていた。

同じ頃、右翼陣営内では賠償問題に関するヤング案の受け入れに反対する闘争が始まろうとしていた。一九二九年六月七日、パリの専門家会議がヤング案を発表すると、ドイツ国内では右翼陣営を中心に激しい反発が巻き起こった。二八年一〇月に党首となったアルフレート・フーゲンベルクの下で著しく右傾化した国家国民党、ナチス、鉄兜団などが連携して、七月九日にベルリンで反ヤング案全国委員会が組織され、大々的な国民請願運動を展開した。一二月二二日に行われた国民票決は右翼側の敗北に終わったものの、一連の反ヤング案キャンペーンは右翼結集の起点となると同時に、まだ弱小政党であったナチスと党首ヒトラーの知名度向上にも役立つことになる。

実際、ナチ党の得票は一九二九年に入って明らかに伸び始めていた。一九二八年五月二〇日の国会選挙での同党の得票率は二・六%であり、二九年上半期の三つの州議会選挙でも得票率はほぼ横ばいか微増であった。しかし、二九年六月にバイエルン州北部のコーブルク市議会選挙でナチ党が過半数の議席を占める事態が生じ、一一月のベルリン市議会選挙では一三議席(得票率五・八%)を獲得した。州議会選挙でも、一〇月二七日のバーデンで七・〇%、一一月一〇日のリューベックで八・一%を記録し、さらに一二月八日のテューリンゲンでは一一・三%で二桁の大台に乗せた。この結果を受け、同州では翌年一月にナチ党が初めて連立政権に参加している。

さらに一〇月三日に外相シュトレーゼマンが死去したことも、共和国の政治に暗い影を落とすことになった。二〇年代を通じてドイツの協調外交のレールを敷き、独仏和解をリードしてきた政治家の死により、ミュラー大連合内閣は左右両派をつなぐ「かすがい」を失い、閣内対立が徐々に顕著になっていく。

## 世界恐慌の発生

「暗黒の木曜日」と呼ばれる一九二九年一〇月二四日のニューヨークでの株価暴落に端を発する資本主義経済の混乱（世界恐慌）は、とりわけドイツに深刻な爪痕を残すことになった。

相対的安定期におけるドイツの経済回復が、外国（特にアメリカ）からの資本流入に支えられていたことにその大きな原因があった。ドイツの貿易収支は戦前から赤字続きであり、サービス収支での受取超過を考慮しても、賠償支払いへの余剰は期待できなかった。結局、アメリカの対ドイツ信用だけがドイツの国際収支を均衡化し、賠償支払いを可能にしたのである。

すでに見たように、「相対的安定期」にはドイツが連合国に対して賠償金を、連合国はアメリカに戦時負債を支払い、アメリカがドイツに借款を与える「経済の一種の循環交通」が成立していた。一九二四年から二八年までのドイツの国家資本の増加額は三六二億マルクであったが、外国資本が約三分の一（一一五億マルク）を占めていた。このうち、六一億マルクが短期信用で、本国の事情により引き上げられる可能性を持っていた。事実、世界恐慌が発生すると、アメリカからの借款の流入は止まり、短期信用は引き上げられた。ドイツの恐慌の深刻さはこの点で増幅されたのである。

世界恐慌の具体的な影響はどうだったのだろうか。ドイツの工業生産は一九二九年から三二年の間に四〇％減少し、一九〇三年頃の水準となった。一九二九年を一〇〇としたドイツの工業生産指数は三〇年に八八・三、三一年に七一・七、三二年には五九・八となったが、これは恐慌の震源地であるアメリカに匹敵する激しい落ち込みである。アメリカをはじめ英仏の工業生産が戦前と比較して大きく躍進していたことを考慮すれば、「相対的安定期」にようやく戦前の水準に回復したドイツの工業生産への打撃は最も厳しいものだった。これに伴って、就業者の所得は一九二八年から三二年の間に約二五％減少し、労働者に限ると実質賃金は三分の一も下がっていた。逆に、所得税や社会保障費の控除は増加し、二〇年代を通じて労働者を守ってきた労働協約は一方的に破られ、協約賃金以下の支払いや無給残業が横行した。

他方で、工業生産の急速な落ち込みは労働市場に直接的な影響を及ぼし、失業者数は急増した。その数は職業紹介・失業保険法が想定していた給付対象者の数をはるかに上回り、一九三二年二月には約六一三万人に達し、失業率が三〇％を超えるという破局的状況を招いた。世界恐慌下のドイツでフルタイム勤務をしていたのは、就業者全体の三分の一だったと言われる。

一九三二年秋にはドイツの人口の三六％が何らかの公的給付を受けて生活していた。しかし、恐慌期を通じて支給額は削減され、支給期間も短縮されたため、多くの者は最低生活費以下の給付で糊口《ここう》を凌《しの》ぐ生活を余儀なくされていた（一九三三年一月の段階で、まったく給付を受けられない失業者が全体の二割に迫っていた）。一九三二／三三年の冬季には、五〇万人が家賃滞納で住む場所を失い、一五〇〇万人もの人びとが十分な食料品や衣料品を手にできずにいたと言われる。こうした状況は、資本主義国の中でも最悪の犯罪・自殺件数という深刻な社会的副作用を引き起こし、ワイマル共和国からの心理的離反を促進した。

他の資本主義国とは異なり、ドイツではこうした世界恐慌の深刻な影響が政治の急進化を招き、体制転換への「触媒」となっていく。それは、右翼保守派の反共和国的姿勢の明確化、共和国擁護派の迷走と衰退、そして左右両翼の反共和国政党の伸長という形で露《あらわ》になり、ワイマル憲法が作り出した社会政策と議会制民主主義の二つの「破綻」をドイツにもたらすことになる。

### 議会主義の終焉《しゅうえん》と大統領内閣への移行

失業者の急増に伴う公的支援給付体制の逼迫《ひっぱく》への対応をめぐり、一九三〇年三月、ミュラー大連合内閣で対立が尖鋭化した。労働組合の強硬な意見を背景に、社会民主党が掛け金の負担割合を〇・五％引き上げ、給付額を維持すべきと主張したのに対して、社会保障費の削減を求める資本家側を代表する国民党はこれに断固反対し、給付額の引き下げを訴えた。

三月一二日に国会が二七〇票対一九二票の賛成多数でヤング案関連法案を承認したことで、大連合内閣を結びつけてきた外交での一致点は消失し、内政での対立が目立つことになった。

さらに、一九二九年一〇月のシュトレーゼマンの死により、本来「水と油」の国民党と社会民主党をつなぎとめる者がいなくなっていたことも、閣内対立の修復を困難にしていく。

閣議では、上記の両案に国庫からの貸し付け（増税）を加えた三案を併記して解決を先送りする妥協案が出されたが、一九三〇年三月二七日に社会民主党議員団がこの受け入れを全会一致で拒否したことで、首相ミュラーは梯子《はしご》を外された格好となり、同日、内閣総辞職を表明した。自党出身の首相が同意した妥協案を支持せず、大連合内閣の維持を拒否するという社会民主党の非妥協的態度が引き起こした事態は共和国政治の転換点となり、以後、議会多数派を基盤に持つ内閣が生まれることはなかった。この意味で、ミュラー内閣の退陣は、ワイマル共和国の「終わりの始まり」であった。

翌二八日、大統領ヒンデンブルクは憲法五三条（大統領の首相任命権）を根拠に、中央党国会議員団長ハインリヒ・ブリューニングを首相に任命し、三月三〇日に第一次ブリューニング内閣が発足した。この内閣は、国会での多数派形成の代わりに憲法四八条（大統領非常大権）に基づく大統領緊急令に依拠して統治を行う初の「大統領内閣」となる。

ミュラー内閣の総辞職からわずか三日後にこうした内閣へ移行したことは、議会主義内閣を葬り、権威主義内閣を実現する計画が大統領官邸周辺ですでに進行していたことを物語っている。確かに、国会には大統領緊急令を廃棄する権限（四八条三項）や内閣不信任の権限（五四条）が認められていたが、内閣が大統領権限で国会を解散し、その職務を継続させることも可能であった。

　この時点で、ブリューニング内閣に対する明確な野党は、社会民主党、共産党、国家国民党の多数派、数的には弱小のナチ党であった。一九三〇年七月一六日、この野党の「消極的同盟」[*1]が、増税や失業給付の削減を盛り込んだブリューニング内閣の財政健全化関連法案を否決した後、大統領緊急令によってその法案に効力が与えられる異例の事態が生じている。かつて一九二三年に、大統領エーベルトが急速に進行するインフレーションを抑えようとして緊急令を利用したことはあったが、今回の措置はそれとはまったく異なり、議会が否決した法案を復活させるために憲法四八条を利用する大統領内閣の統治システムの発動だった。

　これに対して、七月一八日に社会民主党がこの緊急令を無効とする動議を出し、それが二三六票対二二二票の僅差で可決されたため、ブリューニングは国会解散に踏み切った。彼の意図は新国会で政権基盤を築くことであったが、事態は思わぬ方向へと向かっていくことになる。

ハインリヒ・ブリューニング
［BA, Bild 183-1989-0630-504］

## 一九三〇年九月の国会選挙

二年四か月ぶりに実施された九月一四日の国会選挙の結果、世界恐慌の混乱の中で現状打破を訴えたナチ党が前回の二・六％（一二議席）から一八・三％（一〇七議席）へと得票を伸ばす「彗星《すいせい》のような上昇」[*2]で第二党となった。ヴェルサイユ体制に否定的なナチ党の勝利は諸外国に衝撃を与え、株式市場では株価が急落し、アメリカはドイツからの大規模な資本の引き上げを行った。もっとも、ナチ党の躍進はこの選挙で突然起こった現象ではなかった。先に見たように、一九二九年に行われた州議会や地方議会の選挙でナチ党の得票は増加傾向を示しており、直近のザクセン州議会選挙（一九三〇年六月）でも一四・四％の得票率を記録していた。

この国会選挙で得票を伸ばしたもう一つの政党が、ナチ党と同様に現状打破を訴えた共産党であり、得票率を一九二八年の一〇・六％から一三・一％へと伸長させて第三党となった。これに対して、社会民主党は二九・八％から二四・五％へと得票率を減少させた。中央党と経済党を除き、ブルジョア・保守陣営の政党も軒並み議席の減少を記録した。国家国民党は議席数をほぼ半減させ、国民党や国家党（旧民主党）の議席数も前回から減少した。

「ドイツにとって暗い一日なり」で始まる投票日翌日（一九三〇年九月一五日付）のケスラーの日記には、以下の一節がある。

ナチスは議席数をほとんど十倍に増やし、一二議席から一〇七議席となって、議会の第二党となった。外国の受ける印象は驚愕《きょうがく》に満ちたものに違いないし、その外交や財政面での跳ね返りはひどいものになるだろう。この状況……は、われわれが国家の危機を迎えたことを意味する。この危機を乗り切るには、共和国を肯定する勢力、あるいは肯定しないまでも許容する勢力を緊密に結集することしかない。……今度の選挙の結果からまずもたらされる帰結は……現在の与党と社会民主党との〝大連立〟でなければならない。[*3]

しかし、事態はケスラーの期待通りには進まなかった。ブリューニングは新国会に多数派の基盤を求めようと、大政党となったナチ党にも接触を試みている。一九三〇年一〇月五日、ブリューニングはナチ党幹部と会談を持ったが、政策（特に外交）で折り合いがつかないこと、何よりヒトラーの拒否的な態度により、ナチ党の政権参加は実現しなかった。結局、新国会でもブリューニング内閣は少数の支持基盤しか持たず、議会主義への回帰は困難となった。

こうして、一九三〇年九月の国会選挙を境に大統領緊急令による統治が本格化し、国会の機能喪失がいっそう進行することになる。国会の会期日数は一九三〇年の九四日から三一年には四二日、三二年にはわずか一三日となり、可決した法案数も九八件（一九三〇）、三四件（一九三二）、五件（一九三二）と減少した。これに対して、大統領緊急令の数は一五件（一九三〇）、四四件（一九三一）、六六件（一九三二）と増加している。

## ナチ党投票者の社会的基盤

ナチ党は今回の選挙で約六四〇万票を獲得し、前回の八一万票からおよそ五六〇万票を上積みした。問題は、この票がどこからやってきたのかという点である。

まず指摘できるのは、第一次大戦前に起源を持つ「老舗」が多かったワイマル期の政党に対して、大戦後に登場したナチ党が新しさとダイナミズムで若者を惹きつけたことである。ナチ党員の約四〇％が三〇歳以下であった点に、そのことははっきりと表れていた（社会民主党では三〇歳以下の党員の割合は二〇％以下だった）。

もう一つは、党員や投票者の社会的構成に目を向けた場合、ナチ党が（中間層が相対的に多かったとしても）あらゆる社会階層・集団から「万遍なく」支持を集めたことである。社会主義労働者ミリュー（ミリューとは、世界観・文化・地域などの共通性により結びつけられた社会的集団）や教会に忠実なカトリックミリューが、ナチスの主張に対して一定の「免疫」を持っていたことは確かであるが、一九八〇年代以降、ナチ党がこれらのミリューを含め、さまざまな社会階層・集団から支持を集める「国民政党《フォルクスパルタイ》」だったと主張する研究が出てくるようになった。この「国民政党テーゼ」は、労働者層におけるナチ党支持の想定以上の多さを明らかにすることで、旧来の「中間層《ミッテルシヒト》テーゼ」（ナチ党の社会的基盤をプロテスタント新旧中間層に限定する立場）を修正し、他の政党に比べてナチ党支持者の社会的構成がバランスのとれたものであった点を強調する。

国民政党テーゼの主唱者である政治学者J・W・ファルターによると、一九三〇年九月のナチ党の得票の四分の一は社会主義やカトリックのミリューに由来していた。ナチ党の六四〇万票のうち一四％（約九〇万票）の投票者は前回の選挙で社会民主党に投票しており、それは一九二八年五月の社会民主党に投票した九一五万人の約一〇％が三〇年九月にはナチ党に移ったことを意味している。さらに、ファルターはナチ党に投票した者の三〇〜四〇％は労働者階級に由来し、中間層の票は四〇〜五〇％程度であったと指摘して、「その投票者から見て、ナチ党は……社会的にかなり異質に構成された政党であった。……多少の過剰や過少はあっても［注：ナチ党には］支配的な職業グループなど存在しなかった」[*4]と述べ、次の結論に至っている。「ワイマル期の大政党と比較して……ナチ党は社会的に釣り合いのとれた構成をしており、一九三〇年以後の投票者の出自に関して、他のあらゆる大政党よりも国民政党的性格を有していた」[*5]。

この「国民政党テーゼ」は近年の研究でかなり定着しており、この時期のナチ党は「ドイツ政党史初の真の国民政党」（W・ピュタ）、「階級を越えた国民政党」（M・ヴィルト）、「抗議の国民政党」（H＝U・ターマー）、「ファシスト国民政党」（D・ジーメンス）などと評されている[*6]。

ナチ党は現状否定を前面に押し出したプロパガンダを展開し、反ユダヤ主義、反ヴェルサイユ、反マルクス主義、反共産主義、反資本主義、反議会主義、反民主主義など、現状を構成するあらゆるものに対して「反《アンチ》」を唱えることで、社会階層・集団の壁を越えて、現状に不満を持つ人びとを糾合していった。それぞれの利害がぶつかり合う中で、この「反」の思想の延線上で具体的な政策が語られることはない。「民族の敵」を糾弾しながら「民族共同体」や「ドイツの再生」といった曖昧だが全体に共通する目標を設定することで、さまざまな社会階層・集団からナチ党への支持は可能となった。バイエルン地方の急進的な右翼セクトから出発したナチ党は、こうして急速な勢いでドイツ史上初の「国民政党」へと発展したのである。

## ブリューニングのデフレ政策

ブリューニング内閣の政治の特徴は、内政に対する外交の優先であった。それは、賠償義務からの解放をはじめとしたヴェルサイユ条約の根本的修正を実現するために、世界恐慌の不況下で徹底したデフレ政策（厳しい緊縮財政）を行い、諸外国に対してドイツに賠償支払い能力がないことを示そうとするものである。同時に、ブリューニングはフランスとの対立も辞さない権力政治《マハトポリティーク》も推し進めたが、その最たるものが一九三一年三月二一日に発表された独墺《どくおう》関税同盟計画であった。それは将来の独墺合邦、さらにドイツの地域覇権をめざす中欧政策の第一歩であり、フランスとの和解・合意を一貫して求めた一九二〇年代のシュトレーゼマン外交（国際協調と利害調整を基礎とした穏健な修正主義）の面影はそこにはなかった。

関税同盟計画は東南欧でのフランスの利害追求と正面からぶつかった。この計画の発表後、フランスは多額の投資を行っていたオーストリア最大の銀行クレジット・アンシュタルトから資金を引き上げ、支払い不能に陥った同行は一九三一年五月一一日に経営破綻した。これが引き金となって、ドイツでもダルムシュタット・ナショナル銀行（ダナート銀行）やドレスデン銀行など主要銀行が相次いで破綻し、一九三一年夏に金融恐慌が発生している。この事態に対して、ドイツでは三度目の外国資本の大幅な引き上げが行われたことで、恐慌の影響が深刻化した。結局、一九三一年九月三日にドイツ政府は国際連盟の理事会の場で関税同盟計画の放棄を表明し、その二日後には、ハーグの国際司法裁判所がこの計画を、独墺合邦を禁じたジュネーブ協定（一九二二）違反と判断した。これを受けて、一〇月に外相クルティウスが引責辞任することになる。

もう一つの修正目標である賠償問題の放棄に関しては、皮肉にも金融恐慌が影響することになった。恐慌のさらなる尖鋭化を受けて、アメリカ合衆国大統領フーヴァーは一九三一年六月二〇日、ドイツの賠償支払いと連合国内での国際的債務履行の一年間の停止、いわゆる「フーヴァー・モラトリアム」を発表した。その後、一九三二年六月一六日から七月九日までスイスのローザンヌで開催された賠償会議において、ドイツの賠償義務と連合国間の債務履行は最終的に放棄されることになる（もっとも、それはブリューニング失脚後のパーペン内閣の時であったが）。

厳しい経済状況の下、ドイツ国内では徹底したデフレ政策が推し進められた。それは、増税、社会保障給付の削減や公務員給与の引き下げなどの歳出カット、物価や利子の強制的な引き下げを主な内容とし、経済・財政の安定化を謳った四回の大統領緊急令を用いて実行された。

このうち、第三次緊急令までは、社会保障切り下げや公務員給与のカットを軸にした緊縮財政と増税による財政均衡化政策である。賃金に関しては、第一次緊急令（一九三〇年一二月一日）で国家・地方公務員の給与が六％削減され、第二次緊急令（一九三一年六月五日）でそれがさらに四〜八％引き下げられた。これに対して、一九三一年夏の金融恐慌後の状況に対応した第四次緊急令（一九三一年一二月八日）は、物価、賃金、利子、家賃の強制的引き下げを目論んでおり、賃金削減の対象が公務員から民間企業の従業員にまで拡大された。しかも、有効期間中の協約賃金を強制的に引き下げようとした点で、この緊急令はそれまでとは大きく異なっていた。発効中の労働協約の有効期限が一九三二年四月末まで延長され、すべての協約賃金率を一九二七年一月一〇日の水準まで引き下げるよう命じられたが、これは一〇〜一五％の一斉賃下げを意味していた。

不況下でのデフレ政策は国民生活をさらに窮乏化させていった。「飢餓宰相《フンガーカンツラー》」と揶揄《やゆ》されたブリューニングは、国民からの支持を劇的に喪失することになる。そのデフレ政策は、外交上の成果（賠償問題の解決）と内政上のコスト（国民生活の窮乏化）を秤《はかり》にかけた「危険な賭け」[*7]だった。

## 社会民主党の寛容政策

ブリューニング内閣が国会内に多数派の基盤を持たない中で、内閣を支えることになったのは、野党である社会民主党の閣外協力であった。すでに述べたように、社会民主党はブリューニング内閣成立直後には法律案への反対や不信任案への賛成の方針をとっていた。

しかし、一九三〇年九月の国会選挙でのナチ党の躍進後、同党はブリューニング内閣をナチスや右翼に比べて「より小さな悪」とみなして許容する方向に舵を切った。これが、一九三二年五月末のブリューニング失脚まで続く「寛容政策」と呼ばれるものであり、この間、社会民主党は政策調整もないまま、ブリューニング内閣を閣外から無条件に支えていくことになる。

最終的に、この方針はブリューニング内閣に対する不信任案への反対や大統領緊急令への賛成はもとより、共和国大統領選挙でのヒンデンブルク再選支持にまで及んだ。同党の国会議員だったヴィルヘルム・カイルは後にこう回想している。

五七六人の国会議員のうち、社会民主党員を含めて三六八人の議員が野党に属していた。

したがって、ブリューニング内閣を倒すことはこれ以上ないほど容易であった。それにしても誰が彼の側につくのか。社会民主党は、他の野党との対立の方を、ブリューニング内閣とのそれよりも非和解的に行なってきたのではないだろうか。われわれは、ブリューニングをナチスと結びつくように追い込むべきであろうか。それはヒトラーの独裁と議会制度の全面的な崩壊をもたらすであろう。[*8]

この心情は当時の社会民主党内の多くの者に共有されていた。ブリューニング内閣の不信任は再度の国会解散へとつながり、それがナチス＝「大きな悪」のさらなる躍進をもたらすこと、そしてナチ政権が破壊的影響（共和国の破壊）を及ぼすことを社会民主党は危惧していた。

さらに重要だったのは、最大州プロイセンでの「ワイマル連合」（社会民主党・中央党・民主党）による連立政権の存在である。社会民主党が中央党所属のブリューニングが率いる共和国政府と敵対した場合、共和国擁護の最後の砦と同党が位置づけるプロイセン州の連立政権が瓦解する公算が大きかった。寛容政策は、共和国と民主主義をいかにして守るかという切迫した問題に対して社会民主党が選択したギリギリの回答であった。

同時にそれは、労働者政党たる社会民主党が国民生活を窮乏化させるデフレ政策や、憲法違反の疑義もかかる大統領緊急令統治を容認することも意味しており、結果として党内の意見対立を激化させ、社会民主党への信頼を毀損するリスクを抱え込むことにもなった（実際、寛容政策に反対する党内グループは一九三一年秋に離党し、社会主義労働者党を結成したが、少数派にとどまった）。歴史家E・マティアスはこの政策を同党の「方向感覚の喪失」とみなし、「社会民主党が如何《いか》に行動の原則を見失なっていたかを如実に示している」と評している。*9

世界恐慌期の選挙で議席数を伸ばしていた共産党は、社会民主党の寛容政策を徹底的に攻撃した。同党は一九二八年以降、コミンテルンの方針を受けて戦闘的な極左路線を選択し、ブリューニング内閣のデフレ政策を許容する社会民主党をファシズムの片棒を担ぐ「社会ファシスト」と呼び、時にナチス以上の主要敵とみなしていた。このことが、左翼陣営内での反ファシズム共闘をいっそう困難なものにした。一九三〇年代にフランスやスペインで成立する社共統一の人民戦線は、ドイツでは非現実的なものだった。

## 右翼の結集？

一九三一年一〇月に内閣改造が行われ、第二次ブリューニング内閣が発足した。首相ブリューニングが外相を兼任した他、国防相のグレーナー将軍が内相を兼任することになり、政府に対する国防軍の影響力がより強まった。

この時期の国防軍指導部の中で、共和国の政治への影響力を保持したのがシュライヒャーであった。前年の国会選挙以後、彼はナチスの政権参加を模索してきたが、大衆的な支持を持つナチスの取り込みは、自らが構想するワイマル憲法を排した権威主義的な政府に国民的正当性を与えるはずであった。一九三一年秋から冬にかけて、シュライヒャーら国防軍指導部はナチス側と会談を重ね、妥協的提案を示しつつ、政権の落としどころを探っていくことになる。

バート・ハルツブルクに集結した右翼陣営（1931年10月11日）［BA, Bild 227-17］

一方で、右翼・保守派は反ブリューニング・反ワイマル体制の動きを強めていた。一九三一年一〇月一一日、ブラウンシュヴァイク州バート・ハルツブルクに「国民的反対派」を構成する右翼・保守派が集結し、集会や隊列行進観閲式を開催した。いわゆる「ハルツブルク戦線」の結成である。そこに集まったのは、ナチスや国家国民党、鉄兜団、国民党の一部、全ドイツ連盟や全国農村同盟（RLB）、さまざまな極右団体や経済界の右翼急進派支持者であり、共同でブリューニング退陣と右翼急進派内閣の樹立を共和国大統領に向けてアピールした。それはまさに「ブリューニング内閣への宣戦布告」[*10]であった。

もっとも、この右翼・保守派の結集は足並みがばらばらで同床異夢の状態であり、その光景は「不統一の見本」[*11]であった。ヒトラーはこの集まり自体に懐疑的であり、SAの行進後に観閲式を退席するなど、非協力的な行動が目立った。彼にとっては、右翼諸団体の中に埋没することを避け、ナチズム運動の独自性を維持する方が重要だったのである。ハルツブルク戦線が目標とした国会でのブリューニング内閣不信任案は国民党の離脱で否決された。

それでも、右翼側の結集（のように見える）状況に社会民主党は危機感を強め、実質的に社会民主党の政党軍となっていた国旗団を中心に共和国防衛を訴えるムードが高まることになる。一九三一年末には、ハルツブルク戦線に対抗して、国旗団を核に社会民主党、同党系列の自由労働組合、各種労働者スポーツ団体が結集して共和国防衛組織「鉄戦線《アイゼルネ・フロント》」を結成し、非常時に備えた全国無線網の整備や武装化を行って、来るべき「決戦」に備えた。

一方、ブリューニングは、一九三一年の秋が深まるにつれて、ナチ党を取り込む可能性を模索していた。その中で、一一月一五日に投票が行われたヘッセン州議会選挙が大きな衝撃をもたらした。ナチ党が三七・一％の得票率で第一党となったのである。すでに半年前にオルデンブルク州で同様の得票率を記録していたが、今回はさらに大きな州での勝利だった。共産党を除くすべての政党の得票が減少した結果、州議会で唯一、過半数の多数派を形成できるナチ党と中央党（一四・三％）の間で連立交渉が行われた。

反ブリューニングを掲げたハルツブルク戦線に加わったナチ党が中央党（ブリューニングの所属政党）と接触した点で、この交渉はハルツブルク戦線と一線を画すナチ党独自の動きを示していたが、交渉自体はナチ党側の権力要求に中央党が難色を示したため決裂した。結局、それまでの社会民主党と中央党の連立政権が暫定的に継続することになる。多数派形成が困難な中で、過半数割れした暫定政府が継続する事態は、その後もいくつかの州で発生した。

### 共和国大統領選挙

ブリューニングは一九三二年春に実施される共和国大統領選挙でもナチ党の取り込みを画策した。彼の目論見は、憲法を改正して現大統領ヒンデンブルクの任期を延長することであり、これにより選挙を回避して急進的勢力の伸長を抑え込もうとした。憲法改正の条件は国会での三分の二以上の賛成であり、そのためにはナチ党を取り込む必要があった。

一九三二年の年明けから、ブリューニングはナチ党との交渉を開始している。一月六日の国防相兼内相グレーナーとヒトラーの協議を皮切りに、月末まで会談や書簡で何度もヒトラーの懐柔が試みられたが、ヒトラーはヒンデンブルクの任期延長に反対し、それどころか二月二日のミュンヘンでの党内会議で自らが大統領選に出馬することを決定した。二月二五日には、ナチスが政権参加しているブラウンシュヴァイク州政府がヒトラーを参事官に任命し、これを受けてドイツ国籍が認められたことで、立候補への障壁は取り除かれた。二月二七日、ヒトラーは正式に大統領選挙への立候補を表明した。

大統領選挙には現職のヒンデンブルクやヒトラーの他に、テオドール・デュスターベルク（鉄兜団）とエルンスト・テールマン（共産党）も立候補した。共産党の他は、右翼・保守派ばかりであり、共和国擁護派は独自の候補を立てられなかった。社会民主党は「大きな悪」（ヒトラー）を阻止するため、初めからヒンデンブルク支持に回った。それは、社会民主党の寛容政策と「より小さな悪」の理論が行きついた先であった。

第一回投票（一九三二年三月一三日）では、ヒンデンブルクが四九・五％の得票率でトップとなった（ヒトラーの得票率は三〇・一％）。しかし、わずかに過半数に届かなかったため、第二回投票（四月一〇日）が実施され、デュスターベルクを除く三名が争った。結局、ヒンデンブルクが得票率五三・一％で再選されたが、ヒトラーは「ドイツの上空にヒトラー《ヒトラー・ユーバー・ドイチュラント》」のキャッチコピーの下、飛行機を駆使して一日に何回もの大規模集会をこなす選挙戦を展開し、デュスターベルク支持票も取り込んで、前回を上回る三六・八％の票を獲得した。この選挙はヒトラー（ナチス）の勢いがいまだ衰えず、さらなる国民的人気を得ていることを示す結果になった。

## SAの禁止とブリューニング失脚

大統領選挙の第二回投票直後の四月一三日、ブリューニングはそれまでのナチス懐柔策をあらため、大統領緊急令によるSAやSSなどナチ党武装団体の禁止に踏み切った。すでに一九三一年末の段階でSAは二〇万人以上の隊員を抱え、数的には国防軍よりも大きくなっていた。共産党のRFBに対しては、一九二九年五月の段階で解散措置がとられていたが、SAの解散は政府内で意見が分かれ、常に議論されてきた問題であった。

確かに、ナチズム運動の暴力的性格に対しては、治安当局が常に目を光らせていた。ヘッセン州ボクスハイマーホーフで同州のナチ党幹部ヴェルナー・ベストが作成したナチスによる国家転覆計画（ボクスハイム文書）が一九三一年一一月二五日に押収・公表されて社会に波紋を巻き起こした事件は、そうした認識を高める契機となった。これに対して、ヒトラーやナチ党指導部は絶えず合法路線の堅持を党内外に対して主張していた（例えば、ボクスハイム事件の翌日に、ヒトラーは内相グレーナー宛てに党の合法路線を誓う文書を提出している）。

しかし、先の大統領選挙の投票前一〇日間において、プロイセンでは政治的暴力により二四人が殺害され、二八〇人以上が負傷しており、今回の措置はプロイセン州政府をはじめとする諸州からの圧力を受けた結果であった（もっとも、ナチスとの関係を模索していたシュライヒャーや国防軍指導部は不快感を示した）。四月一三日の緊急令（SA禁止令）は、SAやSSの即刻解散を前提に、これらの組織が所有する武器や軍事用品の押収や再結成への処罰などを規定した。もう少し長い目で見ると、ＳＡ禁止令はナチスの躍進の中で増加の一途をたどる政治的暴力に対して、共和国政府が本腰を入れてその元凶を除去しようとする措置であった。この緊急令により、政治的暴力の発生数は確実に減少した。

ＳＡ禁止令から一〇日後の四月二四日、五つの州議会選挙が行われた。ナチ党が軒並み得票を伸ばす中、最大州プロイセンの結果がブリューニング内閣に打撃を与えることになった。「ワイマル民主主義の砦」と目されてきたプロイセン政府を支えるワイマル連合三党の議席数が過半数割れし、ナチ党の議席数が大幅に増大したのである。一九二八年の選挙で一・八％だったナチ党の得票率は三六・三％となり、ワイマル連合の三八・〇％と拮抗《きっこう》した。この結果、多数派による連立が困難になり、ワイマル連合政権が継続したが、影響力の低下は避けられなかった。さらにアンハルトでは、ナチ党が四〇・九％の高得票率で第一党となって国家国民党と連立を組み、五月二一日、アルフレート・フライベルクがナチ党初の州首相に就任した。

ナチ党の勢いが増す中、ＳＡ禁止令に反発した国防軍のブリューニング内閣に対する風当たりが強くなり、五月一二日、シュライヒャーは国防相グレーナーを辞任へと追い込んだ（内相としては留任）。さらに、ブリューニングにとって最大の逆風となったのは、東エルベの大地主層（ユンカー）の反発であった。多額の負債を抱えた大農場を国家が取得し、そこに失業者などを入植させるブリューニング内閣の計画を知った大地主たちが憤激し、彼らの利害を代弁するヒンデンブルクはこの計画に関する緊急令への署名を拒否した。

大統領の信任を失ったブリューニングは一九三二年五月三〇日、内閣総辞職を表明した。大統領緊急令統治の一方でなおも議会勢力との連携を模索していたブリューニングの失脚により、共和国の破壊は本格的に進んでいくことになる。

## パーペン内閣の成立

一九三二年六月一日、大統領ヒンデンブルクはフランツ・フォン・パーペンを首相に任命した。パーペンはこの時まで政界ではほぼ無名の存在だったが、ヒンデンブルクやシュライヒャーと個人的に親しい関係にあった。一九二一年以来プロイセン州議会で中央党議員を務めてきたパーペンは筋金入りの君主主義者であり、党内右派としてプロイセンのワイマル連合政府に反対していた。パーペンの首相任命に暗躍したのはまたもシュライヒャーであり、彼にとって政治的に無名のパーペンは体のいい「操り人形」だった。

パーペン新内閣は、三つの特徴を持っていた。

第一に、ほとんどの閣僚が政党に属さない、議会政治から独立した内閣であった。政党に所属するのは国家国民党の三名のみであり、パーペンも首相就任後に中央党を離れている。社会

首相パーペン（左）と国防相シュライヒャー
［BA, Bild 183-R90629］

民主党の寛容政策で政権を運営したブリューニングとは異なり、パーペン内閣は議会にほとんど基盤を持たず、内閣不信任案の可決や大統領緊急令の廃止を恐れて国会の召集を極度に嫌った。

第二に、この内閣では経済相ヘルマン・ヴァルムボルトのみがブリューニング内閣での閣僚経験者であり、この点で前内閣からの政策の継続性がほとんどなかった。実質的に政権を支配するシュライヒャーは国防相として初入閣した。

第三に、閣僚の大半が貴族家系出身者であった。そのため、この内閣は社会の現実から乖離《かいり》し、支配層（資本家・大地主・国防軍）の利害を代表する、反動的な「男爵内閣」と揶揄された。六月四日にパーペンが公表した政府声明は、ワイマル民主主義と決別して国家や社会の改造を宣言する内容だったが、ケスラーはこの日の日記に辛辣な言葉を並べている。

パーペンの政府声明。信じられぬほどひどい文章だ。ひどく暗い反動思想の哀れなまでに紋切り型の抜書き。これに較《くら》べると歴代の皇帝政府の声明など、まるで最も晴れ晴れした啓蒙主義思想の一番晴れやかな部分を反映したもののように見える。*12

議会内にほとんど基盤を持たないパーペンは、自らの内閣に対するナチスの寛容を取りつけようとした。ナチスはその条件として二つの要求を出しており、パーペンはそれに応じた。一つは、国会の即時解散と総選挙の実施である。六月四日、大統領ヒンデンブルクがパーペンの国会解散の提案を承認し、七月三一日に総選挙が実施されることになった。この間、ナチスの人気はさらに増していた。直近の州議会選挙でのナチ党の得票率は四〇%を超えており（巻末表3参照）、ヒトラーは次の国会選挙で議席の大幅な増加を見込んでいた。

### 「プロイセン・クーデター」と一九三二年七月選挙

ナチス側のもう一つの要求は、ブリューニング内閣が出した「SA禁止令」の廃止である。六月一四日付で同令が廃止されたことで、SAは再び合法化された。その結果、SAと政敵の間の政治的暴力が急増し、国会選挙戦の中でエスカレートしていくことになる。

選挙戦最中の七月一七日、プロイセン州シュレースヴィヒ・ホルシュタイン地方のアルトナで「血の日曜日」事件が発生した。社会民主党員のアルトナ警察署長が認可した制服着用でのSAのデモ行進が、「赤いアルトナ」の異名を持つ労働者地区へと入った際に共産党系の住民たちとの衝突が発生し、介入した警官隊の発砲で一八人が射殺されている。

パーペン内閣にとって、この事件はプロイセン州のワイマル連合政府を排除する格好の口実となった。三日後の七月二〇日、共産主義の危険を放置し、公共の安全と秩序を維持できないことを理由に、パーペン内閣は大統領緊急令とベルリン・ブランデンブルク地方への非常事態宣言に基づいて、プロイセン州に対する国家強制執行に踏み切った。ブラウン（社会民主党）を首班とする州政府は罷免され、パーペン自らが国家全権委員《ライヒスコミサール》と州首相職を兼任した。同時に、ベルリン警視総監グルジェジンスキ（社会民主党）を筆頭に警察上層部も更迭され、共和国擁護派は最大の牙城を失うことになった。

高い失業率や社共間の対立、そして国防軍が動員された事態の中で、社会民主党は一九二〇年のカップ＝リュトヴィッツ一揆の時のようにゼネストに訴えかけることもできず、まして配下の警察や国旗団を動員した武装抵抗は初めから想定されていなかった。結局、パーペン内閣の明らかな違憲行為への対抗手段としては、目前に迫った選挙での有権者の判断と、違憲審査をする国事裁判所への提訴しか残されていなかった（一九三二年一〇月二五日の判決では、パーペンの措置を合憲とする一方で、プロイセン旧政府の存続も認めたが、実権は戻らなかった）。

ベルリンを含む最大州プロイセンの行政・警察権力が権威主義的なパーペン内閣へと強制的に移され、ドイツ革命以来、共和国の政治を支えてきた社会民主党が無力化された点で、この事件は共和国政治史における決定的な出来事であった。これ以後、社会民主党が重要な政治的決定にコミットすることはなかった。「この権力的地位［注：プロイセン州政府］と一緒に、社会民主党は内政に対する影響力の最後に残った部分も失ってしまった。同党は完全に孤立し、〝彼らの〟共和国の安売りをどうすることもなく傍観するしかなかった」[*13]。

さらに、有権者の理性的な投票行動に賭けた社会民主党の期待もあっさり打ち砕かれた。七月三一日の国会選挙で、ナチ党は二三〇議席（得票率三七・三％）を獲得し、議席を倍増させて第一党となった。社会民主党の得票率は前回の二四・五％からさらに減少して二一・六％となり、逆に共産党は一三・一％から一四・三％へと増加した。特殊なミリューに守られたカトリック政党（中央党とバイエルン国民党）を除き、中道政党の崩壊は進み、泡沫政党化した。ワイマル連合の議席占有率は三四・九％にまで落ち込み、左右両翼の反共和国政党（ナチ党と共産党）が合わせて五〇％を超える中、議会主義政府を望むことはもはや不可能となった。

ナチ党に目を向けた場合、今回の選挙が「制限のない自由な国会選挙でドイツの政党がそれまでに達成できた最善の結果」[*14]であったことは間違いない。一九二八年五月から一九三三年一月三〇日までに、国会選挙が四回、州議会選挙が三〇回実施されているが、この絶え間ない選挙戦でナチ党はほぼ右肩上がりに得票率を上昇させており、三二年七月選挙での同党の得票数は一九二八年五月選挙の一七倍となっていた。

他方で、直近の州議会選挙での得票率が四〇%を超えていたことを考えると、この選挙はナチ党の勢いが絶頂を過ぎつつあることも示唆していた。ケスラーは投票日の七月三一日付の日記に「意外に思ったのは、ナチ運動の停滞ぶりで、いくつかの選挙区では票が減少してさえいる」、翌八月一日には「半数から六割の過半数を期待していたナチス首脳陣はひどく落胆している」と記している。[*15] この「落胆」の中、選挙後のナチ党は完全な権力獲得をめざして野党路線を続けるか、それとも政権に参加するかの岐路に立たされた。その結論が出るのが、選挙から二週間後の八月一三日に行われたヒトラーとヒンデンブルクの会談である。

この中で、パーペン内閣への参加を打診されたヒトラーは頑なに首相職を要求した。一方、ヒンデンブルクはヒトラーの首相任命をはっきり拒否したため、両者の会談は決裂した。こうして一九三二年八月の段階で、ナチスはパーペン政府に対して明確に反対する「リスクのある路線」[*16]を選択することになった。これ以後、ワイマル共和国は権力闘争の最終局面を迎えることになる。

## 二　内戦状況の首都――プロイセン・ベルリンにおける政治的暴力

### 党派対立型暴力の急増とその前提

歴史家R・J・エヴァンズは、ワイマル共和国では一九三一年までに政治的決定の場が国会から「別のところ」へ移ったと指摘している。[*17] 一つには大統領官邸であり、大統領緊急令を用いた権威主義的な政治の展開である。もう一つは街頭であり、政治的世論が街頭に集う不特定多数の人びとへの訴えかけによって形成される「街頭政治」の全面化である。後者においては、左翼に対抗可能な右翼大衆政党であるナチ党の台頭と世界恐慌下の政治的急進化の中で、街頭では政治的に敵対する組織の衝突が急増していくことになる。

ここで、あらためて三つの点を確認しておこう。

第一に、一九二四年以降、政治的暴力が体制転覆志向型暴力から党派対立型暴力へと転換したことである。それは私的な暴力となって市中化し、公権力による監視と抑制の対象となった。同時に、暴力は小規模化し、死者数は減少したが、秩序維持の点から、治安当局は市中で発生する政治的暴力をすでに一九二〇年代半ばには危険視していた。

第二に、相対的安定期の後半には党派対立型暴力の一方の担い手が右翼諸党派からナチスへと変化し、「ナチス対共産党」の構図が明確化したことである。ベルリンでは、ゲッベルスの登場後、共産党の牙城である労働者地区へのナチスの侵入が活発化した。

第三に、一九三二年七月の「プロイセン・クーデター」までは、社会民主党など共和国擁護派がプロイセンやベルリンの治安機関の上層を占めていたことである。これは、治安当局が左翼のみならず右翼にも目を光らせていたことを意味する。

こうしてナチスと共産党の間の激しい暴力的対立に、共和国擁護派がトップを務める治安当局が絡みながら、一九三〇年代初頭になると政治的暴力が頻発化することになる。以下では、ベルリン（およびプロイセン）を中心に、この時期（一九三〇年〜三二年夏）の政治的暴力の状況を眺めてみよう。

## 一九三〇年代初頭のベルリンとナチスの成長

一九二〇年一〇月に周辺自治体を合併して「大ベルリン」となったベルリンは人口四〇〇万人を超えるドイツ最大の都市であり、ヨーロッパでもロンドン、パリ、ウィーンと並ぶ大都市《メトロポール》であった（巻末地図②）。他の大都市と比べて、ベルリンを構成する二〇市区は社会的混住の度合いが高かったが、大きく見れば、市の西側に高級住宅街やブルジョア地区が広がる一方、プロレタリア的色彩の濃い地区は東側に集まっていた。また、ブルジョア地区にも労働者の比率が高い「飛び地」が存在していた。

すでに触れたように、第一次世界大戦前から社会主義勢力の牙城だったベルリンでは、ワイマル期でも左翼陣営の得票率が常に五〇％を超えていた。ただし、社会民主党の分裂とドイツ共産党の創設で、社会主義陣営内では穏健派と急進派が対立を深め、一九二九年の「血のメーデー」の結果、その対立は架橋できない状態となっていた。そうした中、三〇年代に入ると、共産党への支持が社会民主党を上回るようになっていく。

左翼陣営内のライバル政党の争いの上に、労働者志向の強いナチ党が勢力を伸長させたことで状況は複雑化した。ベルリンにおいて、ナチ党は一九三〇年九月の国会選挙で一四・六％、一九三二年七月の国会選挙で二八・六％の得票率を記録し、共産党や社会民主党に肩を並べた。三〇年代初頭のベルリンでは、ナチ党、共産党、社会民主党が三つ巴《みどもえ》の闘いを展開する「一種の三党体制」[*18]が形成されたのである。歴史家D・シュミーヒェン＝アッカーマンは「赤いベルリン」の神話が「現実とはかけ離れた願望的イメージ」になったと指摘している。[*19]

## 暴力のダブルバインド――左右両翼の急進化

すでに一九二九年後半には、ドイツの治安状況は明らかな変化の兆しを見せていた。同年一二月に、共和国内相ゼーヴェリング（社会民主党）は以下のように述べている。

共和国保護法の失効〔注：一九二九年七月〕以降、ドイツのどこかで、たいていは複数の場所で、政敵を銃撃したり、殴打したり、刺傷したりせずに一日が過ぎることはほとんどない。国民の治安状況は嘆かわしいほどのどん底に達し、日々さらに落ち込んでいる。[*20]

そうした状況の元凶がナチスと共産党であり、互いを明確な敵として認識していた。一九二九年九月一六日付の警察報告は、ベルリンSAの会議の様子を次のように書き留めている。「極秘の報告によると、退役大尉ヴァルター・シュテンネスが一九二九年九月五日に行われたSA指導者会議の折に、今こそ『赤色テロ』を粉砕する時で、SAは攻勢に移らなければならないと発言した[*21]」。別の警察報告（九月九日付）は、共産党の反ファシスト集会での以下の発言を記録している。「ファシストたちがベルリンで勝利することは決してあってはならない。イデオロギー闘争と並んで、ファシストたちを活発な防衛組織を通じて街頭から徹底的に排除しなければならない[*22]」。さらに一九三〇年一月にも、警察は共産党の急進化について、以下のように報告している。

先日開催された共産党の幹部会議の折に、ナチスの行動に対して断固たる措置を講じなければならないことがあらためて強調された。どんなことがあってもナチスを街頭から遠ざけなければならないという。そして、「ファシストを見つけたら叩きのめせ」という党のスローガンが実際に実行されるべきとされた。[*23]

共産党はこの「ファシストを見つけたら叩きのめせ」というスローガンを一九二〇年代前半から唱えていたが、当初は主として鉄兜団を想定していた。しかし、今やそのターゲットがはっきりナチスとなったのである。

この時期のベルリンでは、ナチスの集会の多くが労働者地区で開催されており、この地区での街頭行進やプロパガンダ走行も頻繁に実施されていた。ナチスのこの戦術を担ったベルリンSAの隊員数は一九三〇年代のナチスの急成長と並行して急増し、三〇年春には三〇〇〇名を超え、三二年初頭には一万八八〇〇名、同年夏には二万二〇〇〇名となった。ベルリンのSA隊員の五〇％以上が労働者であり、「失業者」（全隊員の六〇～七〇％）と「若者」（全隊員の六〇％以上が二五歳以下）を特徴とする組織であった。

SAの急成長と労働者地区への侵入の本格化は、そこを牙城とする共産党の敵愾心《てきがいしん》を刺激し、ベルリンの治安状況を悪化させた。その結果、一九三〇年代初頭のベルリンでは、一つの暴力が新たな暴力を招く「一種のルーティン」[*24]が生じた。こうした暴力の習慣化は、社会学者N・エリアスが指摘する「暴力のダブルバインド」である。彼の説明を引用してみよう。

別の集団に対するある集団の暴力は別の集団の暴力を呼び起こす公算が非常に大きい……二番目の集団の暴力行為は多くの場合、最初の集団によるさらに大きな暴力行為を引き起こす。こうしたダブルバインドの過程がいったん始まると、多くの場合もう止めようがなくなって勝手に進行し始める。過程を作り出している敵対する人々や集団を超えて、その過程は自動的に進行し、多くの場合ますますエスカレートして激しくなって、両方の集団が相手側の暴力行為を恐れるあまり、自ら暴力で相手を倒そうとせざるをえなくなるのである。[*25]

それは、共和国の不安定さの中で、暴力で状況を変えられるという誤った信念が社会に浸透した表れでもあった。この時期、国家による暴力独占の下で明確なはずの「正当で合法的な暴力」と「不当で非合法的な暴力」の境界は曖昧になり、左翼であれ右翼であれ、まるで自らの権利であるかのように暴力を行使していくのである。

## ベルリンSAと「シュテンネス反乱」

一九三〇年一月、ベルリンＳＡの中隊長ホルスト・ヴェッセルが共産党員に銃撃された事件は、ナチス・SAと共産党の間の緊張を高め、「暴力のダブルバインド」が進行する一つのきっかけとなった。事件の動機は複雑で、表面上は非政治的な金銭トラブルであったが、背後には共産党員のナチスに対する鬱積した憎しみが隠れていた。まだ一〇代だった一九二六年にベルリンSAに加入したヴェッセルは、労働者地区フリードリヒスハインのSA第三四中隊長や集会演説者として共産党員との抗争に関与し、共産党の憎悪の的となっていた。一九三〇年一月一四日の夜、ヴェッセルとの家賃トラブルの相談を家主から受けた共産党員たちが彼のアパートを訪ね、ドアが開いた瞬間にヴェッセルに向けて発砲した。その日の午前中にナチスとの衝突で共産党員一名が銃撃されたことへの報復であったとも言われる。

ホルスト・ヴェッセル
［BA, Bild 146-1978-043-14］

ヴェッセルは六週間ほど治療を受けたが、二月二三日に死亡した。その死はゲッベルスによって利用され、「英雄の死」としてナチスのメディアで喧伝された（ヴェッセルが作詞した「隊旗を高く《ディ・ファーネ・ホッホ》」は後に「ホルスト・ヴェッセルの歌」としてナチスの党歌となり、ナチ体制下では第二の国歌にまで祭り上げられている）。ヴェッセル襲撃は、ベルリンにおけるSAと共産党の対立を尖鋭化させる一因となった。

さらに、一九三〇年九月の国会選挙でのナチスの躍進により、ベルリンでの政治的闘争の危機は一気に高まった。一〇月一三日の国会召集日、戦闘的な制服で登場した一〇七名のナチ党議員が議場を騒然とさせる一方、国会の外では、議事堂近辺に集まったナチ党員や鉄兜団員が警察の制止も聞かず投石やシュプレヒコール、さらに暴行といった狼藉《ろうぜき》を繰り返し、約一〇〇名が連行される事態となった。こうした国会内外でのナチスの振る舞いは、民主主義の機能不全と街頭の無秩序化を十分に予見させるものであった。この日、ケスラーは日記にこう綴っている。

国会の初日。午後いっぱい、そして夜に至ってもなお、大量のナチスの群れがデモを続ける。午後、ライプツィヒ街ではヴェルトハイムやグリューンフェルトなどの百貨店の窓ガラスが割られた。夜になってポツダム広場で集会を行い、「ドイツよ、目覚めよ」「ユダよ、くたばれ」「万歳《ハイル》、万歳《ハイル》」といった叫び声があがり、トラックや騎馬でパトロールする公安警察にひっきりなしに追い散らされていた。……こうした馬鹿げた愚行悪行には吐き気をもよおす。[*26]

他方で、すでに二〇年代から共産党との暴力的衝突を繰り返していたSAは、ゲッベルスでも抑えきれないような戦闘性・急進性を帯び、それが合法路線を標榜するナチ党指導部との軋《あつ》轢《れき》も生んでいた。とりわけベルリンでの両者の溝は深く、一九三〇年後半から翌年にかけてナチ党指導部に対するSAの反乱、いわゆる「シュテンネス反乱」を引き起こすことになった。

一九三〇年九月の国会選挙での候補者問題で、ベルリンに本拠を置く東部ドイツSAの指導者ヴァルター・シュテンネスは候補者リストの半数をSA隊員にすることを要求し、それが拒否されると、八月末に党指導部に反旗を翻した。この動きの背後には、ヒトラーと対立したSA最高指導者プフェッファー辞任への不満、失業者を多く抱えるSAの経済的困窮（「褐色の館」と呼ばれた、ミュンヘン党本部のための豪華な邸宅購入への反発）、ベルリン（プロイセン）の反バイエルン意識、党の合法路線とSAの戦闘性との緊張関係などが複雑に絡み合っていた。SAによるベルリン大管区事務所の占拠にまで至った事態は、ヒトラーがベルリンに乗り込んでSAを説得し、資金援助の増額とヒトラー自らのSA最高指導者への就任でひとまず落ち着いた。

しかし、一九三一年一月にヒトラーと気脈を通じるエルンスト・レームがSA幕僚長に就任し、ヒトラーとともに、SAに対する統制を目的とする組織再編に乗り出すと、ベルリンSAと党指導部との関係が再び緊迫した。ゲッベルスが一九三一年三月二八日付の日記で「SA内でまた怪しげな動きだ。シュテンネスはおとなしくしていない」[*27]と記したように、シュテンネス一派は再び大管区指導部などを占拠し、ヒトラーへの服従を拒否した。これに対して、ヒトラーは即座に対応し、四月一日にシュテンネスやその取り巻きに対して除名措置をとった。政治的な才を欠くシュテンネスに追従する者は少なく、結局、事態は党に大きなダメージを出すこともなく収拾された。

その後、ヒトラーはSAに対する指導権を確立し、党指導部のSAに対する優位が強まるとともに、表向きには合法路線が堅持されることになった。一方、ナチスのさらなる勢力拡大の中で政敵との暴力的対立は激しさを増していくことになる。

## 政治的暴力の発生状況

左右両翼の政党間の政治的暴力は、どのような規模で展開していたのであろうか。ここで、残された史料から統計的な数字を確認してみることにしよう。

プロイセン内務省の記録によると、プロイセン全体では一九三一年に政治的暴力により一〇五名が死亡し、五二二三名が重軽傷を負っている。このうち、ベルリンでの死者は一八名、重軽傷者数は四一七名であった。プロイセンの死者一〇五名の内訳を見てみると、ナチス五一名、鉄兜団六名、国旗団七名、共産党四一名である。負傷者では、ナチス二八七六名、鉄兜団四八五名、国旗団一〇九五名、共産党七六七名である。さらに、この暴力沙汰の被疑者六五八〇名の内訳を見てみると、ナチス一八四一名、鉄兜団二六二名、国旗団一二四〇名、共産党三〇六二名、その他が一七五名である。その中には、自陣営内での暴力沙汰も散見される（例えば、ナチ党員がナチ党員に暴行して検挙されたケースが二三件発生している）。

さらに一九三二年上半期だけで、プロイセン全体では半年で八六名が死亡し、四四三三名が重軽傷を負っている。このうち、ベルリンでの死者は一四名、負傷者は六三八名であった。プロイセンの死者八六名の内訳は、ナチス三八名、鉄兜団一名、国旗団五名、共産党四二名であり、負傷者はナチス二五八五名、鉄兜団一二八名、国旗団一〇五三名、共産党六六七名である。プロイセンでの被疑者は六五五五名であり、その内訳はナチス二九〇六名、鉄兜団三二名、国旗団八七八名、共産党二五六八名、その他が一七一名である。

国会選挙が行われた一九三二年七月には、プロイセン全体で政治的暴力の死者数が一気に増大し、ある統計では、ひと月の死者数が八六名（ナチス三八名、共産党二八名、社会民主党・国旗団六名、その他一四名）と報告されている。総合して見ると、一九三二年の一年間で、プロイセン州では一六〇〜一七〇名が政治的暴力で落命し、その半数が七月に集中していたことになる。

以上の数字からは、主要なパラミリタリー組織がすべて政治的暴力に関わっていたことが明らかになると同時に、ナチスの成長に比例して政治的暴力も増加の一途をたどっていたこと、その中心がナチスと共産党であったこともはっきりと読み取ることができる。

もう一つ注目すべきは、一九三二年六月一四日のＳＡ禁止令廃止前後での政治的暴力の犠牲者数の変化である。プロイセン全体では、六月一日から一四日までの二週間で死者二名、負傷者八名だったのに対して、六月一五日から二八日までの二週間では死者二五名、負傷者二〇三名と急増している。

しかも、この時期には銃器を用いた襲撃が常態化していた。警察が作成した一九三二年六月二〇日から七月六日の間にベルリンで発生した銃撃事件の一覧には、自動車やバイクから政敵に向けて行われた発砲や敵対者どうしの銃撃戦など三五件（死者三名、負傷者は少なくとも三七名）が挙げられており、このうち八件で共産党側、一九件でナチス側が被疑者とされ、八件は被疑者不明であった。

一九三二年六月三〇日付で出されたベルリン警察本部の通達には、こうした状況への危機感が溢れていた。「政治的衝突や襲撃——背後からの卑劣な銃の使用も——この数日において耐えがたい規模になっている」[*28]。こうして、序章で紹介した状況、すなわちほぼ毎日、市内のどこかで政治的暴力が発生する状況が生まれたのである。

## 政治的暴力の発生パターン

警察や検察、あるいは内務省の報告書には、一九三〇年代初頭のプロイセンやベルリンでのおびただしい数の事件が記録されている。その一つ一つに目を通していくと、この時期の政治的暴力の発生パターンが浮かび上がってくる。

まず、共和国中期と同様に、政敵の集会に参加して乱闘を引き起こすパターンや、街頭でのプロパガンダ活動の際に襲撃や衝突が発生するパターンである。

前者に関しては、政敵の集会への乱入や妨害の他に、討論を目的として自分たちの集会に政敵を「招待」し、そこで乱闘に至るケースも見られた。一九三〇年六月二七日にベルリンの労働者地区フリードリヒスハインで行われたナチスの集会では、招待された共産党員ヴァルター・ウルブリヒトの演説直後にナチ党員と共産党員の間の怒鳴り合いから激しい乱闘に至り、多数の負傷者を出している。一九三二年五月三一日のフリードリヒスハインでの共産党集会には逆にナチ党員が招待されたが、やはり激しい乱闘が発生している。

集会で発生する暴力沙汰に警察が介入する事例は年を追うごとに増加し、プロイセン全体では三一八件（二八年）、五七九件（二九年）、二四九四件（三〇年）、二九〇四件（三一年）、五二九六件（三二年）であった。一九三二年の五二九六件のうち、ベルリンの事例が三二七三件である。集会を妨害した側・された側いずれにおいてもナチスと共産党の数字が突出している。

後者に関しては、特に労働者地区の街頭で政敵の活動が行われた場合、かなりの確率で乱闘が発生していた。例えば、一九三一年二月二二日午前五時頃、ノイケルンでナチスの新聞のサンプルを各家へ配っていたナチ党員四〇～五〇名をナイフや拳鍔《シュラークリング》で武装した共産党員二〇~三〇名が襲撃し、新聞を奪い取っている。同じくノイケルンでは、一九三二年二月二一日午前七時頃にも、家々にビラを配布しているナチ党員約二五名に対して、約二〇〇名の共産党員が襲いかかり、逃げ遅れたナチ党員三名が打撃武器で殴られて負傷している。

また、集会や行進から帰宅する途中で襲撃や衝突が発生するのも中期と同様であった。一九三〇年八月一日二三時頃、シュテークリッツで行われた共産党のデモ行進の終了後に帰宅していた共産党員七名が武装したナチ党員二五~三〇名に暴行されて重軽傷を負っている。一九三一年一二月九日にはシュパンダウで酒場帰りのナチ党員三名が共産党員約二〇名に襲撃されて負傷し、三二年七月二三日にはシェーネベルクでの集会から帰る共産党員がSA隊員に襲撃され、乱闘に至っている。

こうした事態を警戒して護衛をつけたり、大勢の集団で帰宅すると、かえって目立って襲撃のターゲットになることも多かった。一九三一年一一月二七日、ミッテでのナチスの集会に出席した銀行員をナチ党員五名が自宅まで護衛している途中、共産党員五名に襲撃され、発砲によりナチス側二名が負傷している。一九三二年八月三日には、共産党の牙城であるヴェディングのゲンター通りをSA隊員一名が一五名の護衛付きで帰宅している途中、共産党員に罵倒されて乱闘に発展し、SA隊員二名がナイフで刺されている。

一九三〇年代初頭の政治的暴力では、相手の拠点(酒場など)への襲撃やその付近での衝突が急増している点が目を引く。これは、この時期にナチスが共産党を模倣する形で自らの酒場を次々と設置したことに起因しているが、この点については次章で触れることにしよう。

## 警察の事件報告から――政治的暴力の様子

文書館に残された公文書には、政治的暴力の様子が詳細に描写されている。ここで、ナチスと共産党の衝突を扱った二つの警察報告を眺めてみることにしよう。少し長い引用になるが、そこからこの時期の政治的暴力の雰囲気が感じられるはずである。

まず、シャルロッテンブルクでＳＡ隊員が共産党員を襲撃した事例である。

一九三一年一二月九日、シャルロッテンブルクのベルリン通り八八番地のアーレルツ式場において共産党の集会が開催された。同じ頃、シャルロッテンブルクのベルリン通り九二番地のナチ党事務所では、当地で有名なハンス・マイコフスキの主催で第三三中隊の「中隊の夕べ《シユトウルムアーベント》」が開催されていた。この中隊の夕べの主催者は、約三〇名のそこに集まった参加者たちに対して、その晩、街頭でデモを行うように命じた。この命令にＳＡ隊員の一部が従い、彼らは四～五名の小部隊でポツダム通りとダンケルマン通りの角へと移動し、そこでデモを行うことになった。ここで、マイコフスキは中隊を整列させ、「隊旗を高く」

を歌いながらポツダム通りを行進した。ネーリング通りでマイコフスキは演説を行い、こう語った。「警察が禁止しても、われわれは街頭を征服する」。ナチ党事務所周辺でSA隊員を監視するために派遣されたらしい共産党側の自転車連絡員が軍隊調で出発するSA隊員に気づき、即座にベルリン通り八八番地のアーレルツ式場で開かれていた共産党集会に伝えた。集会場をすでに離れていた集会参加者の一部はこの後、ネーリング通り方面へローマイヤー通りを進んだ。というのも、彼らはネーリング通りにある彼らの地区の常連酒場が襲撃されるかもしれないと考えていたからである。ベルリン通りとローマイヤー通りの角で四、五名のナチ党員が集会から帰る者たちと出くわした。「こっちは三三中隊だ」やその他の似たような叫び声の中で、ナチ党員側から四、五発の発砲があり、その後、集会参加者の大部分が引き返した。逃げる者に向かって、さらに数発が撃ち込まれた。ここで、三名が負傷した。一名は病院搬送後すぐに死亡した。容疑者としてナチスの第三三中隊に所属する四名が逮捕された。……共犯容疑が明白なマイコフスキは姿を隠し、これまでのところまだ逮捕されていない。[*29]

次に、共産党とナチ党員の間で発生した銃撃戦の様子を見てみよう。発生場所は「フィッシャーキーツ」と呼ばれる労働者地区（北部が「博物館島」として知られるシュプレー川の中洲の南部分）である。

一九三二年六月二三日二一時五〇分頃、フィッシャー通りで共産党とナチスの党員間で銃撃戦が発生し、後で発見された薬莢《やっきょう》から確認するところでは、一五発の実弾が発射された。ナチ党員たちが第一三警察管区からやってきて、インゼルブリュッケを渡り、フィッシャー通りを通り抜けていたところ、おそらくはホッペの酒場とヌスバウムの酒場、そしていくつかの住宅から銃撃を受けたようである。共産党員たちは発砲を否認しており、ナチ党員も同様である。銃撃戦の際に、非常に悪名高い共産党員の弟ヘルムート・ゼルテンが大腿《だいたい》部にひどい銃撃を受け、大動脈を損傷した。ゼルテンは消防により大学病院に搬送された。さらに、二名の共産党員、三五歳の労働者アルトゥール・パニアが中足骨部を、二二歳のエルンスト・プリーファーが肺、上腕部、下腿《かたい》部を撃ち抜かれ、何者かによりベルハニエン病院に運ばれた。プリーファーの傷は生命に関わるとのことである。平穏が取り戻された後、引き続きホッペの酒場とヌスバウムの酒場の家宅捜索がその場に残った署員と機動隊員によって行われた。著名な共産党員が住むフィッシャー通りの個別の住宅も捜索された。ヌスバウムの酒場では、ピストル用弾倉一つ、ピストルの弾丸一二発、カービン銃一丁が発見された。さらに、いくつかの住宅で、打撃武器が見つかった。通りでは、第一四署員が、特にフィッシャー通り二〇及び二五番地の住宅前で一五個の薬莢を発見した。……銃撃戦の直後に、共産党員一五名、ナチ党員二六名を逮捕し、第I局［注：政治警察のこと］に移送した。[*30]

二つの事件はいずれも銃器を用いた凶悪な事例である。前者は、極めて凶暴と言われたシャルロッテンブルクのSA第三三中隊から共産党員への一方的な襲撃である。後者では結果として共産党側に三名の負傷者が出ているが、事の発端は共産党からナチスへの銃撃であり、「敵」がフィッシャーキーツ内に入ると同時に酒場や住宅からの発砲が行われた。これに対してナチスも銃で応戦しており、街頭を移動する際に銃器の携行が常態化していたことをうかがわせる。

## 「ささやかな暴力」――治安問題としての政治的暴力

銃器まで用いて政敵を攻撃する姿勢は、「政治」の範囲を完全に逸脱した行為であった。こうした容赦のない対立を、ケスラーは非妥協的な宗教戦争にたとえ、上記のフィッシャーキーツの事件の四日後、六月二七日付の日記にこう記している。

二つの急進的な運動（共産党とナチス）の間で行われている闘争は、一八世紀や一九世紀の政治闘争よりも、一六世紀や一七世紀にドイツ、フランス、イギリスの間で行われた宗教戦争とはるかに内面的に類似している。政治闘争の場合は妥協点を探ることが狙いであるのに対し、宗教戦争には妥協がない。二つの世界観の敵意むき出しの武力対決である。それゆえ現在の争いにも敵意と憎悪しかない。*31

一九二〇年代半ばに市中化した政治的暴力は、一九三〇年代初頭には毎日どこかで発生するほど頻発化した。それは、確かに不倶戴天《ふぐたいてん》の敵どうしの仁義なき「宗教戦争」だった。

他方で、相対的安定期（中期）から一貫していたのは、相手を殲滅するまで暴力を振るう意図が弱かった点である。暴力による死者は出ていたが、その数は前期の体制転覆志向型暴力に比べると圧倒的に少なく、その点でシューマンの言う「ささやかな暴力」は共和国後期にも妥当していた。政治的暴力は体制問題から治安問題へと変化し、後者の範疇《はんちゅう》で「絶え間のない徒党間抗争《バンデンクリーク》」*32が繰り返されたのである。

## 三　武器の市中氾濫

### 武器の携帯・使用の日常化

政治的暴力への関与者たちは、決して素手で殴り合っていたわけではない。彼らはナイフ、拳鍔、棍棒、ステッキ、鞭《むち》、そして銃器まで、さまざまな武器を手に街頭へ繰り出していた。すでに一九二九年一二月の段階で、ベルリン保安警察司令は「このところ、共産党系組織とナチスのメンバーの間の対立が尖鋭化し、ほぼ毎日、衝突が――大部分では武器や武器に似た道具が用いられて――発生している」[*33]と報告している。

当然のことであるが、当局は武器の所有や携帯について法的規制をかけていた。一九二八年四月には「銃器および弾薬類に関する法律」（銃器法）が制定され、銃器の流通・所有の管理と無資格所有の取り締まりが厳格化されている。この法律は銃器・弾薬類の製造・加工・販売について当局による許可を義務づけ、武器の携行には「武器許可証《ヴァッフェンシャイン》」の携帯が必要となった。その後、この法律をさらに発展させる形で、一九三一年三月二八日に国会で「武器濫用対策法」が可決されている。同法では、警察官や許可を得た者を除いて、自宅や店舗あるいは安全な私有地以外で武器を携行する者への処罰が規定されており、公共空間での武器所持に対する、より厳格な姿勢が反映されていた。

しかし、そうした法的規制の効果もないまま、市中には武器が氾濫し、政治的暴力の中で使用されていった。一九三一年一月に発生した政治的暴力事件（ベルリンの酒場でナチ党員と共産党員が口論になり、ナチ党員の銃撃で共産党員一名が負傷）の判決文は、次のように述べている。

量刑の際に考慮されるべきは、無資格の武器の携行とそこから容易に生じる銃の悪用がここ数年で恐ろしく増大したことである。ほとんど毎日、新聞には何らかの、それ自体は取るに足らないような言い争い、たいていは政治的な類のものが銃撃事件で終わったという記事が掲載されている。……無資格の武器の携帯と銃の悪用は公共の危険である。[*34]

武器使用に対する当局の認識は、一九三二年夏にはさらに厳しいものとなった。この頃の街頭では、各党派による銃器の携帯が常態化していた。

## 各党派の武装化と武器の入手

治安当局は共産党やナチスの武装化について注視していた。一九三一年一一月にプロイセン内務省が公表した報告書は、ナチスの武装化に関してこう指摘している。

ナチ党はメンバーたちに違法な武器を所有させている。……警察が集会参加者や党酒場などを捜査した結果によると、打撃武器と並んで、多数の拳銃が所持されており、個々の武器は当該者が自己責任で入手・携行していた。……こうした大規模な組織の全般的で計画的な武装が昨今の状況において……決して実行可能であってはならない。[*35]

SAは表向きには武器の携行を禁じていたが、実際のところ武器を用いた暴力沙汰を繰り返していた。プロイセン内務省は一九二九年のある報告書の中で「ナチスの暴力行為からはっきり認識できるのは、多くの事例で銃器、打撃・刀剣武器といった危険な道具を使用していることである[*36]」と述べている。さらに、ナチスも共産党も当局の目を盗みながら、非合法で武器の使用訓練を繰り返しており、例えば一九三二年九月に出された共産党の方針では「軍事技術的訓練」の中に「拳銃（自動装填式、モーゼルなど）、手榴弾、九八式小銃、カービン銃、自動小銃、機関銃に関する訓練[*37]」が含まれていた。

それにしても、厳しい法的規制の下で、どのようにして武器の入手が可能だったのだろうか。この点に関しては、残された史料からの裏づけが難しく、不明な点が多い。断片的な史料を合わせてみると、共産党の場合、さまざまなルートからの購入の他に、銃器店や住居への侵入による窃盗と密輸、鉱山や採石場からの爆発物の持ち出しなどが入手方法であった。ナチスの武器調達に関しては、警察側の史料にはほとんど登場しないが、第一次世界大戦後の混乱の中で軍や義勇軍から市中に流出したことを示唆する史料が残されている。

いずれにしても、売買、密輸、軍からの流出、武器店・武器庫からの窃盗など、各党派が武器を入手する非合法的な手段やルートが存在していたことは確かであろう。

### 武器の押収状況

一九三〇年代初頭に政治的暴力が増加するにつれて、当局が武器を押収する機会も増えていったが、それには大きく分けて三つのパターンが存在していた。すなわち、①集会や行進の際の警察による武器検査、②政治的暴力が発生した際の武器検査やその後の捜査、③個人の住宅や酒場に対する家宅捜索である。ベルリンでの武器の押収事例をいくつか挙げてみよう。

①一九三〇年一月一〇日のフリードリヒスハインでの共産党集会で、回転式拳銃四点、自動式拳銃二点、オルトギース拳銃二点、威嚇射撃用拳銃二点、小型拳銃二点、拳鍔八点、短刀六点、固定式ナイフ一点、ポケット(折り畳み式)ナイフ五点、鋼鉄製鞭五点、約三〇センチメ

ートルのボルト一点、ゴム製棍棒四点、回転式拳銃用銃弾二二発、自動式拳銃用銃弾二七発、約一〇〇発のフローベール弾入りの箱一点が押収される。

②一九三〇年一月二三日のフリードリヒスハインでのナチスの集会で、所持品検査でワルサー拳銃二点(実弾二発入り)、七発入り弾倉一点、短刀二点、折り畳み式ナイフ一〇点、鋼鉄製鞭五点、拳鍔一九点、ワイヤーロープ一点、ゴム管二点、金属を取りつけたハンマーの柄一点が押収される。

③一九三一年一一月九日、ティアガルテンの共産党の酒場を見張っていたナチ党員が警察の職務質問で逃走したが、途中で投げ捨てたトランクから拳銃三点と銃弾二八発が押収される。すべての拳銃には実弾が装填されて安全装置がかけられていた。

④一九三一年一二月二二日、リヒテンベルクでナチスの酒場を襲撃した共産党員のうち一人の自宅の家宅捜索で、自動式拳銃一点、ワルサー拳銃一点、オルトギース拳銃一点、アメリカ製回転式拳銃一点、銃弾二〇発が押収される。

⑤一九三二年七月一三日、リヒテンベルクのナチスの酒場および店主自宅への家宅捜索で、回転式拳銃三点、モーゼル拳銃二点、小口径拳銃一点、ドレイス拳銃一点、ベアード拳銃一点、ガス銃一点、銃剣一点、棍棒二点、弾倉二点、銃弾二五発、拳銃ケース二点が押収される。

⑥一九三二年八月一〇日、ティアガルテンの共産党の酒場への家宅捜索で拳銃一点、鋼鉄製鞭

一点、銃弾五発が装塡された弾倉一点などが押収される。

警察報告によると、一九三一年にベルリンで押収された武器の内訳は、銃器六四四点、打撃・刀剣武器一一七五点、手榴弾・手製弾薬類八〇点であり、銃弾は一万五〇〇〇発近くに及んでいる。プロイセンの他地域での事例には、ナチ党員宅から六〇〇〇発以上の銃弾が発見されたケースや、SAの武器庫らしき場所から二六点の銃器が発見されたケースも含まれていた。こうした事例が氷山の一角に過ぎなかったことを思えば、共和国末期には無数の武器が市中に氾濫していたと言っても過言ではないだろう。

## 四　大統領緊急令と政治的暴力

### 政治的暴力阻止の方策

武器を用いた内戦のような状況に対して、当局が手をこまねいていたわけではない。共和国政府、プロイセン州政府、ベルリン市政府は法令によって、政治的暴力の蔓延《まんえん》を阻止しようと努めていた。これまで見てきたものを含めて、その方策は五つに大別される。

第一に、組織の禁止や解散命令である。具体的には、ナチ党（警視総監命令、ベルリン・ブランデンブルク地方のみ、一九二七年五月から一九二八年三月まで）、SA（大統領緊急令、一九三二年四月一三日から六月一四日まで）、RFB（共和国内相命令、一九二九年五月）への措置が挙げられる。

第二に、プロパガンダ活動の禁止である。一九三〇年一月にプロイセン内相グルジェジンスキ（社会民主党）がナチスや共産党の屋外集会や行進を、憲法が保障する「集会の自由」の濫用で、公共の安全にとっての直接的な危険だと断じたように、治安当局は集会や表現の自由を制限してでも公共空間での左右急進派のプロパガンダを抑え込もうとしていた。屋外集会や行進の制限・禁止命令は断続的に公布され、ベルリンでは一九二六年一一月から三三年一月までに通算で三二か月にわたり、街頭行進が禁止もしくは制限されていた。

第三に、シンボルの使用禁止である。中でも当局が最も神経をとがらせたのが、戦闘的な制服の着用であり、一九三〇年六月一一日にプロイセン内相によってナチスの制服着用が禁じられ、さらに三一年三月二八日および一二月八日の大統領緊急令により全国レベルで各党派の制服や徽章の着用が禁止されている。党旗に関しては一九三一年一〇月にベルリン警視総監が各党派の酒場に対して党旗の掲揚を禁ずる旨を通達している。

第四に、武器の規制・取り締まりである。前節で述べたように、この点については「銃器および弾薬類に関する法律」（一九二八年四月）や「武器濫用対策法」（一九三一年三月）が制定され、大統領緊急令でも同様の対策がとられていた。

最後に、政治的暴力の温床となっていた酒場に対する規制（営業時間の制限や閉店措置）であるが、これについては次章で触れることにしたい。

## プロイセン内相の対ナチス制服禁止令

政治的暴力の当事者に対する禁令の中で、ここではプロイセン州政府によるナチスの制服に対する規制をめぐる顚末を見てみよう。

一九三〇年六月一一日、プロイセン内相ハインリヒ・ヴェンティヒ（社会民主党）は、以下のようにナチスに対する制服禁止令を発した（一九三一年四月一〇日まで有効）。

公共の安寧、安全と秩序の維持のため、下部・補助・並列組織を含む国民社会主義ドイツ労働者党のいわゆる党制服の公共空間での着用は、プロイセン州に関して禁止される。制服に属するのは、以下のことがはっきりしているか、あるいは該当するものである。つまり、通常の市民の服装から逸脱して、上記の組織、とりわけいわゆる突撃隊、親衛隊およびヒトラー・ユーゲントへの所属を外見上示すもの、したがって特定の形態、色、裁断などにより上記の組織の特徴を示す服装や装備品（例えば、腕章）である。すべての警察当局に対して要請されるのは、この禁止をあらゆる警察的手段を用いて、場合によっては強制罰の命令や決定を用いてでも徹底的に実行することである。[*38]

この命令の意図は、プロパガンダ活動の効果を低下させること、そして乱闘の際の敵・味方の区別を困難にすることにあった。九月一九日には、ベルリン警察が命令の適用基準として「当該者が完全な制服を着用していなくても、着用している制服の一部がナチスへの所属を示すのに十分であれば、制服禁止令違反は成立する」[*39]との見解を示した。

しかし、実際には「何が制服や徽章に該当するのか」という根本的な問題が取り締まりを困難にし、警察とナチスの間に制服禁止をめぐる「シャツ・ズボン戦争」[*40]を引き起こした。警察側は「三名あるいはそれ以上の者が褐色ズボンをはいて一緒に公共の面前に現れると介入しなければならない」[*41]などの具体的基準を示していた。しかし、褐色のシャツが禁止されると、それに対抗するように、SAは上半身裸で街頭を行進、あるいは白シャツを着用した。SA隊員が徽章の代わりに袖の折り返し部分に共通のボタンや安全ピンをつけるようになると、それを取り締まるための議論が行われる「いたちごっこ」の状況に陥っていた。

## ブリューニング内閣期の大統領緊急令と政治的暴力

首都ベルリンでの政治的暴力の頻発化は、共和国の政治にも大きな影響を及ぼすことになった。ブリューニング内閣にとって、政治的暴力の抑止は重要な政策課題となり、一九三一年には政治的暴力に対応する大統領緊急令が立て続けに出されている。

その最初が三月二八日付の「政治的暴力行為の撲滅のための大統領令」であり、以下の点が規定された。すなわち、①集会・行進の事前届け出義務、集会の禁止条件および違反者に対する罰則規定、②プロパガンダのための車両走行の規定と違反への罰則、③無許可の銃携帯とそれを用いた他人の殺傷への処罰、④集会・行進の強制解散条件、⑤違法な団体の解散、⑥政治団体の制服・徽章の着用禁止、⑦治安・秩序にとって危険なポスター・ビラの警察による押収、⑧無届けのポスター・ビラを公表した者への罰則、⑨違法な印刷物の警察による押収である。

この緊急令は政治的暴力に特化して出されたものであったが、デフレ政策を規定した四回の緊急令にも、政治的暴力に関する項目が含まれている。一〇月六日付の「経済・財政の保全および政治的暴力行為の撲滅のための第三次大統領令」（全八部構成）では、第七部が「政治的暴力行為の撲滅」である。その内容は、①出所・属性を秘匿した政治的出版物（違法出版物）を作成・配布・保管した者への罰則、②禁止された定期刊行物の代替物の送付の禁止、③禁止された定期刊行物を作成・発行・印刷・配布した者への罰則、④国家を危険にさらす行為のための集合場所の閉鎖および武器類の押収、⑤武器を用いた不法行為への取り締まりとなっており、印刷物・出版物や武器、暴力の拠点への取り締まりに重点が置かれていた。このうち、④に関しては、人間や器物への暴力行為の起点・拠点となる場所、違法印刷物を作成・保管する場所、禁止されている行為を行う多数の者が寝泊りを行う場所が対象とされ、それが酒場・飲食店である場合には三か月までの営業許可の剝奪が可能となった（第五章第二節参照）。

ブリューニング内閣の緊急令の中で最も有名な一二月八日付の「経済・財政の保全および国内の平穏確保のための第四次大統領令」（全九部構成）では、第八部「国内の平和確保」が政治的暴力を対象としていた。その内容は、①武器（銃・弾薬類および刀剣類）の警察への届け出義務、②無許可での武器の売買の禁止と違反者への罰則、③政治団体への所属が分かる徽章あるいは統一的服装の自宅外での着用禁止、④他人への名誉棄損や政治闘争における煽動の増大による公的生活の有害化への対抗措置、⑤クリスマスの平穏確保のための措置（年末年始における政治集会・行進の禁止やポスター・ビラ・パンフレット類の公共空間での掲示・配布の禁止）である。

ここでも武器や制服・徽章への取り締まりが繰り返されているが、一年足らずのうちに同種の命令が繰り返される状況は、一連の緊急令の効果がほとんどなかったことを示している。歴史家P・E・スウェットが指摘するところでは、その理由は、これらの緊急令が「原因をほとんど理解することなく、ただ急進主義と対決しようとしていたから」[*42]であった。

さらに一九三二年四月一三日には、「国家の権威保全のための大統領令」、いわゆる「SA禁止令」が公布されたが、その内容は第一節で触れた通りである。

### 「諸刃《もろは》の剣」としての大統領緊急令

一九三二年六月一日に首相に任命されたパーペンは、ナチスとの政治的妥協の中で、前内閣の政策をことごとく覆していったが、政治的暴力に関する政策も例外ではなかった。一九三二年六月一四日の「政治的暴力行為に対する大統領令」がSA禁止令を含むブリューニング内閣期の対政治的暴力関連の大統領緊急令をすべて廃止したことで、SAは二か月の禁止期間を経て公共空間に再び登場することになった。その上、パーペン内閣は六月二八日付の緊急令で屋外集会や行進、あるいは制服着用の禁止条件を大幅に緩和し（実質的には撤廃）、各州が持つ禁止命令の決定権を共和国内相へと移管した。

こうした措置は、制服や徽章を身につけたSAの街頭行進を可能にし、政治的暴力を再び増加させることになった。歴史家C・ダムスは、SAの解禁により「潜在的な内戦危機を中期的に払いのける現実的なチャンスをつかみ損ねることになった」[*43]と指摘している。

もっとも、七月の街頭闘争の激化を受けて、パーペン内閣も政治的暴力の厳罰化を試みている。八月九日の「政治的テロ行為に対する大統領令」は「政治的理由での襲撃による殺害に対する死刑適用」を導入し、銃を用いた暴力行為や警官に対する暴力行為、爆発物犯罪などへの厳しい措置を規定した。これが、この直後（八月一〇日）に発生する「ポテンパ事件」（東シュレジエンのポテンパで共産党員一名がSA隊員に惨殺された事件）で適用され、被告であるSA隊員五名への死刑判決に対するヒトラーの激しい反発を招くことになる。

確かに、一連の大統領緊急令はドイツ全土に適用され、政治的暴力を取り締まる法的根拠として機能した。しかしながら、こうした形での暴力抑止の試みは「諸刃の剣」であった。共和国の政治的安定を動揺させる首都の治安悪化を抑え込み、内戦状況を沈静化させるという意図があったにせよ、非常手段である大統領緊急令が街頭での暴力を抑え込むための「正常」な手段になっていく状況は、ワイマル民主主義の空洞化を進める副作用も伴っていたのである。

市中化・頻発化した党派対立型暴力は、暴力的に体制を転覆させたり、体制に打撃を与えたりしようとするものではなかった。しかし、首都を舞台に内戦のような状況が広がり、国会の第一党と第三党が議会外で暴力を用いて争う現実を前に、議会政治の麻痺は避けられなかった。

街頭闘争の活発化とそれに対抗する大統領緊急令統治の狭間《はざま》で、ワイマル共和国の議会制民主主義は危機を迎えることになる。

# 第五章　日常化する政治的暴力

## 一　近隣社会と政治的暴力

### 政治的暴力の社会史——草の根レベルでの政治的暴力

ワイマル共和国前期の政治的暴力は、一方で体制（公権力）、もう一方でその転覆を目論む左右両翼勢力が当事者となり、国家レベルで政治を揺るがす非日常的な性格を持っていた（第一章参照）。これに対して、一九二四年頃から政治的暴力は党派間の争いへと変化し、街中の至る所で日々発生する「ささやかな暴力」となった。こうした暴力は「ふつうの人びと」を担い手とする「社会史」として叙述されることになるが、その研究の起源は一九八〇年代初頭まで遡る。この時期に、各党派の組織構造や指導者層の動向を扱う政治史を越えて、日常の中で発生していた政治的暴力を掘り起こす研究が登場した。

その先鞭《せんべん》をつけた一人であるE・ローゼンハフトは、社会の末端レベルで共産党とナチスの間の闘争を明らかにする必要を強調している。というのも、暴力の潜在性はワイマル期の社会全体が抱えていた問題であり、地域の政治的日常の中でそれが維持されていたと考えるからである。このため、ローゼンハフトは「近隣社会」を単位として、そこでの人びとのつながりと政治的暴力の関係を分析した。[*1]

もう一つの重要な研究を紹介しておこう。P・E・スウェットも、ベルリンを事例に共和国の政治史と地域レベルの政治的暴力を結びつけようと試みた一人である。彼女は共和国後期の政治的暴力が「地域内暴力《ローカル・ヴァイオレンス》」であった点に着目し、そうした暴力が地域内での政治的党派による「縄張り争い」の性格を持っていたと主張し、こう述べている。「このような対立は日時に関係なく発生し、阻止することは不可能であった。……それはまた、攻撃と反撃の連鎖に終わりを見ることができないベルリン市民に混乱を招いていた」。[*2]

こうした指摘を踏まえ、本章では、社会の末端（ベルリンの労働者地区）へと視線を移し、党派対立型暴力の様子を眺めてみることにしよう。

## 縄張り意識――「この通りは俺たちのものだ」

ベルリンの主たる労働者地区は市の中心から東側に位置しており、ヴェディング、ノイケルン、クロイツベルク、フリードリヒスハイン、ミッテなどがその典型であった（巻末地図②）。

老朽化した建物が密集する労働者地区の生活環境は劣悪であり、人口密度や犯罪発生率の高さ、ひどい衛生環境が特徴的であった。一九三〇年のある報告によると、ヴェディングの労働者地区では家屋は朽ち果て、ほとんどの世帯で暖房がなく、約九〇％の世帯で浴室、半数の世帯で便所がなかった。この地区の労働者たちは現状の変革を訴える共産党を支持しており、そこは共産党が最も高い得票率を記録する「共産党の御料地」となった。[*3]

こうした労働者人口の多い貧困地区は、当時「キーッ」と呼ばれていた。キーッとは、独自の習慣や生活態度を持ち、住民の帰属意識や忠誠心が極めて高い街区であり、住民の大半は共産党の影響下にあった。そこには、労働者たちの老朽化した住宅、彼らが常連となる酒場、そして日々往来する通りや広場が一体化した景観が広がり、時に暴力的な若者集団や犯罪シンジケートが跋扈《ばっこ》して、ほとんど無法地帯と化していた。

キーッで発生する政治的暴力の動機は、政治的な目標追求やイデオロギー対立にとどまらず、利害対立や個人的な金銭トラブル、怨恨、復讐《ふくしゅう》、単なるフラストレーションのはけ口などさまざまであった。しかし、住民たちにとって何より重要だったのは、侵入してくる「敵」に対して自分たちの街区（＝縄張り）を守り通すことであった。この「縄張り主義《テリトリアリズム》」がベルリンの草の根レベルでの政治的街頭闘争を特徴づけていた。一九三〇年代初頭まで安定していたキーッの秩序はナチスの侵入、さらには地区内でのナチスへの転向者の出現により不安定化し、それが暴力という形で発現することになる。

キーッの住民たちの「縄張り意識」は、当時の警察報告からも読み取ることができる。例えば、一九三二年五月にクロイツベルクのアレクサンドリーネン通りにＳＡ酒場（ウルバン［酒場の店名。多くは店主の姓であった。以下同じ）がオープンした直後に、この通りから直線距離で一キロ北にある労働者地区「フィッシャーキーツ」の住民（共産党員）七名が来店し、次のような警告を行ったという。

俺たちは地元のフィッシャーキーツの者だ。この労働者地区でナチの酒場がオープンするとは前代未聞だ。警告しておく。ここを去らなければ、俺たちはこの巣窟を奪い取って、すべて叩き潰す。[*4]

一九三二年六月一六日には、この酒場ウルバンにいたナチ党員が路上の共産党員に向けて数発を発砲する事件が発生している。この酒場の界隈《かいわい》では、一九三〇年頃からナチスと共産党の抗争が激化しており、一九三〇年六月二〇日に共産党員がナチ党員に向けて発砲した事件の起訴状は、次のように述べていた。

シュプレー川が形成する島の南東部にある、いわゆる〝フィッシャーキーツ〟では、共産党とナチスの支持者の間で激しい内戦が支配的であり、その中で両党派は常に互いに罵倒し合い、脅し合い、襲撃し合っている。一般にどちらの政党が攻撃側とみなされるのか判断を下すことはできない。[*5]

この「縄張り意識」を端的に示していたのが、キーツ内の街頭で政敵と対峙した時にしばしば住民たちから発せられた「この通り（キーツ）は俺たちのものだ」という言葉だった。例えば、一九三二年三月六日にベルリン南東部のケーペニック中心部でナチ党員がビラを配っている最中に、その地区の共産党員の指導者の一人がナチ党員たちに向かって、「この赤いキーツから出ていけ！　労働者よ、ファシストたちをこの地区から叩き出せ！　この赤いキーツは俺たちのものだ」[*6]と叫んでいる（その後、乱闘へと発展し、ナチ党員一名がナイフで刺されて重傷）。時には、自分たちの酒場の前で通行人に対して身分証の提示を求めるなど、キーツの住民たちはまるで「国境警備の任務に就いているかのように」[*7]、自分たちの「縄張り」を守ろうとしていた。一九三一年七月二一日夜にクロイツベルクのラウジッツ広場で共産党員がナチ党員を襲撃し、ナチ党員一名が銃撃を受けて死亡した事件では、逮捕された共産党員の一人が取り調べで、多数の共産党員が住むラウジッツ広場近辺は「自分たちの領域」であり、そこに政敵が入ってくることに我慢ができなかったと供述している。

こうした意識の下、一九三〇年代初頭のベルリンでは、政敵どうしの暴力沙汰が日々発生するようになっていく。いわば、政治的暴力の「日常化」（「ふつうの人びと」が日常行為として暴力を振るう状況）である。

## 侵入者への「拒否反応」

地域内で「よそ者」が集会を行い、ポスターを貼り、ビラを配布し、あるいは制服や徽章を身につけて行進することは、挑発的な行為として地域内の住民を刺激し、その地域が持つ暴力のポテンシャルを顕在化させた。共産党の「御料地」である労働者地区への「侵入者」（ナチス）に対する「拒否反応」として発生する暴力は、共産党からナチスへの攻撃が一般的である。

実際に、キーツに敵が入ってくることで発生した暴力沙汰を見てみよう。ベルリン北部ライニッケンドルフにある「フェルゼンエック菜園地区《ラウベンコロニー》」は、衛生設備のほとんどない家々が続く最貧者居住区であり、住民の大半は共産党支持者であった。一九三二年一月一九日深夜、集会から帰宅するナチスの集団（一五〇名程度）がこの菜園地区に接近すると、突然鐘が鳴り響き、数発が発砲された。ナチスが四散した後、さらに八～一〇発の銃撃が行われ、一部で乱闘が発生した（警察は双方から銃撃が行われたと判断）。暗闇での騒動の中、共産党員一名が射殺され、ナチ党員一名が刺殺される事態となり、駆けつけた警官隊によりナチス側五〇名、共産党側一八名（地区住民）が逮捕されている。警察はナチス側に何らかの挑発の意図があったとみており、住民たちは侵入者に対して銃撃と動員をもって応えたことになる。

一九三二年五月二六日にはミッテで機関紙のサンプルを配布していたナチ党員を阻止しようと共産党員が集結したところ、ナチス側が仲間を増員したため、逆に逃走した共産党員をナチスが追いかけて暴行する事件が発生している。警察報告によると、ナチスのプロパガンダ活動により「その地域の政敵の中で激しい動揺」が発生しており、実際に行動の開始時点でナチスは地区内での激しい反発を感じていた。これに対するナチス側の対応を、警察は報告書の中で批判している。

差し迫った危険にもかかわらず、ナチスはこの地区から離れず、警察に状況の危険性を伝えなかった。むしろ、彼らは頑なにその活動にこだわり、増員のために別のナチスの部隊を呼び寄せた。[*8]

こうした共産党からナチスへの暴力の原因には、自分たちの縄張りが脅かされているという危機感に加えて、ナチス側からの挑発もあったようである。一九三〇年一〇月一七日にベルリン郊外のベルナウで発生した暴力事件では、ナチスの集会終了後にSA隊員が街中をデモ行進し、わざわざ共産党酒場の前で共産党員と口論を引き起こし、そのまま乱闘となっている。また、一九三二年四月二二日にシュテークリッツで帰宅中のナチ党員五名が約二〇名の共産党員に襲撃された事件の判決文は、その原因として「ナチ党員の挑発的な態度」を指摘している。

### キーツ内での遭遇

次に、近隣社会内で政敵どうしが遭遇し、暴力が発生したケースを見てみよう。

一九二九年一二月一九日深夜、シュテークリッツの酒場を出た五名のナチ党員が近くで共産党員の若者一〇～一五名に襲撃されて重軽傷を負っている。一九三〇年六月一三日深夜にはティアガルテンで、ナチスの酒場を出た一団と共産党の酒場を出た一団が遭遇し、共産党員一名がピストル一発を誤射したことから乱闘になり、共産党員一名がナイフで刺されて負傷している。さらに一九三一年四月二八日未明にはシェーネベルクの酒場を出た一〇～一二名のナチ党員がほぼ同数の共産党員の集団と遭遇し、いったんはナチス側が共産党員を追い払ったものの、人数を倍にした共産党員に再度襲撃されている。

こうした暴力事件では、しばしば相手の身につけている政治的シンボル（制服や徽章）に激昂して暴行に及ぶケースがあった。一九三二年五月六日にミッテでナチ党員一名が共産党員と思われる若者二名に襲撃・暴行されているが、警察は被害者がつけていたナチスの徽章を見た共産党員が政敵と認識したと報告している。さらに、同年七月一二日早朝には、同じくミッテで出勤途中の国旗団員マックス・ヴェルフェルが「鉄戦線」の徽章を身につけていたためにナチ党員四名に襲われている。ナチ党員たちはその徽章を引きはがそうとし、ヴェルフェルが抵抗したことで暴行を加えた。この事件の判決文は「被告たちは、ヴェルフェルが自分たちにとって不快な政治的な徽章を身につけているというだけで、自分たちが優勢であるという意識の中で彼を襲い、極めてひどい怪我《けが》を負わせた」[*9]と断じている。

徽章よりもさらに目立つ制服の場合は、自ら標的となるようなものであった。一九三二年一月二九日にはノイケルンで酒場を出たナチ党員三名が十数名の共産党員に襲撃されたが、三名のナチ党員は一目でそれと分かる服装（半ズボン・ブーツ・ゲートル）だった。同年七月二〇日、トレップトウでナチ党員が共産党員に襲撃・暴行されているが、ナチ党員はこの時、褐色のシャツ、紋章付き帽子、ベルト、肩紐、ナチスの徽章を着用しており、共産党員は帽子・肩紐・徽章を奪い去っている。また、一九三一年一一月一三日にSA隊員が鉤十字のペナントを取りつけた自転車で走行していたところ、共産党員七名がこれを止めてペナントを外すように要求したが拒まれたため、共産党員の一人が顔面を殴打し、SA隊員は出血して気を失っている。これも、敵のシンボルに反応した政治的暴力の一つであろう。

### 日常の中の政治的暴力

キーツの住民にとって、敵は外からやってきた「よそ者」だけではなかった。ナチスが政治的に躍進して支持者を増やす中で、キーツ内の住民が敵となるケースも増加した。

一九三二年四月一九日一九時頃、シェーネベルクで共産党員一名が約一五名のナチ党員に襲われて負傷したが、被害者はこの地域で共産党員として知られており、襲撃側にも地域内で有名なナチ党員が含まれていた。また、一九三二年六月二日の夜にシュテークリッツのデュッペル通りで、ナチ党員三名が共産党員たちに暴行を受け、その二〇～三〇分後にも、付近で別のナチ党員五名がこの共産党員たちに暴行される事件が発生したが、共産党側の一人は以前から同地区内に住むナチ党員たちに知られていた。

近隣社会内での政治的暴力を特徴づけるケースが、職業紹介所を舞台に発生する暴力沙汰である。世界恐慌の影響で労働者地区の住民の多くは党派を問わず失業しており、職業紹介所に出向いてカードにスタンプをもらうことで失業支援金の給付を受けていた。それは政治的な立場に関係なく失業者のルーティンであり、職業紹介所は政敵どうしが出くわす場所となった。

ここでの暴力沙汰は役所が開いている時間帯に発生しており、特にスタンプを受け取りに来たと思われる午前中にトラブルが集中しているのが特徴である。一九三一年一〇月一七日一〇時頃、シャルロッテンブルクの職業紹介所に来ていたナチ党員が共産党員複数名に暴行され軽傷を負っているが、きっかけは所内でナチ党の徽章をつけていたことだった。同年一一月七日にもこの職業紹介所を訪れたナチ党員が帰宅途中に共産党員五名に襲撃されて負傷しているが、

職業紹介所でスタンプをもらう失業者（1932年）
［BA, Bild 146-1971-001-04］

共産党側は彼がナチ党員であることを知っていたという。さらに一九三二年二月一六日一〇時三〇分頃、ミッテの職業紹介所内でナチ党員三名と共産党員四名の乱闘が発生している。これらは、失業した住民たちの日常の中に、政治的対立が入り込むことで、近隣社会の狭い空間が暴力の発生源となった事例である。

キーツ内での暴力沙汰は、近隣社会の住民たちの中に政治的転向者が出た場合にも発生していた。これはもっぱら共産党からナチスへの転向が問題となる。一九三一年三月二〇日にシェーネベルクの職業紹介所から帰宅していたナチ党員三名が共産党員に襲撃されて負傷したが、起訴状によると、この事件の動機は、ナチ党員三名のうち二名が共産党からナチスへ転向したことに対する報復であった。この事例が示すように、一九三〇年代に入ってから近隣社会の中でこうした「裏切り」行為に対する報復としての暴力が目立つようになった。一九三二年二月一一日にはライニッケンドルフで、共産党から移籍したナチ党員が多数の共産党員に襲撃され負傷している。同年六月二九日には、フリードリヒスハインでＳＡの隊列が共産党員に襲撃され、その中でＳＡ隊員カール・レヴァルトが共産党員に激しく罵倒されている。この原因も共産党幹部だったレヴァルトのナチスへの移籍だった。

### 変容する近隣社会

ナチスの侵入により、ベルリンの近隣社会は不安定化し、さまざまなトラブルを抱え込むことになった。例えば、ノイケルンのカイザー・フリードリヒ通りでは一九三一年頃からナチスの酒場（クンケル）の客と住民との間でいざこざが頻発するようになった。この通りに住む国旗団員は、一九三一年五月に警察に対して以下のような陳情を出し、その結果、この界隈では警察の監視活動が日々行われるようになっている。

　カイザー・フリードリヒ通りのクンケルの酒場前では繰り返し通行人が襲撃され、殴られてきました。……酒場の中では、朝四時、五時まで歌を歌い、一五人ぐらいが行進練習を行い、さらにラッパを吹いています。賃借人たちは夜通し眼《め》を閉じることができません。警察が何度もやってきましたが、殴り合いをする者たちの叫び声で、われわれはみな常にパニックになっています。それに対して、これまで誰も何らの措置も講じようとはしませんでした。というのも、不平を言おうものなら、それを理由に乱暴されることを知っているからです。この者たちが刃物や銃を手にしているのを見るのも稀《まれ》ではありません。[*10]」

さらに、プレンツラウアーベルクのコペンハーゲン通りにあるナチスの酒場（ツィーナー）について、一九三二年七月一一日付で警察が次のように報告している。「最初の数か月、そこへの出入りは公共の安寧と秩序にとってまだ耐えうるものだったが、この数週間、治安警察の関心において我慢できない状況がはっきりした」。この「我慢できない状況」とは、ナチ党員が酒場の前で通行人に嫌がらせを行う、ドアを開けたまま大声で闘争歌を歌って挑発する、別の会社の看板にナチスの大きなポスターを貼りつけるといった行為であった。「最近ではコペンハーゲン通りの状況は尖鋭化し、住民が怒りをぶちまけている」と警察の報告書は結んでいる。[*11]

シュパンダウのジーメンスシュタットに関する一九三二年六月二一日付の警察報告では、地区の変容に加えて、家庭内での政治的対立まで指摘されている。

約一年前からナチズム運動が成長することによってジーメンスシュタットの一部の政治的光景が異なる様相となったことは確かである。政党間の対立によって、あちこちで口論や乱闘が発生している。……このところ、政治的ないさかいが家の中にも持ち込まれ、あらゆる嫌がらせにより、個々の党派が一緒に暮らすことが困難になっている。[*12]

ナチスの台頭とともに、ベルリンの労働者地区（キーツ）は街頭闘争の最前線となっていった。その際に重要な役割を果たしたのが、地域内の活動拠点となった酒場である。

## 二　酒場と政治的暴力

### 政治的酒場の登場

ドイツでは一九世紀後半の工業化により労働者人口が増大する中、都市の街角に労働者を客とする多数の酒場が登場した。庶民が飲む酒がアルコール度数の強い火酒（シュナップス）からビールへと変化し、アルコール消費量が格段に増加したのもこの頃である。

ベルリンでも一九世紀後半は酒場の乱立期であった。ベルリンの人口は一八七一年の八二万人から一九一〇年には二〇七万人となったが、これと並行して、酒場の数も一気に増加し、往来の激しい街角すべてを酒場が占拠したと言われるほどであった。一九〇五年のベルリンには一五七人につき一軒の酒場が存在していたが、一九八〇年代の西ベルリンの酒場が七一四人につき一軒だったことを考えると、この数字の大きさが分かるだろう。

権力側にとっての酒場の「いかがわしさ」は、酒場と社会主義運動の結びつきが強まるにつれて増長された。このきっかけとなったのが「社会主義者鎮圧法」の制定（一八七八）である。同法により街頭での活動を禁じられた社会主義者たちは、当局の目をかわしながら酒場に集まって活動を継続し、酒場の「奥の間《ヒンターツイマー》」（客が飲食するためのホールとは別の集会室《フエアアインスツイマー》）は、集会や会合、雑誌・新聞の閲覧や情報交換、労働者への教育活動（読書会）の場となった。

酒場が社会主義運動の地下活動の舞台となるためには、店主との協力関係が不可欠であった。もちろん、すべての酒場が協力的だったわけではなく、弾圧を恐れた店主が拒否することもあり、集会場所を見つけることは困難を伴っていた。それでも、固定客を獲得するという意味で、社会主義運動との協力関係は酒場店主の側にもメリットがあり、一八八〇年代以降のドイツの各都市では、酒場店主と客（社会主義者・労働者）の間に共生関係が成立した。

こうして一九世紀最後の二〇年間に、酒場は当局から社会主義者や労働者を守る「隠れ家」として機能し、政治との結びつきを強めた。労働者から見た場合、酒場は政治活動の場であると同時に、自分たちの文化的象徴でもあった。この政治的な「酒場文化」はワイマル期へと引き継がれていくが、その中心的な担い手は共産党であり、そこにナチスも加わることになる。

## 政治的酒場の分極化

ワイマル期に入ると、政治的党派ごとにメンバーやシンパがたむろする酒場が発展するが、こうした酒場は当時一般に「常連酒場《フエアケーアスロカール》」と呼ばれ、SAの酒場は「突撃隊酒場《シユトウルムロカール》」と称していた。ナチスの酒場が労働者地区を中心に増加していった結果、第二帝政期に社会主義運動と接合して発展してきた酒場文化は、政治的に分極化していくことになる。警察報告によると、一九三〇年二月にはベルリン市内に共産党の常連酒場が一九三軒、ナチスのそれが五一軒存在していた。その後、ナチス・SAの酒場は急増し、同年末には一四四軒が記録されている。

もっとも、ある酒場がある党派の常連酒場になったとしても、必ずしも固定的にその党派の酒場であり続けたわけではなかった。例えば、シュテークリッツの酒場（フィンケンネスト）は一九三〇年三月二七日の警察報告でナチスの常連酒場リストに登録されたが、三一年二月六日にリストから削除され、同年七月九日の報告で再びナチスのリストに登録されている。警察の記録では常連酒場の登録と抹消が繰り返されていた。

こうした中には、党派を替える酒場も存在していた。シャルロッテンブルクの酒場（ベルトラム）は一九三〇年一月九日の警察報告でナチスの常連酒場リストに登録されるが、半年後の七月一一日付の報告でリストから削除され、翌三一年一月一八日にナチスのリストに復活したかと思えば、七月九日の報告でリストから抹消されて、共産党のリストに追加されている。

## 政治的酒場の機能

第二帝政期の政治的酒場が階級的に同質化されていたとすれば、ワイマル期のそれは政治的イデオロギーで均質化されていた。共産党であれ、ナチスであれ、政治的酒場の排他性は強く、一般客がこうした酒場に入るのはかなり勇気がいることだった。プレンツラウアーベルクの共産党酒場（ラッハマン）に関して、一九三二年七月五日付の警察報告は「そこに出入りしているのは、たいていの場合、労働者住民であり、彼らの大部分は共産党の思想に近い。他の思想を持つ者はあまり、あるいはまったくそこに入っていかない」[*13]と記している。

政治的酒場には昼夜を問わず、党派のメンバーが常駐していた。敵を警戒して店の前には数名の「歩哨《ほしょう》」が立ち、周辺では徒歩や自転車によるパトロールが行われていた。ノイケルンのナチスの常連酒場（ベーヴェ）について、警察は一九三一年一二月一五日付で「一種の警備活動が行われており、酒場近辺をぐるりとパトロールし、監視する自転車乗りやSAの小部隊が活動を継続中である」[*14]と報告している。

政治的酒場の役割としては、まず集会や会合の場が挙げられる。ミッテの共産党酒場（ダス・ブラウエ・ヴンダー）は一九三二年一〇月一日に新装開店したが、警察は「最初の数週間は目立たずに経営を行っていたが、ますますはっきりと分かる形で、共産党員の特定グループが会合や会議を行っている」[*15]と報告している。また、クロイツベルクのSA酒場（ロートバルト）に関する一九三一年一二月一日付の警察報告は、以下のように伝えている。

すでに少し前から、ウルバン通り四七番地にあるエマ・ロートバルトの酒場において頻繁にナチ党員たちが出入りしているのが観察されている。現在確認されているように、上記の酒場は一九三一年一二月一日以降、SA第五四中隊の公式な常連酒場となった。……公式の集会日は毎週水曜日である。しかし、それ以上にほぼ毎日夕方になるとSA隊員たちが酒場に集まっている。もっとも今のところ、店内でのSA隊員の恒常的な宿泊や食事の提供は行われていない。集会場所は、酒場の比較的広い奥の間である。[*16]

加えて、そこではビラやパンフレットの印刷と保管、党派の新聞や雑誌の閲覧が行われていた。シャルロッテンブルクの共産党酒場（ツィッペル）では複数の共産党機関紙が閲覧可能で、さまざまな日刊紙を読むために酒場を訪問する者がいたという。

さらに、街頭活動を行う際の集合場所としても酒場が利用されていた。それだけ、誰もが知る場所だったということだろう。一九三二年二月二一日にナチスはベルリンの北東部で約八〇〇人を動員した早朝プロパガンダを実施したが、集合場所は付近の常連酒場であった。また、同年七月九日には約二〇人のナチ党員たちがビラ配りのためにノイケルンの常連酒場に集まり、そこから配布場所へと向かっている（この活動中に共産党員に襲撃され、ビラが強奪されている）。

もちろん酒場である以上、最大の役割は飲食の提供であった。客たちはそこでビリヤードや賭博、カードゲームに興じながら、大量のビールを消費していた。毎日のように行われる酒宴は彼らにとって日常的な儀礼行為であり、酒場は、そこに集まる者にとって、人との紐帯《ちゅうたい》を実感できる一種の「共同体」となっていた。SAの酒場では、時に無料で温かい食事や寝場所が提供されており、失業者が多いSA隊員にとって、そこは生活の場でもあった。

こうした共同体としての機能と表裏をなして、酒場ではヒエラルキー的組織構造に基づく同調圧力も強く働いていた。組織への絶対的な忠誠と統制の下に置かれたSA隊員たちは、集団として政敵との暴力的闘争に突き進んだ。

## 酒場の「転向」

第二帝政期の酒場店主がリスクを抱えながら社会主義運動に店を開放したように、ワイマル期には共産党やナチスなどの政治的党派に店を優先的に使用させる酒場店主が現れた。とりわけ世界恐慌で営業不振に陥る中で、まとまった売り上げが保証される政治的酒場への転換は魅力的な選択肢となった。政治的党派に店を開放する動機には、政治的・思想的共鳴とは別に、経済的利益への期待もあったのである。

酒場が党派性を持つきっかけは、新規の客の獲得や店主の交代であった。ミッテのベルナウ通りの酒場（ドゥシャ）は、別の常連酒場（グラーン）で店主とトラブルを起こしたナチ党員が移ってきたことで、ナチスの常連酒場になっている。一九三二年五月に共産党員がこの酒場を銃撃して四人が負傷する事件が発生したが、店内の客はグラーンの酒場に出入りしていたナチ党員だった。また、ティアガルテンの酒場（レッタウ）は一九三一年一〇月に店主が交代して共産党の常連酒場となり、シュテークリッツの酒場（アルブレヒト）は一九三〇年代初頭に頻繁に店主が交代し、そのたびに客層が共産党、ナチス、再び共産党と変化している（逆に、政治的酒場が非政治化し、通常の酒場に戻るケースも存在する）。

店主の政治的転向により酒場が党派を変更するケースも見られたが、この場合には、旧党派の支持者からの激しい怒りや復讐の対象となった。フリードリヒスハインの酒場（ハマーマイスター）には共産党員が出入りしていたが、客数の減少のためにナチ党員を受け入れるようになり、その常連酒場となった。経営上の理由とはいえ、店主は共産党側から脅迫や挑発の対象とされてしまい、トラブルが頻発した。一九三一年一二月一〇日にはこの酒場が襲撃され、ナチスと共産党による銃撃戦が発生している。また、共産党員G・プロフノウが店主を務めるクロイツベルクの酒場（ツム・ドルフクルーク）は一九三二年秋頃にSAの酒場になったため、地区内の共産党員たちはビラを作り、「労働者の裏切り者」として店主を糾弾している。

## 隣接する政治的酒場

立地という点から見た場合、共産党やナチスの政治的酒場がしばしば（意図的に）隣接していたことが地域内のトラブルの原因となっていた。ヴィルマースドルフのブランデンブルク通り付近での治安悪化について、一九三〇年一月二日付の警察報告は以下のように述べている。

共産党とナチスは自らの常連酒場を比較的近接した場所に選択し、最近では両党間でかなりひどい緊張が認められる。……アウグスタ通りとブランデンブルク通りの角ではほぼ毎晩、両党のメンバーが小グループで現れ、衝突に至る前に解散させられている。[*17]

こうした事例は枚挙にいとまがない。シェーネベルク・マックス通りの酒場（ムスクルス）は一九三二年二月にナチスの常連酒場となったが、「わずか二〇〇メートル」離れたところには共産党酒場（ツィセウスキ）があった。両者はすぐにトラブルとなり、警察はナチスの酒場を閉鎖している。また、一九三二年六月にミッテ・スヴィーネミュンデ通りにある共産党の常連酒場（ラーベン）の斜め向かいにナチスの常連酒場（店名不明）がオープンしてからは、それまでなかった政治的な衝突や襲撃が繰り返し発生している。

常連酒場は時に移転することがあったが、その先に政敵の酒場があれば、それが対立の火種となった。一九三二年三月二一日にナチスの常連酒場（デルブリュッゲ）が移転したが、移転先の通りの向かいには共産党の常連酒場（ブンク）があり、移転初日にさっそく両者の銃撃戦が発生している。これについて、警察報告は次のように記している。

住民の大部分が共産党員から構成されているこの地区で、こうした酒場の営業を許可することは治安上まったくもって望ましいものではない。さらに共産党の酒場に隣接しているナチスの酒場は、恒常的な紛争の火種になるだろう。[*18]

ナチスは一九三三年までにベルリンのすべての労働者地区に酒場を設置したと言われるが、自らのキーツにナチスの酒場が出現することは共産党員にとって耐えがたい挑発行為であり、逆にナチスにとって、酒場の設置は敵の縄張りへの侵入の足がかりであり、象徴でもあった。

## 「隠れ家」から「前線基地」へ

第二帝政期とワイマル期の政治的酒場の大きな相違点としてその外観が挙げられる。官憲の取り締まりを逃れて政治活動を行うための「隠れ家」として機能した第二帝政期の政治的酒場は、周囲から悟られないごくふつうの酒場の外観をしていた。これに対して、ワイマル期の政治的酒場は自らの政治性や党派性を街頭に向かってアピールするかのように、旗やスローガンで店を「装飾」していた。

この他、店の外には煽動的なポスターや党機関紙も貼られていた。例えば、フリードリヒスハインの共産党の常連酒場（ビュッサー）の窓ガラスには政治的内容のポスターが大々的に貼られていたが、一九三二年七月、警察は政治的衝突の誘因になるとして、これを押収している。また、シュパンダウのナチスの常連酒場（ツム・トゥルム）では窓ガラスに常時、ナチスの日刊紙が掲示されていた。

こうしてワイマル期に公然化した政治的酒場は、街頭闘争の「前線基地」としての役割を担うことになった。

第一に、政敵への襲撃の立案・打ち合わせの場や襲撃前の集合場所である。一九三一年五月から七月にかけて、シャルロッテンブルクのゲーテ通り界隈で国旗団員がナチ党員に襲撃される事件が繰り返し発生しているが、この襲撃の打ち合わせや準備が行われていたのが、同じ通りにあるナチスの常連酒場（シェルバルト）であった。一九三二年六月二七日にナチスの一団（三〇〜四〇名）がヴェディングの国旗団酒場（ハインツェ）に押し入って店内にいた国旗団員二名に激しい暴行を加えた事件について、警察はSA隊員たちが直前に自分たちの酒場に集合していたことを確認している。

第二に、援軍の派遣である。一九三二年八月三日にヴェディングでSA隊員が共産党員と衝突した事件では、共産党側が近くの常連酒場（ツア・アルテン・リンデ）から援軍を得て数的に優位に立ち、ナチス側に死者一名、負傷者四名を出している。逆に、その二日後の八月五日にシュパンダウでナチスと共産党が衝突した事件では、近くの常連酒場にいたSA隊員二〇〜三〇名の援軍によりナチスが数的に優位に立ち、共産党員五名が重傷を負っている。

突撃隊酒場（1932年10月、ベルリン・ミッテ）
［LAB, F Rep.290(03), Nr.0080688/Fotograf: k.A.］

第三に、襲撃者たちの逃走先である。一九三二年四月七日にプレンツラウアーベルクの酒場で開催された集会から帰宅する約一〇名のナチ党員に向かって共産党員が三発の銃撃を行い、その後、近くの共産党の常連酒場（ボイテル）に入っている。一九三二年七月六日には、クロイツベルクで共産党員に発砲したナチ党員たちが逃げ込んだナチスの常連酒場（ダバーコウ）を後に警察が家宅捜索している。同年八月四日未明にノイケルンでナチ党員の集団を共産党員が襲撃・発砲した事件では、共産党の常連酒場（クナール）に隠れていた七名が逮捕されている。

この他にも政治的酒場の中には、負傷した者の救護所や武器の隠匿場所として機能するものがあり、広い地下室を「射撃訓練場」として使用させる酒場もあった。

## 政治的酒場をめぐる暴力①——酒場への攻撃

政治的酒場はキーツ内で容易にそれと認識される存在であり、政敵による格好の攻撃目標となった。史料から確認できるベルリンでの政治的酒場への襲撃事例は八一件である。半数以上（少なくとも四四件）で銃が使用されており、特に一九三二年に銃撃事件が相次いだ。

襲撃者の内訳を見ると、その傾向が明らかになってくる。一九二〇年代後半から三一年までの三一件では、襲撃者（推定を含む）がナチスであるケースが六件、共産党が二五件であり、共産党がナチスの酒場を襲撃する事例が多い。この頃はナチスが酒場を次々と設置している時期にあたり、共産党の攻撃の多くは近隣社会の中に（近接して）出現した敵の酒場を排除しようとする動きとみなすことができるだろう。例えば、一九三一年七月二六日から一二月一〇日までの九件の酒場襲撃事件は、以下の通りである（襲撃者はナチス二件、共産党七件）。

①七月二六日、ベルリン近郊のケーニヒスヴスターハウゼンで、約二五名のナチ党員がいた酒場（オットー）に向かって共産党員が投石し、窓ガラスを破壊。ナチ党員一名が負傷。警察が介入してさらなる衝突を回避。

②七月二八日、シェーネベルクで共産党の集会参加者の一部（三〇〜四〇名）がナチスの酒場（ドラーマー）に向かって投石し、窓ガラスを破壊。店内へ突入しようとして、ナチ党員と乱闘。数名のナチ党員が負傷。

③八月一三日、シェーネベルクのナチスの酒場（テンポ）を共産党員約四〇名が襲撃して窓ガラスを破壊し、店外に掲げられていたナチ党旗を強奪。店の前で両者の乱闘が発生。

④九月九日二二時過ぎ、クロイツベルクのナチスの酒場（ツア・ホッホブルク）の外にいた見張りのナチ党員二名に向けて共産党員が発砲し、その後ドアを開けて店内にも発砲。ナチ党員一名が死亡、三名が負傷（うち一名が重傷）。

⑤九月二四日二二時過ぎ、ベルリン郊外のオラーニエンブルクで、ナチ党員が共産党酒場（ラ

ッハ）に向かって約二〇発の発砲と投石を行い、酒場の窓ガラスが破壊されて一名が負傷。さらにナチ党員（七〇〜一〇〇名）が店を襲撃し、共産党員二名が重傷。
⑥一〇月一五日、ノイケルンのナチスの酒場（ベーヴェ）を共産党員約四〇名が襲撃し、入り口付近から店内に向かって多数の発砲（少なくとも二二発）。店主ベーヴェが頭を撃たれて死亡、三名が負傷（うち二名は重傷）。
⑦一〇月一九日、ミッテの警官二名が警戒していたナチスの酒場（ベルクマン）に対して、自転車に乗った共産党員が投石で窓ガラスを破壊した後、数名が店内に向けて八〜一二発を発砲。ナチ党員一名が負傷。共産党員四名が逮捕される。
⑧一二月五日、シャルロッテンブルクの国旗団の酒場（ルクス）に近くのナチスの酒場（クロッチェ）からナチ党員が押しかけて店内で国旗団員と乱闘。
⑨一二月一〇日一八時四〇分頃、フリードリヒスハインのナチスの酒場（ハマーマイスター）への投石により窓ガラス三枚が破壊される。二一時頃には店の前にできた人だかりから約一〇発の発砲が行われ、二名が負傷。店内からも外に向けて発砲あり。
これに対して、一九三二年一月から三三年一月までの五〇件では、襲撃者（推定を含む）として、ナチスが二九件、共産党が二〇件、国旗団が一件と数字が逆転している。特に一九三二年

六月一六日のSA禁止令の廃止以降、ナチスの攻撃性が高まっている。この時期には、ナチスが共産党の手法を真似《まね》て共産党酒場への襲撃を繰り返していた。一九三二年六月一七日から二八日までに発生した九件の酒場襲撃事件を挙げてみよう（襲撃者はナチス六件、共産党三件）。

①六月一七日、クロイツベルクのナチスの酒場（ウルバン）への共産党員による襲撃。共産党員七名とナチ党員五名連行。共産党員一名が装塡済みの回転式拳銃所持。警察による威嚇射撃でさらなる衝突を回避。

②六月一九日、トレップトウのナチスの酒場（ツア・ヒュッテ）の店内への共産党員による多数の発砲で四名負傷（うち一名がSA隊員）。八名逮捕（一名が実弾六発入り自動装塡ピストルと八発入り弾倉を所持）。

③六月二一日午前三時頃、ノイケルンのナチスの酒場（クンケル）に向けて一台の乗用車（おそらく共産党員）から五発の発砲。店内にいた一名が軽傷。

④六月二四日、ナチ党員やSA隊員の投石によりシュテークリッツの共産党酒場（シュレーダー）の窓ガラスを破壊。負傷者なし。

⑤六月二四日、ナチ党員が共産党員や国旗団員がいるシェーネベルクの酒場（パップシャハテル［党派不明］）に向けて連射銃撃。国旗団員一名がナチ党員に暴行されて軽傷。

⑥六月二五日、ベルリン市内（市区名不明）でナチ党員らしき者たちが共産党酒場（店名不明）を襲撃。投石で窓ガラスを破壊し、共産党員数名が負傷。犯人は逃走。
⑦六月二六日、ヴェディングの国旗団・社会民主党酒場（ハインツェ）に三〇～四〇名のナチ党員とSA隊員が押し入り、国旗団員二名が暴行を受けて負傷。
⑧六月二七日、シュテークリッツでナチ党員による共産党酒場（ヴェルニッケ）への投石。
⑨六月二八日、シェーネベルクでタクシーから、おそらくナチ党員による共産党酒場（店名不明）への三～四発の発砲。負傷者なし。

襲撃の中で多いのは、政敵が店の前に集結して一斉に発砲や投石を行い、すぐに逃走するパターンであり、歴史家D・シュミットはこれを「ギャング的手法」[*19]と呼んでいる。当初は徒歩で敵の酒場に接近することが多く、そのまま乱闘に発展するケースもあったが、一九三二年に入って警察による警戒や店側の見張りが強化された結果、自動車やバイクを使用するケースが増加している。

もちろん、政敵との乱闘を目的に行われる襲撃もあった。例えば、一九三二年二月七日、シェーネベルクの共産党酒場（ツィセウスキ）の前にいた共産党員を近くのナチスの酒場（ムスクルス）にいたナチ党員が襲い、笛の合図でさらに増員されたSA隊員など五〇～六〇名が共産党酒場へと押し寄せた。共産党側は酒場を施錠して侵入を阻止しようとしたが、ナチ党員たちは店の窓ガラスを蹴破り、店内に乱入して乱闘が発生した。警官は少数で無力であり、ナチ党員たちはツィセウスキの店内を完全に破壊して、自分たちの酒場に戻っている。

また、店外からの攻撃が多い中で、ドアを開けて店内に向かって発砲する襲撃も散見されるが、この場合はいっそう人命が危険にさらされ、店内が破壊されることになった。先に示した事例であるが、ノイケルンのナチスの酒場（ベーヴェ）への襲撃はとりわけ重大な事件である。一九三一年一〇月一五日一八時三〇分頃、リヒャルト通り近辺で人の往来が急に活発となり、通りや側道にいた者が集結して三〇～五〇名の集団が形成された。この集団はゆっくり通りを移動し、突然「ファシズム打倒」と叫び、「インターナショナル」を歌い始めた。警戒していた警官が応援要請のため近くの電話へ向かった隙に、集団の中の四～五名がベーヴェの店内に向けて少なくとも二二発を発砲した。入り口の窓ガラスが割られ、そこから店内に向かって銃弾が撃ち込まれており、酒場の店主ベーヴェが頭部を撃たれて死亡し、他に二名が重傷、一名が軽傷を負っている（店内には店主の他に一八名いたが、大半はすぐに床に伏せて難を逃れた）。

### 政治的酒場をめぐる暴力②――酒場からの攻撃

政治的街頭闘争の「前線基地」として機能する以上、政敵から攻撃を受けるばかりではなく、街頭の敵へ向かって攻撃するケースも多数存在していた。この場合、酒場の近辺に出現した政敵に対して酒場から銃撃や襲撃を行うこと、あるいは近くで発生した衝突や乱闘に対して援軍を派遣することが主な事例である。

まず挙げられるのが、酒場の前を政敵が通る際に偶発的に発生するトラブルである。一九三一年六月二八日夜半過ぎ、シェーネベルクの共産党酒場(ハイデクルーク)の前で共産党員がナチ党員を襲撃し、酒場内に向かって「ナチが外にいる」と叫んだことで酒場内の客ほぼ全員がナチ党員を追いかけていった。また、一九三二年一二月二四日夜半過ぎにフリードリヒスハインで共産党員四名がナチ党員約二〇名に暴行された事件も、四名がナチスの酒場(シュルツェ)の前を通りかかった際に発生していた。この事件では、発砲も行われ、共産党員一名が背後から上腕と大腿部に二発の銃撃を受けて重傷を負っている。

近隣社会内でよく知られる政敵の酒場に近づくことは、自ら暴力を誘引する行為であった。ましてや徽章などのシンボルを身につけていた場合、暴力の可能性は一気に高まった。一九三二年三月一〇日にフリードリヒスハインの共産党酒場(ベーンケ)の前でナチ党員二名が襲撃された事件や、同年七月二三日にヴェディングの共産党酒場(クンツェ)の前でナチ党員が絡まれた事件のきっかけは、ナチ党員が徽章をつけていたことであった。

酒場では入り口に歩哨を立て、周辺を警戒していたが、こうした見張りからの連絡に応じて酒場から攻撃が行われるケースもあった。一九三二年七月一四日二三時四〇分頃、プレンツラウアーベルクで帰宅中のナチ党員数名が共産党酒場（ラッハマン）から出てきた共産党員に銃撃された事件では、「自転車に乗った者」から前もって酒場にナチ党員が向かってきているという情報が伝えられていた。さらに、同年八月一三日二〇時頃、自転車に乗ったナチ党員二名がノイケルンの共産党酒場（ダウザッカー）の前に立っていた共産党員に絡まれたが、その際に共産党員が笛を吹き、叫び声を上げると、酒場から約五〇名が飛び出してきてナチ党員を自転車から引きずり降ろして暴行している。

政敵の酒場近辺でのプロパガンダ活動も、酒場からの襲撃を招く危険な行為だった。酒場前の通りや広場は確かに公共空間であるが、酒場の客たちは「縄張り」と認識しており、それを侵す行為には暴力で対応した。一九三〇年八月二四日にはシェーネベルクのバーン通りを行進していたナチ党員にその通りの共産党酒場（ヴェルニッケ）に集まっていた共産党員約八〇名が絡んだため、警察が介入して酒場に戻す事態となっている。一九三二年七月二九日にも共産党酒場（クナール）があるノイケルンのツィーテン通りで、選挙ビラを配っていたナチ党員を酒場から出てきた共産党員の集団が襲撃したため、警察が介入している。

## 警察と酒場の緊張関係

こうした酒場をめぐる暴力沙汰に対して、警察も手をこまねいていたわけではない。ベルリンでは一九三〇年初め頃から、大規模な集会や行進、あるいは政敵に殺害された者の葬儀終了後に、市内の警察各所に対して政治的酒場への監視や警戒が命じられるようになっている。

それでも、酒場を舞台や拠点とする政治的暴力事件は増加の一途をたどった。こうした状況下で、ベルリン警視総監グルジェジンスキは一九三一年七月に政治的酒場に対する措置を指示し、これを受けて、警察は政治的酒場対策に本腰を入れ始めた。凶悪さの目立つ酒場に対しては、営業時間短縮（夜間閉鎖）、場合によっては完全な閉鎖という強硬手段がとられた。

現存する警察の記録からは、一九三一年八月から三二年七月までに実施された三二件の政治的酒場に対する当局の措置を確認することができる。対象となったのは、共産党の九件（酒場数九軒）に対して、ナチスが二三件（二度処分を受けた酒場が五軒あるため、酒場数は一八軒）であり、ナチスの酒場の「凶悪さ」が目立っている。また、当初は夜間（一八時から六時まで）の営業禁止を三～四週間の期限で命じていたが、一九三二年二月頃から、より厳しい措置（一定期間の完全閉鎖）がとられ始めている。この頃になると、警察は政治的暴力と酒場を一体的に考えるようになっており、政治的暴力の阻止には酒場への措置が必要と認識していた。

こうした警察の措置に対して、大半の酒場店主たちは異議を申し立てたが、中には警察の措置を無視するケースや、措置の後も常連酒場を続けるケースが見られた。例えば、一九三二年二月に四週間の夜間閉鎖措置を受けたミッテのナチスの酒場（レギーン）の店主は、措置の発効後もナチスに酒場を使用させたため、三月により厳しい措置（二か月間の完全閉鎖）を受けている。一九三二年三月に二週間の夜間営業禁止を命じられ、政治的騒動をもう一度起こした場合の完全閉鎖を警告されていたフリードリヒスハインの共産党酒場（ベーンケ）は、営業再開後も引き続き共産党の拠点として機能していた。

ここまで取り上げてきた事例から明らかになるのは、ワイマル共和国後期の党派対立型暴力が酒場を「前線基地」、近隣社会一帯を「戦闘地域」として展開していたことである。一九三〇年代初頭の政治的暴力を象徴する光景について、以下ではさらにミクロな地域のレベルで眺めてみることにしよう。事例とするのは、ベルリンの市区の一つクロイツベルクである。

## 三　ある近隣社会の事件史――ベルリン・クロイツベルクのノスティツキーツ

### 地域の状況

一九二〇年四月に周辺自治体を統合して成立した「大ベルリン」において、クロイツベルクは旧市内六市区の南側に位置していた（巻末地図②）。正確に言えば、大ベルリン誕生時の区名は「ハレッシェス・トーア」であり、その後、周辺地域と合併して一九二一年九月に「クロイツベルク」へと名称変更された。この地域は、一九二〇年代を通じて地下鉄が南東方向へ延伸されたことでベルリン中心部（ミッテ）に向かうベッドタウンとなり、人口が増加した。ベルリンの人口約四〇二万人（一九二五年）のうち、クロイツベルクには約三七万七〇〇〇人が居住しており、人口規模・密度ともに最大であった。同時に、人口の変動も大きく、区内では毎年全人口の七分の一が入れ替わっていたと言われる。

クロイツベルクの産業は多様であり、このため住民の社会層も入り混じっていた。クロイツベルク北西部とミッテの境界には、出版・新聞・印刷業や研究機関が集中する地区が広がり、ベルリンの印刷所の半数以上が立地していた（ドイツ最大の発行部数を持つ『ベルリナー・モルゲンポスト』や社会民主党の機関紙『フォアヴェルツ』の社屋もここに置かれた）。また、南西部では中小の手工業者や小経営などの自営業者が目立っていた。特に、ヨーク通りやベル・アリアンス広場（現在のメーリング広場）付近にはブルジョア居住地区が広がり、ヴィクトリア公園の南東部には高級住宅街も見られた。これに対して、ゲルリッツ駅周辺に労働者地区が広がっており、その中心はゲルリッツ通りやウィーン通りだった。大雑把に言えば、クロイツベルクの東部には労働者、西部には新旧中間層が多く居住しており、モーリッツ広場とカイザー・フリードリヒ広場（現在のズートシュテルン）を結ぶ線が東西の境界だった（巻末地図③）。

一九二五年の統計によると、クロイツベルクの全就業者のうち、労働者は四七・五％、新中間層（職員・公務員など）は二六・五％、旧中間層（自営業者）は一三・八％であった。この労働者（家事手伝いを含む）の割合はベルリンの平均を上回ってはいたが、二〇の市区で一一番目であった。それでも、東部に広がる労働者地区の存在により、クロイツベルクはヴェディングとノイケルンとともに左翼勢力の牙城の一つとみなされていた。

実際、クロイツベルクでは、左翼勢力が選挙において常に過半数の票を獲得していた。その得票率は、一九二一年一〇月の市議会選挙で五一・八％（ベルリン全体では四九・一％）、一九二五年一〇月の市議会選挙で五五・六％（同五二・二％）、一九二八年五月の国会選挙で六〇・八％（同五七・六％）と常にベルリンの平均を上回っていた。その中で左翼内での勢力関係は変化し、一九三〇年代になると共産党の得票率が社会民主党を上回るようになった。

これに対して、この市区でのナチ党の得票率は、一九二九年一一月の市議会・区議会選挙で五・四％、一九三〇年九月の国会選挙で一四・〇％、一九三二年四月のプロイセン州議会や七月の国会選挙では約二六％だった。

## ノスティッツキーツの状況

中間層が比較的多いクロイツベルク西部にも、飛び地のように労働者地区が点在しており、共産党を支持する労働者が居住していた。その典型が、南北に延びるノスティッツ通りを中心に、東西に走るグナイゼナウ通り、マリーエンドルフ通り（現在のリーマン通り）、ベルクマン通り、アルント通り、並行するゾルムス通り、ツォッセン通り、ミッテンヴァルト通りに囲まれた一帯である（巻末地図④）。ここでは、歴史家O・レシュケに倣って、この地区を「ノスティッツキーツ」[20]と呼ぶことにしよう（広く見れば、北はバールート通り、南はフィディシン通り、西はベル・アリアンス通り［現在のメーリングダム］、東はミッテンヴァルト通りまでがこのキーツの周辺ということになる）。ヴェディングのケスリン通りと並んで、ノスティッツ通りは「赤い通り《ローテ・シュトラーセ》」として「市内でよく知られた共産党の牙城」[21]であった。ここは、ナチスが活発に侵入を試み、共産党との間に激しい暴力対立が生じた地区でもあった。

ノスティッツ通りのうち、グナイゼナウ通りとアルント通りに挟まれた約四〇〇メートルの区間にある一五〇〇世帯はほぼ労働者世帯であった。総じて、その生活状況は劣悪で、とりわけ世界恐慌の発生後、住民の多くが失業していた。彼らのほとんどは共産党やその関連団体（各種スポーツ団体、救援組織、青年組織など）に組織されており、五月一日（メーデー）や一一月七日（ロシア十月革命記念日）には、通りが赤旗や横断幕で埋めつくされていた。この地区で暮らした二人の人物の回顧を引用してみよう。

一人目はノスティッツ通りで生活していた人物（一九一五年生まれ）で、一九九二年にワイマル期の様子について次のように述べている。

……ノスティッツ通りは約六〇の賃貸住宅を持つ島だった。……ノスティッツ通りでの政治活動の中心だったのは、まずもって一六番地の共産党の常連酒場だった。すべてのデモ、例えばメーデーや装甲巡洋艦建設反対などでは、ここに指導部が置かれた。指導部内では、街頭の装飾、常連酒場の防衛、選挙準備などが協議された。したがって、例えば五月一日や一一月七日のために、特にノスティッツ通りの中央部、すなわちグナイゼナウ通りとベルクマン通りの間では、実際に溢れんばかりの旗が立てられ、通りの至る所に横断幕が張られていた。*22

もう一人はミッテンヴァルト通りで生まれ、ノスティッツ通り近くで暮らした人物（一九一四年生まれ）で、一九八二年に以下のように回顧している。

ナチスの選挙での最初の大きな成果の後、SAが街頭で体系的に足場を固め、その酒場から街頭テロを開始したが、〝密集した〟居住区は存在していた。SA隊員になることは、ノスティッツ通りでは一九三二／三三年まで不可能で、それに対してブリュッヒャー通り［注：ノスティッツ通りの北］ではすでに行われていた。ノスティッツ通りは共産主義者の通りだった。例えば、ヴェディングのケスリン通りやノイケルンのプリンツ・ハンジェリー通り［注：現在のツィーテン通り］のように。選挙や他の機会には、赤旗が窓から掲げられていた。ここには、多数の長期失業者が暮らし、極めてひどい生活状況だった。その中の若者たち（一六から二三歳）は、一九二九年以降非合法となった赤色青年戦線［注：RFBの青年組織］の隊列を埋めていた。RFBは多数の失業者の政治的故郷となった。[*23]

## ノスティッツキーツの政治的酒場

他の労働者地区と同様、ノスティッツキーツとその近辺にも複数の共産党の酒場が存在しており、少なくとも以下の五つを確認できる（巻末地図④）。

①エマ・ランゲ［通称〝エマおばさん《タンテ・エマ》〟］（グナイゼナウ通りとシュライアーマッハー通りの角）
②ロレンツ（ノスティッツ通り一六番地）
③ツム・モーレンベルク（ゾルムス通りとマリーエンドルフ通りの角）
④リピンスキ（ノスティッツ通り六三番地［バールート通りとの角］）
⑤ベックマン（メッケルン通り七七番地）

このうち、一九三一年夏まで共産党の活動の中心的機能を果たしていたのが、②のロレンツである。一九三〇年一二月二一日付の警察報告が「この酒場からほぼ毎日、共産党員による政敵への襲撃が組織・実行されている」、三一年三月一二日付の警察報告が「クロイツベルクでの政治的な襲撃や銃撃事件のすべてがロレンツの酒場で協議・組織されてきたという疑いが濃厚である」と指摘しているように、警察はこの酒場を「騒擾の発生源」とみなしていた。[*24]

なお、警察は一九三一年八月にロレンツの夜間営業を禁止している。警察報告によると、その際にこの酒場は共産党の常連酒場をやめたようであり、これ以後の警察史料に「ロレンツ」の名は登場しない（ただし、レシュケは一九三三年二月初旬にナチスがこの酒場を襲撃・破壊したと指摘しており、何らかの形でこの酒場が共産党の拠点として存続していた可能性がある。また、警察はロレンツの代わりに④のリピンスキが利用されたと報告しているが、この酒場に関する情報は史料にはほとんど出てこない。むしろ一九三一年八月以降、①のエマ・ランゲでの活動が活発になっている)。

この月には、ノスティッツキーツの中心部にナチスの酒場が出現している。それが、グナイゼナウ通り一七番地のツア・ホッホブルクである。この酒場は、東部のウィーン通りにあったナチスの酒場ヴィーナー・ガルテンとともにクロイツベルクでのSAの活動拠点となった。この他にも、南のユーターボーク通りに一つ、クロイツベルク通りとカッツバッハ通りの角にもう一つのナチスの酒場(バーダーとヘーア)を確認できる。さらに、ベアヴァルト通り三八番地には、SAの宿泊所を兼ねた診療所があった。ここでは一一床のベッドが設置され、医師である夫婦が負傷したSA隊員の治療にあたっていた。加えて、ナチ党地区支部の事務所もグナイゼナウ通りに置かれていた。

この他、ノスティッツキーツの南側には社会民主党・国旗団の二つの常連酒場があった。一つはアルント通りのハイデルベルガー・クルーク、もう一つがヴィリバルト・アレクシス通りのゼーハクである。社会民主党と国旗団はここを拠点にナチスと共産党の両方に対峙していた。活動的な国旗団員だった人物が一九九五年にこう回想している。

われわれは、自陣の防衛部隊とともに、党の活動や集会を警備した。三〇年代になると、グナイゼナウ通りとゾルムス通りの角に悪名高い集合場所［注：ツア・ホッホブルクのこと］を設けたSAと対立しただけでなく、共産党との乱闘も幾度となく発生した。共産党はノスティッツ通りに中心を置き、われわれのポスター貼りの活動を阻止しようとした。[*25]

ナチスの酒場「ツア・ホッホブルク」の様子（1933年の撮影とされるが詳細は不明）
［LAB, F Rep.290（03）, Nr.0057857/Fotograf: k.A.］

このように、確認できるだけでもノスティッツキーツやその周辺には共産党とナチス、さらに社会民主党・国旗団の酒場がひしめき合っていた。地図を見ると明らかだが、ナチスの酒場ツア・ホッホブルクは、共産党の三つの酒場の真っただ中に位置していた。一九三一年八月にツア・ホッホブルクが開店する際、ナチスはわざわざこの立地を選んだのであり、これによりこの地区で激しい対立が起こるのは必定だった。とりわけ、この地区の共産党支持者の一部がナチスに転向する事態が生じると、その緊張はさらに高まることになる。一九三一年一〇月一〇日付の警察報告は、以下のように述べている。

ツア・ホッホブルクは一九三一年八月末にナチスの常連酒場になった。この時点から、その地域の過激な派閥グループ支持者の間の政治的状況が極めて尖鋭化した。具体的には、共産党員とナチ党員の間の衝突や口論が増加した。……地域の状況からもすでに明らかなように、二つの政治的方向［注：ナチスと共産党］のメンバーや支持者たちは――大部分は特別な制服や徽章によって外見的に識別される――それぞれの酒場に向かう途中で出くわすことになり、その際、特に夜遅い時間帯には、罵詈《ばり》雑言や結局のところ暴力行為で意見の相違を示すことになる。この地域の多くの共産党支持者を不快にさせている最大の理由は、それまでの共産党組織、とりわけ赤色青年戦線や共産党青年団のメンバーが転向してナチ党員となり、酒場ツア・ホッホブルクに出入りしているという事実であろう。[*26]

この緊迫した状況に対して、当然、警察も監視活動を強化した。とりわけ、共産党やナチスの酒場は警察の恒常的かつ重点的な監視対象となったが、それでもノスティッツキーツでは政治的暴力が繰り返されていくことになる。

## 政治的街頭闘争の展開

クロイツベルクは、ナチスと共産党が激しい街頭闘争を繰り広げた地区の一つであった。キリスト教民主同盟の政治家で一九六〇年代に西ドイツで国務大臣を務めたヨハン・バプティスト・グラドルは、一九八二年にワイマル期ベルリンでの経験について述懐している。

一九三一年の暗い秋の夕暮れ、ベルリン・クロイツベルクでの党集会から帰宅する際に私が体験したことは、決して特殊なケースではなかった。ある通りの角の前で、私は滑って転んだ。同行していた者が私を支えなかったら、血の海へ倒れ込んでいただろう。二〇分ほど前に、そこでは一人の男が射殺されていたのである。交差点では、ベルリンではよく言われていたように、二つの街角酒場《エックナイペ》が向き合っていた。一つには共産主義者、もう一つにはSAが出入りしていた。この夜、通り越しに銃撃が行われた。集会の粗野な妨害、デモでの殴り合いや銃撃はありふれたものとなっていた。*27

グラドルが言うように、ナチスと共産党を中心とする暴力的闘争が激しかったクロイツベルクでは一九三〇年代初頭、こうした暴力沙汰が「ありふれたもの」となっていた。

警察史料によると、ノスティッキーツで発生した暴力沙汰の最も早い記録は一九二六年二月一二日である。これは、ゲッベルスがベルリンに赴任する九か月前であり、ベルリンのナチスはまだ弱体であった。この日、ノスティッツ通りの南に位置するフィディシン通りにあるボック醸造所でナチスの集会が行われた後、ベル・アリアンス通りとグナイゼナウ通りの角でナチスと共産党の間での乱闘が発生し、警察が介入している（負傷者は不明）。

一九二九年一月一日早朝には、HJのメンバー六名がブリュッヒャー通りとツォッセン通りの角で約二〇名の共産党系赤色青年団の若者と乱闘となり、ナチス側一名がナイフで刺されて負傷している。興味深いのは、HJのメンバーは制服や徽章を着用しておらず、外見的にはそれと分からなかったが、両集団の中に学校の同級生がいたため、この集団をHJと認識した点である。この「顔見知り」という状況の中に、地区内の日常と政治的暴力のつながりを見て取ることができるだろう。

一九三〇年代に入ると、この地域での暴力沙汰は増加し、徐々に酒場が絡んでくることになる。一九三〇年から三二年夏にかけてノスティッキーツやその周辺で発生した政治的暴力のうち、警察史料で確認できたものを以下に示してみよう。

①一九三〇年一月一二日、ベアヴァルト通りとブリュッヒャー通りの角で、ナチ党員数名と共

産党系反ファシスト組織のメンバー一五名が遭遇し、逃げ出したナチ党員に対して二発を発砲。負傷者なし。

②一九三〇年九月一〇日、ナチスの集会参加者の一部がグナイゼナウ通りをヨーク通り方向へ進んでいると、ノスティッツ通りあたりで共産党との乱闘が発生。共産党側が発砲し、容疑者は酒場（ロレンツ）へ逃走。

③一九三〇年一〇月三〇日、グナイゼナウ通りでの集会から帰宅途中の鉄兜団員に対して、ベル・アリアンス通りで共産党員一五名が投石。共産党員はノスティッツ通りへ逃走。その後、ゾルムス通りに住む鉄兜団員が自転車に乗って数名の護衛とともに帰宅していると、人通りのないノスティッツ通りで笛の合図とともに三〇～四〇名の共産党員が襲撃。鉄兜団員は地面に倒されて暴行を受け、自転車が破壊される。その後やってきた一〇～一二名の鉄兜団員もそこで襲撃され、暴行を受ける。騒ぎを聞いた警察が駆けつけると、襲撃者は周辺の家々へ逃走。

④一九三〇年一一月二七日から二八日に日付が変わる頃、集会から帰宅途中の青年ドイツ騎士団員五名がツォッセン通りとゾルムス通りの間のグナイゼナウ通りで共産党員に襲撃され、八発の銃撃を受けて二名が負傷。共産党員はロレンツの酒場で組織されていた。

⑤一九三〇年一一月二八日、グナイゼナウ通りとゾルムス通りの角で、郵便局員（党派不明）

が共産党員に銃撃される。

⑥一九三〇年一一月三〇日、デモ行進後のナチ党員やSA隊員一五〜二〇名がグナイゼナウ通りを東へ移動。ノスティッツ通りに住む者を送り届けるために一部が通りに入ろうとすると、警笛が鳴って周囲の建物やロレンツの酒場から共産党員が現れて襲撃し、複数のナチ党員が負傷。警官が駆けつけたため、犯人は逃走。

⑦一九三〇年一一月三〇日、ゾルムス通りでナチ党員一名が銃撃により負傷し、病院へ搬送される。

⑧一九三一年二月一九日深夜、カッツバッハ通りとクロイツベルク通りの角にあるナチスの酒場（ヘーア）に対して共産党員が一五発の発砲。店の壁を狙った発砲で大きな被害なし。店の入り口にいた一名が頭部に擦過傷。警察はこの襲撃を計画的犯行とみなし、ロレンツの酒場を家宅捜索し、店主ヴァルター・ロレンツを拳銃所持容疑で逮捕。鑑定の結果、発見された拳銃がヘーア襲撃で使用されたものであることが判明し、警察はロレンツの酒場で武器の受け渡しが行われたと推定。

⑨一九三一年二月二日二二時から二三時にかけて、ベルクマン通りとベル・アリアンス通りの角付近でそれぞれ集会帰りのナチ党員と国旗団員の乱闘が発生し、双方二名ずつが負傷し、病院へ搬送される。

⑩一九三一年八月三日、ノスティッツ通りで一〇～一五名の人だかりがあるとの通報で警察が急行し、通りをバリケードで封鎖。この措置に対して、通りにいた者たちがわめき声や口笛で抗議。周辺の家屋から警察に物が投げつけられ、発砲も行われる。これに対して警察が行った威嚇射撃がアパートの住民一名の胸に命中。付近の住民約三〇名が警察に連行される。警察はこの騒動の起点をロレンツの酒場とみなしている。この事件の後、グナイゼナウ通りにナチスの酒場ツア・ホッホブルクが開店。

⑪一九三一年九月九日、そのツア・ホッホブルクを共産党員が襲撃し、入り口で見張りに立っていたSA隊員二名を銃撃した後、店内に向けて発砲。SA隊員二名のうち一名が死亡し、もう一名が重傷、店内にいた二名が負傷。その後、警察は共産党の酒場（エマ・ランゲ）を捜索し、七名を逮捕（後に嫌疑不十分で釈放）。重傷を負ったSA隊員は元共産党員であり、警察は相次ぐナチスへの転向に対する共産党側の憤激を事件の動機とみなしている。

⑫一九三一年九月一〇日一七時頃、グナイゼナウ通りでナチ党員と口論になった通行人が、ゾルムス通りの自宅前でナチ党員から激しい暴行を受ける。ナチスの酒場（ツア・ホッホブルク）からの嫌がらせのひどさを理由に、通行人が前日のこの酒場への襲撃を正当化したことでナチ党員が集まってきたという。襲撃したナチ党員はツア・ホッホブルクへと逃げ込み、そこで駆けつけた警官によって逮捕されている。

⑬一九三一年九月一八日深夜、酒場（エマ・ランゲ）を出た共産党員三名がツォッセン通りでナチ党員一五名と遭遇し、ナチス側が拳銃で脅す。逃げた三名に対してナチ党員が激しい暴行を加え、一名がナイフで切りつけられ、他の二名もバックルや鉄製の鞭で打たれて負傷。ナチ党員の多くはツア・ホッホブルクへ逃げ込む。

⑭一九三一年一〇月二日、ベアヴァルト通りで共産党員一名がナチ党員三名に襲撃され、暴行を受ける。駆けつけた警官の制止に三名が従わなかったため、警官が一発を発砲し、ナチ党員一名の左手に命中。

⑮一九三二年一月二〇日二一時頃、カイザー・フリードリヒ広場に近いグナイゼナウ通りで、ナチ党員三名が共産党組織（反ファシズム闘争同盟）のメンバー二五〜三〇名に襲撃され、暴行と銃撃を受ける。共産党員はナチ党員に向けて五〜六発を発砲し、ナチ党員一名の足首に命中。他の一名も暴行を受けて左目を負傷。共産党員の一部は犯行後に近くの酒場（エマ・ランゲ）へ逃げ込むが、そこで二名逮捕。その後の家宅捜索で、共産党員宅から銃弾が装塡された拳銃二丁が押収される。

⑯一九三二年三月八日一九時頃、グナイゼナウ通りとベアヴァルト通りの角でデモから帰宅する共産党員が多数のナチ党員に遭遇し乱闘が発生。投石により少なくともナチ党側の一名が負傷。

⑰一九三二年四月三日正午頃、ツア・ホッホブルク周辺に共産党員が集結したため、襲撃を危惧した警察が酒場の前に警官を配置し、人だかりを排除。グナイゼナウ通りとツォッセン通りの角にいた集団が警官に対して暴言を吐き、逮捕しようとした警官に対して暴行。背後から警官を襲って逃走した共産党員が、バールート通りで警官の銃撃を受けて負傷する一方、発砲した警官も付近にいた者に襲われ、拳銃と警棒を奪われる。その後、機動隊が介入して数名を逮捕。

⑱一九三二年四月二四日、メッケルン通りで反ファシズム闘争同盟メンバー二名が路上に組織の合言葉を落書きしているところに、近くのナチスの酒場（ヘーア）を出たナチ党員が通りかかり口論が発生。いったんは解散したが、その後、両者（共産党側は八名に増員）の衝突に至り、共産党側から三回の発砲。ナチ党員一名がこの銃撃で死亡。

⑲一九三二年六月七日二一時頃、グナイゼナウ通りとノスティッツ通りの角で共産党員一〇～一五名がナチ党員四～五名を襲撃。負傷したナチス側の二名を警察が病院に搬送。

⑳一九三二年六月二一日二三時頃、シュライアーマッハー通りに住むナチ党員を護衛していた約二〇名の集団が共産党酒場（エマ・ランゲ）の前で共産党側と罵り合いとなり、その後シュライアーマッハー通りに入ると、待ち伏せていた共産党員との間で衝突が発生。警察の捜査の結果、最初にナチスが二発を発射した後に、共産党側が六発を発砲したことが判明してい

る。この銃撃で負傷したＳＡ隊員一名が病院搬送後に死亡。

## 暴力と隣り合わせの日常

以上の事件の多くは、警察がこの地区での監視を強化し、常にパトロールを行い、酒場にも見張りをつけていた中で発生している。すでに一九三〇年一二月の時点で、警察が「このところ複数の共産党襲撃班の活動により、グナイゼナウ通り近辺［注：ノスティッツキーツ］が特に騒動の火種を抱える地域となってしまった」[*28]と報告しているように、ノスティッツキーツはベルリンで指折りの暴力多発地区となった。ナチスと共産党の酒場が隣接していたこの地区は、政治的暴力の日常化を示す典型例だろう。

こうしたノスティッツキーツの状況に関して三つの点に注目したい。

第一に、暴力沙汰が多くの共産党支持者を抱えるノスティッツ通りではなく、その周辺で発生している点である。これは、ナチスがキーツの中核に侵入できなかったことを示しており、ワイマル期の労働者地区における共産党の強力な存在を感じさせる。

第二に、これらの事件の多くが共産党による襲撃であった点である。これは、酒場を拠点としてキーツに侵入しようとするナチスに対する共産党の「排除行動」と解釈することができるだろう。しかし同時に、警察史料からは、事件の発生状況とは裏腹に、警察の厳しい措置がナチスの酒場に向けられていたことも明らかになる。例えば、一九三一年一一月一〇日付で、ツア・ホッホブルクの店主パウル・スクーベルに対して、四週間の夜間営業禁止（一八時から翌朝六時まで）が命じられている。さらに同年一〇月六日の大統領緊急令に基づき、警察は一九三二年二月五日付でこの酒場の三月四日までの完全閉鎖に踏み切っている。警察は、この酒場が「共産党とナチスの間の暴力的対立の中心点」として「当該地区の住民を絶え間のない動揺に陥れた」点を閉鎖理由に挙げており、とりわけ酒場前でのSA隊員の見張りや周辺での「パトロール」を対立原因とみなした。事件⑫で通行人がツア・ホッホブルクからのひどい嫌がらせを指摘していたが、こうした措置は、被害者としてのナチスの姿が現実と乖離していた可能性を示唆している。

第三に、狭いキーツは政治的闘争の場であると同時に、そこに暮らす人びとにとっての日常生活の空間でもあった点である。政治的暴力が日常化した結果、そうした生活空間と政治的暴力は背中合わせになり、人びとが行きかう街頭は暴力の舞台へと容易に変異し、住民たちは日常の中で「侵入者＝ナチス」に暴力で対抗していった。こうした暴力事件に関与した者（住民たちは、決して上からの命令で動くだけの「駒」ではなく、キーツ内での日常を生きる「ふつうの人びと」であった。例えば、事件⑱でナチ党員を射殺したフランツ・メルス（共産党組織のメンバー）は、まだ二〇歳になったばかりの暴力とは無縁の若者だった。乱闘の中で隣にいた仲間から無理やり銃を手渡され（その仲間は銃を撃つ「勇気」がなかった）、彼はパニックの中で狙いも定めず発砲している。銃の扱いに関してまったくの素人であり、逮捕後に我に返ったメルスは警察の取り調べに素直に応じ、自らが射殺したナチ党員への謝罪の言葉を口にしていた。ナチスであれ、共産党であれ、こうした若者たちが一部は暴力に魅せられ、一部は党派やキーツの状況から、日常生活の中で暴力に手を染めていったのである。

暴力の「日常化」は、ノスティッツキーツだけの現象ではなかった。種々の史料からは、こうした草の根レベルでの政治的暴力が、一九三〇年代初頭のベルリンに遍在していたことが明らかになる。先に挙げたノスティッツキーツでの二〇件の暴力沙汰が社会の中でセンセーションを巻き起こさないほど、政治的酒場を拠点に政敵どうしが暴力を繰り返す光景は「ありふれた」日常の一部となっていたのである。

そうした無数の政治的暴力を社会の中に抱えたまま、ワイマル共和国は政治的危機を尖鋭化させていく。

# 第六章　ワイマル共和国の終焉

## 一　ナチ政権の成立――共和国末期の政治

### 混迷する政治状況

ここで再び共和国の政治へと立ち返ってみることにしよう。

一九三二年後半になると、ワイマル民主主義の空洞化はもはや回復不能な段階まで進んでいた。「大統領の独裁」と言われるほどに権威主義化した政治は、大統領ヒンデンブルク周辺の特定の人物に左右されるようになった。とりわけ首相パーペンはヒンデンブルクの寵愛《ちょうあい》を受けた一人だった。

第四章で触れたように、八月一三日に行われた大統領ヒンデンブルクとヒトラーとの会談では、ヒトラーが首相ポストにこだわり、パーペン内閣への副首相での入閣という提案を拒否した。これに対して、ヒンデンブルクもヒトラーへの首相指名を断固拒否し、パーペン内閣の継続に固執したため、交渉は決裂した。「ヒトラーの屈辱的敗北」[*1]に終わった会談後、ナチスは公然と反パーペン路線へと転換し、以後三か月にわたってパーペン内閣に攻撃的姿勢を示すことになる（八月二二日に、ヒトラーが「ポテンパ事件」で死刑判決を受けた被告への連帯を表明し、パーペン政府への無条件の闘争を宣言したことは、その先駆けだった）。それは同時に、パーペンやシュライヒャーの思惑（政権へのナチスの取り込み）が、ヒトラーの徹底した姿勢の前に挫折したことも意味していた。

一九三二年七月選挙後の国会において多数派形成が唯一可能だったのは、ナチ党とカトリック政党（中央党とバイエルン国民党）の連立であった。八月後半、ナチスは、同じく反パーペン内閣の立場を明確にしていた中央党と接触し、八月三〇日には同党およびバイエルン国民党の協力で、ナチ党のヘルマン・ゲーリングが国会議長に選出されている。しかし、前年一一月のヘッセン州のケースと同様、ヒトラーの権力要求の前に両党の連立交渉は失敗に終わった。

ヒトラー・ヒンデンブルク会談の決裂後、パーペンは国会を再び解散して国家非常事態を宣言し、憲法二五条の規定（解散後六〇日以内の総選挙の実施）に反して選挙を無期延期しようとした。八月三〇日、パーペンの他に国防相シュライヒャーや内相ガイルが参加したノイデック農場での会合で、ヒンデンブルクはこの計画を了承した。

パーペンの計画は九月一二日の国会初日に実行されるはずであった。しかし、大統領の解散文書を読み上げようとするパーペンを無視する形で、議長ゲーリングが共産党提出の内閣不信任案の採決を許可し、五一二対四二という大差で不信任案が可決されてしまった。直後に議会は解散されたが、総選挙の無期延期というパーペンの計画は実行されず、憲法の規定に従って一一月六日に投票日が決定された。

## パーペンの大統領緊急令と「ストライキの波」

大統領官邸周辺で政治的な駆け引きが繰り返されている頃、巷では世界恐慌の深刻な影響が持続していた。失業者数は一九三二年二月頃がピークだったとはいえ、この年の秋になっても、多くの者が公的給付に頼らざるを得ない状況に変化はなかった。

パーペン内閣は発足直後から公的給付の削減を進め、資本家寄りの立場を鮮明にしていた。さらに秋になって、パーペンは資本家側が目の敵にしていた労働協約制度の解体に乗り出したため、各地の経営（事業所や工場）ではストライキが頻発した。その際、各地のストライキ現場では街頭とは異なる状況が現れている。すなわち、一九三二年に入って激しさを増していた街頭闘争とは正反対の構図、各党派の被用者組織（NSBO、共産党系の革命的労働組合反対派［RGO］、社会民主党系の自由労働組合）の経営内共闘である。

この背景について少し触れておこう。「労働協約令」（一九一八年一二月二三日）によって確立した労働協約制度は、労使が対等な団体交渉により労働協約を結び、自律的に労働条件を決める「協約自治」の原則を打ち立てた。一九二三年には「調停制度令」が制定され、労使交渉が不調の際に国家が労使間を調停し、場合によっては仲裁裁定を出す「労働争議調停制度」が作られた。この仲裁裁定に対して国家が拘束力を宣言すると、労使双方に「平和義務」が課され、労働争議は強制的に回避された。

一九二〇年代を通じて、労働協約および労働争議調停制度は労働組合の立場を高め、労働者の実質賃金は三〇年まで着実に上昇した。しかし、同年末に発生したルール炭鉱争議をきっかけに「労働協約への資本家の総攻撃」[*2]が始まり、世界恐慌下で守勢に立つ労働組合は労働争議調停制度を利用して国家の力で労働条件を守る苦しい立場に追い込まれた。

ブリューニング内閣の「デフレ政策」は有効な労働協約が定める賃金を大統領緊急令を用いて強制的に引き下げ、ワイマル社会国家の中核である労働協約制度の空洞化を促進した。公務員から始まった賃金の強制的な引き下げは、第四次大統領緊急令（一九三一年一二月八日）で民間企業に及び、一九三二年春の段階で労働者の実質賃金は二〇年代後半に比べて二〇％近く減少している。

パーペン内閣になって、労働協約制度はさらに解体へと導かれることになる。そもそも、それまでの内閣とは異なり、パーペン内閣には労働者の代表が皆無であった。この内閣では、資本家側の要求が一方的に受け入れられ、賃金決定システムからの労働組合の排除が公然と行われた。一九三二年九月四日の「経済再生のための緊急令」では、雇用創出を実施する企業への免税措置が打ち出され、さらに翌五日の「就業機会の増加・維持のための緊急令」では、新規雇用の増加を達成した企業、もしくは国家の調停官の同意を得た経営不振の企業には労働協約の一方的な変更（賃金の引き下げ）が認められている（すでにブリューニング内閣で引き下げられていた賃金がさらに二〇％減少する可能性があった）。下方硬直化した賃金の引き下げという点では、ブリューニング内閣の政策と連続していたが、パーペン内閣の政策は労使交渉の一方の当事者に協約変更の権限を与えた点で、協約の不可変性と労使同権の原則を崩すものであり、ワイマル社会国家を解体に導くものであった。

こうした政策に対抗して、ドイツ各地で賃下げに反発する「ストライキの波」が発生した。各経営内の自由労働組合、NSBO、RGOの間に一時的な共闘（共闘の形は各経営内で異なっていた）が成立して資本家側に対峙したが、それは生活のさらなる悪化を阻止しようとする超党派的な「社会的窮乏同盟」[*3]の性格を帯びていた。もっとも自由労働組合の幹部たちはストライキに消極的であり、この闘争を積極的にリードしたのはRGOであった。NSBOもこの秋には急進化し、ナチ党指導部の容認、少なくとも黙認の下で各地のストライキに参加している（公式見解によると、NSBOは九月から一一月の間に七五件のストライキに参加している）。

## ベルリン交通ストライキ

一九三二年秋の「ストライキの波」のピークとなったのが、一一月三日から七日にかけて発生した「ベルリン交通労働者ストライキ」（BVGストライキ）であった。一一月六日の国会選挙の投票日を前に、このストライキは選挙戦終盤の首都で発生した大規模なストライキとして歴史に名を残している。

舞台となったのは、一九二九年一月に地下鉄・バス・市電を運営する三社を統合して成立したベルリン交通会社（BVG）である。BVGは、社会民主党が長らく経営にも関与することで、労使ともに社会民主党が主導する特殊な公営企業であった。世界恐慌下に赤字経営へと転落したBVGでは、運賃の値上げやバス・市電路線の統廃合が行われたが、赤字解消には程遠く、一九三〇年秋以降、従業員（職員・労働者）に対して五回の賃下げが実施された。その結果、一九三二年初頭のBVG従業員の賃金は一九二九年と比べて二七％の減少となり、従業員数も一九二九年末から三年のうちに二〇％減少していた。こうした会社側の度重なる賃下げや解雇に対して、BVG内では比較的早い時期（一九三〇年秋）からRGOとNSBOが接近した。

一九三二年九月末に期限切れとなったBVG従業員の労働協約をめぐる労使交渉は難航した。大統領緊急令に基づいてさらなる賃下げを主張する会社側に対して、従業員側の不満と反発は大きかった。この状況下で、スト突入に慎重な労働組合指導部に対して積極的にストライキを主張したのがRGOとNSBOだった。結局、労働組合指導部が反対する中で、一一月三日に組合員を含むBVG従業員のほとんどがストライキに突入し、ベルリンの地下鉄五路線、バス二八路線、市電七二路線がストップした。しかし、この日のうちに国の調停官が会社側の主張を受け入れた仲裁裁定を出し、さらに拘束力を宣言したことで、このストライキは「山猫スト」となった。

二日目（一一月四日）以降、BVGストライキは通常のストライキの範囲を越えて街頭闘争の様相を呈することになる。市内各所には車両の走行を妨害するバリケードが築かれ、投石騒ぎが発生したため、ベルリン市側は武装警官を投入して車両や施設の警備を行った。この日、ゲッベルスは日記にこう記している。

BVGストライキでの路面電車の通行妨害（1932年11月）［BA, Bild 183-B0527-0001-789］

ヴェディングやノイケルンでは、乱暴な街頭闘争へと至った。交通は完全にストップしてしまった。ベルリンは死の都市という姿を呈している。われわれの仲間は、もちろん市内各地でストライキの主導権を握った。これもベストだ。こうなったらとことんやる。時々刻々と、新たな残忍なテロ行為が発生している。すでに四名の死者が出た。ベルリンは革命の雰囲気に支配されている。[*4]

国会選挙投票日の一一月六日もBVGストライキは継続したが、スト参加者の一部に対する会社側の解雇措置も影響して、スト戦線は七日に入って瓦解し、従業員は職場に戻っていった。この間に四名の死者と多数の負傷者を出し、五六〇名が逮捕されたが（共産党が一一六名、ナチスが一一五名）、このうちBVG関係者は約二〇%に過ぎなかった。逮捕容疑も、初日の三日はストライキに関する行為が大半だったが、二日目以降は器物損壊や傷害、公務執行妨害など刑法上の犯罪行為が増加している。賃下げ阻止を掲げて始まったストライキは、BVGという一企業の枠を超え、首都の治安を脅かす騒擾に発展したのである。八日午前中にはベルリンの公共交通は平常化し、五日間のストライキは共産党とナチスの敗北で幕を閉じた。

### ナチスの左傾化？

一九三二年六月初旬にパーペン内閣が発足した時点では、ナチスはこの内閣を寛容する姿勢を示していた（これに対するパーペンからの見返りが国会の解散とSA禁止令の廃止だった）。これにより、それまでブリューニング内閣に対する社会民主党の寛容政策を激しく攻撃してきたナチスが、今度は「反動的なパーペン内閣を寛容する政党」として非難されることになった。

国民からあまりに不人気なパーペン「男爵内閣」への接近は、選挙での高い得票率を拠り所とするナチスにとっては得策ではなかった。パーペン内閣と対決してブルジョア層の支持者を失うリスクと、パーペン内閣と同一視されることで労働者層の支持者が離反するリスクに直面したナチ党指導部は結局、前者のリスクを重視することになる。
七月末の国会選挙前の段階で、ゲッベルスはナチ党全国プロパガンダ指導者として、すべての大管区に宛てて次のような書簡を送っている。

パーペン政府はわれわれの政府ではない。われわれがそれを任命したのではなく、その中に国民社会主義者がいるわけでもない。それゆえ、国民社会主義運動はこの内閣の政治活動への責任を絶対に引き受けることはできない。また、国民社会主義運動がパーペン政府を寛容するつもりと表明したというのも真実ではない。国民社会主義運動はこの政府に対していかなる条件にも応じなかった。黒―赤の党〔注：中央党と社会民主党〕やそれらの新聞がこの印象を呼び覚まそうとするならば、すべてのプロパガンダ・新聞で極めて激しくこの嘘の煽動と対決するべきである。*5

さらに八月二日に、ゲッベルスは日記にこう記している。「あまりに控えめなだけではだめだ。極めて激しい反対派か権力かのどちらかだ。寛容は身を滅ぼす」[*6]。
　この方向を決定づけたのが、八月一三日のヒトラーとヒンデンブルクの会談の決裂であった。この会談後に明確となったナチスの反パーペン路線は、ＮＳＢＯの反資本家・親労働者路線と容易に結びつき、この組織の急進化に対する党指導部の容認（少なくとも黙認）へとつながった。ＮＳＢＯ内でのパーペン内閣との対決姿勢は、九月の大統領緊急令公布後に一気に高まることになった。九月二三日付のＮＳＢＯの特別回状は、以下のようにストライキ闘争を正当化している。

　われわれはパーペン内閣の社会政策・経済政策上の計画をはっきりと拒否する。……ＮＳＢＯはきたるストライキに賛成か反対かをはっきりと説明しなければならない。燃え上がりつつある期待に満ちたストライキは……正当でまったく経済的な背景を持っている。なぜなら、すでにブリューニングの時期からかなりの程度削減されている賃金や俸給は、パーペンによる略奪に耐えられないからである。われわれがストライキを支持するのは自明のことである。[*7]

八月以降、反パーペン路線を進んでいたナチ党指導部はＢＶＧストライキを最初から全面的に支援していた。一一月二日付のゲッベルスの日記には、この点がはっきりと示されている。

BVGの労働者たちはストライキに突入した。われわれの党も、ストライキへのスローガンを出した。すべての新聞がわれわれをひどく罵っている。ボルシェヴィズムだと呼んでいるのだ。だが、われわれにはそれ以外の道が残されていない。もしわれわれが労働者の極めて基本的な生存権が問題となるこのストライキから身を引くとすれば、勤労国民におけるわれわれの堅固な地位がぐらついてしまうだろう。……BVGストライキは時々刻々と拡大している。労働組合は妨害手段を用いてこのストライキを潰そうと躍起になっている。われわれは決して有利な状況にはない。ブルジョア陣営は、われわれがストライキに参加したことで、急激に冷めてしまっている。だが、それは決定的なことではない。この陣営を後で取り戻すことは容易であるが、一度労働者を失うと、ずっと失ったままである。[*8]

BVGストライキ最中の一一月六・七日付のナチ党機関紙『フェルキッシャー・ベオバハター』は党員全体に向けて、このストライキに対する党の立場を説明している。その基本的な主張は「パーペンの反動政治がもたらす労働者の困窮のためにストライキを行うことは正当である」というものである。同紙はこのストライキを「この数年の間、常に新たな増税と賃下げで国家と対立してきた人びとの最後の絶望感の爆発」と表現し、スト参加者への支援を強調した。[9]

もっとも、ＢＶＧストライキのような経営内での左右両翼の共闘が、街頭での暴力的対立を緩和することはなかった。むしろ、ＲＧＯや自由労組との共闘も辞さないＮＳＢＯの急進性は、共産党や国旗団との流血の街頭闘争を繰り返すＳＡのもう一つの急進性と相容《あいい》れず、党内で労働者を惹きつけるポテンシャルを持つ二つの組織が対立することもあった。さらに、ＮＳＢＯの反資本主義色の強い反パーペン路線は、党内のブルジョア支持者たちの不安や不満を引き起こし、すでに一九三二年八月頃には、ナチ党内でも中間層・ブルジョア層を基盤にする部局とＮＳＢＯの間の軋轢が目立つようになっていた。

共産党やナチスが主体となった一九三二年秋の「ストライキの波」のインパクトは大きかった。共産党（ＲＧＯ）との共闘が戦術的なものであり、「政府に対する消極的連合」[10]であったとしても、「ナチスの左傾化」（実際には左傾化というよりも反パーペン路線だったが）、あるいは「共産党とナチスの接近」というイメージは、ＢＶＧストライキによりブルジョア層や保守派の中でさらに強くなった。労働者の獲得とブルジョア層支持者の維持・拡大を同時に追求する二律背反を抱えながら、ナチスはＢＶＧストライキの最中に国会選挙の投票に臨むことになる。

## 一九三二年一一月の国会選挙

投票日である一一月六日付の日記で、ケスラーは次のように記している。

国会選挙。この八か月で五回目の大きな選挙だ。午前中に社会民主党に投票した。……継続中の交通ストについては、市電がほとんど走っておらず、バスの姿が全く見あたらないところから、何となくそれが分かるだけだ。このストで奇妙なのは、ナチスと共産党が手を組み、社民党系の組合がストに不賛成で参加していないことだ。いずれにしろ、このストは、ナチスの選挙を有利にし、社民党とパーペン支持者（国家国民党）を不利にした。[*11]

確かに、今回の国会選挙は二度の共和国大統領選挙（三・四月）、プロイセン州議会選挙（四月）、国会選挙（七月）に続く「五回目の大きな選挙」であり、有権者の間に「選挙疲れ」が蔓延る中での投票であった。

ケスラーがなぜBVGストライキがナチスを有利にすると考えたのか分からないが、実際の結果は、彼の予想とは異なるものとなった。すでに七月末の国会選挙で得票のピークを越えていたナチスは、この選挙で二〇〇万票（三四議席）を失った。選挙直前に発生したBVGストライキの影響は大きく、これにより獲得した労働者の支持をブルジョア層の離反が上回った。ベルリンでは、労働者地区でのナチスの得票率は前回から微減（二ポイント以下）だったが、南西部のブルジョア地区では軒並み六ポイント減少しており、BVGストライキがブルジョア層に与えたショックの大きさを物語っていた。

ナチ党内での選挙結果による衝撃は大きく、BVGストライキを主導したNSBOを非難する声が巻き起こった。例えば、ナチ党ミュンヘン西部管区は投票日の二日後、一一月八日付で党指導部に抗議文を送ったが、その中で「ベルリンでのストライキによって、われわれの管区ではかなりの有権者を失ってしまった」[*12]と記している。ブルジョア層の党員の反発は単なる抗議にとどまらず、党職を辞する者や離党する者まで出るに及んだ。これに対して、ゲッベルスがトップを務めるナチ党全国プロパガンダ指導部の報告書は、BVGストライキへの参加に伴う労働者の支持増加とブルジョア層の離反について、以下のように述べている。

労働組合に組織された労働者の多くは、相変わらずナチ党に対して一定度の不信感を抱いている。ベルリンのストライキへのナチ党の対応、さらには積極的な反対派政策の継続は、労働者に好印象を与えている。労働者陣営内での啓発活動は継続されなければならない。……肉体労働者を犠牲にしながらブルジョア層に譲歩するプロパガンダの戦術をこれからもとらないというのであれば、それは歓迎されるべきことである。*13

シュレジエン大管区などではNSBOを評価する声も上がっており、BVGストライキや国会選挙での敗北をめぐるナチ党内の意見は必ずしも一致していなかった。これが、資本家・ブルジョア層から労働者層までウィングを広げた「国民政党」としてのナチ党の姿であった。

ナチ党の減少分を吸収する形で、国家国民党の議席数は三七から五二へと伸長し、退潮傾向に歯止めをかけた。共産党も議席数を八九から一〇〇へと伸ばして、社会民主党の一二一議席に迫った。特にベルリンでは、共産党が四ポイント近く増えて得票率三一%でトップに立ったのに対して、社会民主党が逆に四ポイント失って二三%となり、明暗が分かれる形になった。七月選挙後に過半数を占めていたナチ党とカトリック政党（中央党およびバイエルン国民党）の新国会での議席数は過半数を割り、連立の可能性は潰《つい》えた。唯一、反共和国の急進的政党（ナチ党と共産党）の組み合わせだけが五〇%を超える状況であった。

### 新内閣をめぐる駆け引き

もっとも、この選挙によって政治状況に大きな変化は生じなかった。ナチ党は第一党のままであり、反パーペンの立場の政党が国会で九割を占める中、パーペンにとって有効な連立政権の形成は困難なままであった。ここから一九三三年一月末までの政治は流動的であり、それぞれのプレーヤーの動きの中でシナリオが次々と書き換えられる状況が続くことになる。

この時点での新内閣の可能性は、パーペンが引き続きその任にあたるか、最大政党の党首であるヒトラーを首相にするかのいずれかであった。パーペンの続投意欲ははっきりしており、一一月一〇日の会談でパーペンはヒンデンブルクからの支持を取りつけ、一三日から保守・中道各党の党首と組閣の協議を始めた。結局、協議は不調に終わり、一一月一七日にパーペンはあっさりと辞任を表明したが、ヒンデンブルクの意向で暫定的に職務を継続した。この動きに連動して、次期内閣をめぐるヒトラーと大統領官邸の交渉も本格化していく。

まず一一月一九日にヒトラーとヒンデンブルクの会談が行われたが、ヒトラーはあらためて自らの首相任命を要求し、ヒンデンブルクがこれを拒否したため、会談は物別れに終わった。同日には資本家・銀行家・大地主など約二〇名がヒンデンブルクに宛ててヒトラーの首相任命を求める請願書を提出している。一一月選挙で露になったナチスの党勢後退は、その大衆基盤を取り込んだ権威主義体制の構築をめざす勢力には危機と映っており、この請願はそうした危機感の表れであったが、状況に大きな変化はなかった。二日後の二一日にヒトラーは再びヒンデンブルクに面会したが、話し合いは平行線だった。二四日にヒンデンブルクはあらためてヒトラーの首相任命を拒否し、最終的に一一月三〇日にヒトラーがヒンデンブルクとの再々会談を断ったことで、新政府の可能性の一つは頓挫した。

一方、辞任を表明したパーペンも、ヒンデンブルクの支持があるとはいえ手詰まりの状況だった。国会内に基盤を持たず、国民的不人気が続くパーペンは、国会を解散して選挙を無期延期する憲法違反行為を再び画策していた。同時に、彼は一九三二年の夏以降、「新国家《ノイアー・シュタート》」と呼ばれる国家改造計画も温めていた。それは帝政期の憲法体制への復古を目論むものであり、皇帝の代わりに大統領の権限を強化し、内閣が大統領にのみ責任を負う非議会主義体制をめざしていた。

こうしたパーペンの計画に否定的だったのが、パーペン内閣の「生みの親」である国防相シュライヒャーであった。かねてよりシュライヒャーは、自らのコントロールから外れたパーペンの行動に不満を抱くとともに、パーペンの首相としての資質に疑念を持ち始めていた。倒閣の決定打となったのは、一一月二五・二六日の二日間にわたって行われた国防軍の机上演習である。この演習で、国防軍はパーペン内閣が継続した場合に、共産党や自由労働組合、さらにナチスが共同でゼネストを引き起こす事態を想定し（BVGストライキでの共産党とナチスの共闘がこのシナリオにリアリティをもたらした）、東部国境でポーランドと対峙しながら、国内の混乱を沈静化することは困難という結論を引き出した。この結果は、一二月二日の閣議でシュライヒャーの側近であるオイゲン・オット中佐によって報告された。国防軍が内閣継続への反対を意思表示した以上、パーペンの命脈は尽きたも同然だった。

前日(一日)にヒンデンブルクはパーペンとシュライヒャーを官邸に招き、パーペンにあらためて新内閣樹立を要請していたが、一二月二日のうちにパーペンはヒンデンブルクのもとへ赴いて辞意を伝えた。これを受けて、翌三日、ヒンデンブルクは(不本意ながら)パーペンをあきらめ、シュライヒャーを首相に任命した。こうして、ヒトラーでもパーペンでもなく、これまで暗躍してきた「キングメーカー」が表舞台に立つことになり、「国家権力をめぐる陰謀の新たな章が国防軍の公然たる影響の下で始まった[*14]」のである。

## シュライヒャーの「横断戦線」構想

シュライヒャー新内閣の顔ぶれは、パーペン内閣とほぼ同じであった(内相と労相のみ交代)。しかし、労相にライヒ職業紹介・失業保険公団総裁だったフリードリヒ・ジールプが就いた点、さらに雇用創出全権委員のポストが新設された点に、パーペン内閣の反労働者的路線からの転換が示されていた。実際、一二月六日に召集された新国会では、冒頭で共産党が提出した内閣不信任案が反対多数で否決された後、労働協約の解体を目論んでいたパーペン内閣の九月五日付の大統領緊急令の廃止が可決された(その後すぐに、国会は無期限休会を決定)。さらに、シュライヒャーは一二月一五日にラジオを通じて行われた施政方針演説で、自らの内閣の主要課題として雇用創出を挙げた。

パーペン内閣の失敗から、シュライヒャーは権威主義的な大統領内閣であっても、大衆的基盤なしに統治を持続させることは難しいと認識していた。パーペンと同じ轍《てつ》を踏まないために彼がめざしたのは、左翼からナチスまでの党派を超えた支持基盤、いわゆる「横断戦線《クヴェーアフロント》」の形成であった。政党間での多数派形成が困難な状況下で、それは政党に代わって労働組合を軸とする幅広い政治的スペクトルでの結集を志向するものであり、その対象は社会民主党に近い自由労働組合（そのナショナルセンターとしてのドイツ労働組合総同盟［ＡＤＧＢ］）から中央党に近いキリスト教労働組合を経て、右翼のドイツ国家商店員連盟（ＤＨＶ）、そしてナチ党内のグレゴール・シュトラッサーを中心とする「シュトラッサー派」にまで及んでいた。シュライヒャー内閣の「雇用創出計画」が、これら政治的に異質なグループのかすがいになるはずであった。

「横断戦線」構想が成就するためのポイントは、ＡＤＧＢとシュトラッサー派の対応であった。首相になった際、シュライヒャーにはこの二つのグループが自分の方になびくという勝算があったのかもしれない。一九三二年四月に積極的な雇用創出計画案（発案者三名の姓の頭文字から「ＷＴＢプラン」と呼ばれた）を公式決定したＡＤＧＢは、これに反対する社会民主党と距離を取り始め、一九三二年夏にはシュライヒャーと接触していた。世界恐慌の中で組合員の半数近くが失業し、組合員数の減少に苦しんでいたＡＤＧＢにとって、政府への接近はこの苦境を脱する方策であった。パーペン内閣の崩壊が見えていた一一月二八日にシュライヒャーとＡＤＧＢ議長テオドール・ライパルトが会談し、雇用創出の必要性で一致しており、シュライヒャーはこの時点で労働組合からの支持を感じ取っていた。さらに言えば、国旗団も、社会民主党が反対する中、一九三一年から実施された国防軍主導の軍事的色彩が強い志願型労働奉仕作業（ＦＡＤ）や国防スポーツに参加していた。

同時に、シュライヒャーはナチ党内でヒトラーに次ぐ実力者と目されていた全国組織指導者グレゴール・シュトラッサーに対しても秋波を送った。シュトラッサー派（潜在的にはナチ党国会議員団の三分の一を占めていた）の取り込みはシュライヒャーの戦略の核心であり、場合によってはシュトラッサー派がナチ党を割って出ることも期待していた。一一月の国会選挙で単独過半数の奪取に失敗したことで、ナチ党内ではヒトラーの首相就任にこだわらない政権参加を求める声が出始めており、その筆頭にいたのがシュトラッサーであった。彼もすでに一九三二年五月の国会演説で雇用創出の必要性を訴えており、シュライヒャーやＡＤＧＢとの政策的な共通性は存在していた。一二月三日に組閣を発表した直後、シュライヒャーはシュトラッサーに対して副首相での入閣とプロイセン首相への就任を要請している。

これに対して、首相職にこだわるヒトラーは「オール・オア・ナッシング《アレス・オーダー・ニヒツ》」の非妥協的路線に固執していた（この点で、ヒトラーの姿勢がぶれることはなかった）。一二月四・五日にベルリンで開かれたナチ党全国指導者会議の際にシュトラッサーはヒトラーに対して副首相のオファー受諾を申し出たが、ヒトラーの激しい反対にあって断念した（結局、シュトラッサーはヒトラーの同意なしでの行動を逡巡《しゅんじゅん》し、党を割る決断を下せなかった）。一二月八日、シュライヒャーとの内々の交渉を反党行為として糾弾されたシュトラッサーはナチ党全国組織指導者の職と国会議員を辞任し、三週間の休暇をとってイタリアへ脱出した。続く数日のうちに、ヒトラーは国会議員やベルリンに集まっていた地方幹部たちの忠誠を取りつけ、シュトラッサーの権限をすべて継承して党内の混乱を収拾した。シュトラッサーの取り込み（ナチスの分断）に失敗したシュライヒャーの「横断戦線」構想は、この時点で事実上頓挫した（この騒動に対するヒトラーの怒りの大きさは、一九三四年六月末の「長いナイフの夜」［本章第三節参照］で示されることになる）。

ＡＤＧＢも、シュライヒャー内閣との闘争路線をとる社会民主党の強い圧力を受けて、一二月中にはシュライヒャーとの協力関係を撤回した。一九三三年一月六日にシュライヒャー内閣の雇用創出全権委員が公表した「緊急プログラム」（道路や堤防の建設、土地改良、家屋修理などの公的な事業での雇用の促進とそのための政府による資金援助を柱とする雇用創出計画）も、その規模の小ささからＡＤＧＢ幹部を失望させ、シュライヒャー離れを促進しただけであった。

「横断戦線」形成の失敗により、シュライヒャーの政権運営は袋小路に陥った。その上、彼の諸政策は工業・農業界から集中砲火を浴びることになる。

## 追い込まれるシュライヒャー

「社会的将軍《ゾチアーラー・ゲネラール》」を自認するシュライヒャーは、資本家や東エルベの大農場主にとっては「軍服を着た社会主義者」[*15]であり、「まったく無防備に、その計画［注：「横断戦線」構想］によって挑発された工業界の代表者や大農場主と対峙」[*16]することになった。

工業界からはシュライヒャーの親労働者的で国家介入的な雇用創出計画に批判が集まった。もっとも、この時点で工業界でのヒトラー支持もそれほど多くはなく、全体としては社会保障や賃金の削減など資本家寄りの政策を打ち出した前首相パーペンの人気が高かった。

農業界からのシュライヒャーに対する攻撃は、それ以上に激しかった。共和国最大の農業団体であるＲＬＢに結集した東エルベの大農場主たちの攻撃対象となったのは、過剰な債務で破綻寸前の大農場の保護を停止し、失業者などをそこへ植民させようとするシュライヒャーの方針（内地植民政策）であった。同様の政策はすでにブリューニング内閣で打ち出されていたが、ヒンデンブルクの不評を買い、ブリューニングが辞任する要因となっていた。この点で、シュライヒャーの状況も似ていたが、さらに国からの東部救済資金を大農場主たちが不正流用した疑惑（東部救済スキャンダル）に対する追及を阻止しようとする動きや、シュライヒャー内閣の貿易・通商政策（農産物の関税引き上げの拒否）への反発も加わった。一九三三年一月一一日、すでにナチスの影響を受けていたRLB指導部はヒンデンブルクと会談し、輸入農産物に対する関税引き上げなどの保護政策を要求するとともに、シュライヒャー内閣の無策を激しく非難した。それは「シュライヒャー内閣への正真正銘の宣戦布告」[*17]であった。

シュライヒャーは大衆的基盤の構築に失敗し、支配層からの攻撃にさらされ、次第に追い込まれていくことになる。その上、国会が再開した場合（一月二四日に召集予定であったが、実際には三一日へ延期）に不信任案が可決される公算が高まっていた。こうした状況下で、一月中旬に彼が持ち出したのは、国家非常事態を宣言して（国防軍動員の下）大統領を後ろ盾に国会を解散し、憲法が規定する六〇日以内の選挙を延期した上で統治を継続するという、パーペンとまったく同じ打開策だった。

しかし、東エルベの大農場主たちの利益代弁者でもあるヒンデンブルクが、シュライヒャーのやり方を支持する可能性は限りなく低くなっていた。

## パーペンの暗躍

この間、首相の座を追われたパーペンが、シュライヒャーに対する反撃の狼煙《のろし》を上げていた。一九三二年一二月一六日、パーペンはベルリンの「紳士クラブ」（一九二四年に設立された大農場主、大工業家、銀行家、高級官僚たちの集まり）で演説し、シュライヒャー内閣に代わってヒトラーを取り込んだ政権樹立の必要性を訴えた。その後、ヒトラーの下にパーペンからの会談希望の通知が届けられた。これを受けて、一九三三年一月四日、ケルンの銀行家クルト・フォン・シュレーダー邸で両者の秘密会談が実現した。ヒトラーを取り込んでナチスと保守派の同盟をめざすパーペンと、あくまで首相職にこだわるヒトラーはこの時点で同床異夢の状態だったが、シュライヒャー内閣の打倒と共同での新政権樹立のための「一種の協定」[*18]が生まれた。パーペンの「熱にうかされた」[*19]ような行動の動機は、ひとえに権力に対する個人的野心と（自分を追い落とした）シュライヒャーへの私怨であり、そうした行動を可能にしたのはヒンデンブルクからの「寵愛」だった。ケスラーは一月二八日付の日記にこう記している。

明らかにパーペンは現在、大統領の寵児の役を演じている。他に何のバックもないし、ほとんど全国民を敵に廻しているからだ。……この札付きの愚かな勝負師によってまたわれわれが統治されたり、彼が外相として、やっとの思いで修復して何とか形を保っている陶磁器すべてをまた粉々に破壊すると考えたら、吐き気に襲われる。[*20]

ヒトラーとのケルン会談以後、パーペンは精力的に動きまわり、ナチスと保守派（国家国民党）、工業界の中のヒトラー支持派と東エルベの大農場主、大統領官邸、何よりもヒンデンブルクを結ぶ「仲介者」としての役割を果たした。ヒトラーとパーペンはケルン会談後もベルリン・ダーレムにあるヨアヒム・フォン・リッベントロップ邸で会合を重ねた（リッベントロップはナチ体制下で外相を務めることになる）。一月二二日の会談には大統領の息子オスカー・フォン・ヒンデンブルクと大統領府官房長官オットー・マイスナーも加わり、ヒトラーの首相任命に対する大統領サイドの留保は大幅に取り除かれた。パーペンは重工業の代表者、国家国民党首のフーゲンベルク、鉄兜団の団長フランツ・ゼルテとも接触し、ヒトラーを首相とする連立政権への合意を模索した。それは、一度は頓挫したハルツブルク戦線の再来であった。

### ヒトラー内閣の成立

一方、ナチ党も一時の党内分裂の動揺や党勢の後退を脱しつつあった。同党は一二月四日のテューリンゲン州での自治体選挙でさらに得票率を減少させていたが、大々的に資金をつぎ込んでプロパガンダを展開した一月一五日のリッペ州議会選挙では、その得票率が一一月の国会選挙における同州での得票率三四・七％を上回る三九・五％を記録した。この結果は、ナチ党の大衆的基盤の健在を支配層にアピールすることになった。翌一六日には、ワイマルで開催されたナチ党大管区指導者会議でヒトラーが三時間に及ぶ大演説を行い、グレゴール・シュトラッサーとその一派の最終的な排除に成功し、一二月以来の党の分裂危機に決着をつけた。さらに一七日には、ベルリンでヒトラーとフーゲンベルクの協議が行われ、ナチ党と国家国民党の連立への歩み寄りが現実のものとなった。二〇日には、ベルリンのシュポルトパラストでのナチ党下級幹部集会でヒトラーが演説し、自らの首相任命を公然と要求している。

これとは別に、東エルベの大農場主のヒンデンブルクへの働きかけも強まっていた。彼らは東部救済スキャンダルのもみ消しを画策しており、一月最終週には国家国民党の元国会議員で大農場主のエラルド・フォン・オルデンブルク＝ヤヌシャウが個人的に親交のあるヒンデンブルクを訪問し、ヒトラーの首相任命を促した。最終的には、パーペンや取り巻きたちの働きかけにより、ヒンデンブルクは、政治的危機に対する処方として、憲法違反の国家非常事態宣言による統治をめざすシュライヒャーの留任よりも、最大政党党首の首相任命へと傾いていく。こうして、ヒトラー首班での新内閣樹立というパーペンのプランが現実味を帯びた。

一月二三日、シュライヒャーはヒンデンブルクと会い、国会を解散してナチ党と共産党を禁止するために国家非常事態の布告を求めたが、ヒンデンブルクはこれをきっぱりと拒否した。シュライヒャーは二八日にも再度ヒンデンブルクと協議したが、結果は同じであった。三日後の三一日に召集予定（実際には二九日に再度延期されることになる）の国会冒頭での不信任案可決が見込まれる中、万策尽きたシュライヒャーは内閣総辞職を決断した。

同日（二八日）には、ヒトラー、パーペン、フーゲンベルクの協議も行われ、その席でヒト

ヒトラー内閣（1933年1月30日）［BA, Bild 183-H28422］

ラーは首相任命と引き換えに、新内閣がそれまで同様の大統領内閣であること、閣僚を可能な限り続投させること、パーペンが新内閣の副首相となることに同意した。夜になって、パーペンはこの協議内容をヒンデンブルクに報告している。

翌二九日のベルリンでは、シュライヒャーがポツダム駐屯地の国防軍を決起させて大統領を逮捕するクーデターの噂《うわさ》が流れた（ナチスが意図的に流したと言われている）。これを受けて、大統領府ではオスカー・フォン・ヒンデンブルクや官房長官マイスナーがなおもヒトラーの首相任命を渋るヒンデンブルクの説得を急いだ。この間、パーペンはヒトラーやゲーリングと協議して新内閣の閣僚名簿を確定させている。

こうして外堀が埋まる中、一九三三年一月三〇日午前一一時過ぎ、大統領ヒンデンブルクはヒトラーを首相に任命し、ワイマル共和国二一番目の内閣がナチ党と国家国民党による連立で成立した。新内閣の閣僚のうち、ナチ党員は首相ヒトラーの他、内相ヴィルヘルム・フリックと無任所相ゲーリングの二名のみであり、パーペンは予定通り副首相となり、国家国民党からはフーゲンベルクが経済相兼食糧農業相、フランツ・ギュルトナーが法相として入閣した。この他、鉄兜団のゼルテが労相となり、その他は無所属だった（シュライヒャーが就いていた国防相のポストにはヒンデンブルクの指名でヴェルナー・フォン・ブロンベルク将軍が任命された）。閣僚一一名のうち、パーペン内閣からの続投が四名（五つのポスト）だった。

この日、ケスラーは以下の書き出しで始まる長文の日記を記している。情報通のケスラーであっても、この時期の大統領官邸での動きをつかめていなかったのか、ヒトラーの首相任命が予想外だったことをうかがわせる。

二時にマックスが食事にやって来て、ヒトラーが首班に指名されたというニュースを伝えた。呆然《ぼうぜん》たる思いであった。こんなかたちの打開策が、しかもこんなに早い時期に打ち出されるとは思ってもみなかった。*21

今や権力を握ったのは、共和国の議会制民主主義をはっきりと否定し、反ユダヤ主義を隠そうともせず、議会の外では政敵に対する暴力を公然と繰り返していた政党とその指導者であった。この危険性は、その後の展開で証明されることになる。

## 二　反対派の排除とワイマル憲法の「死」——ナチ体制初期の政治

### 抑圧的政策の始まり

ヒトラー内閣は、ブリューニング、パーペン、シュライヒャーに続く大統領が任命する内閣であり、それまでの政治の継続と受けとめられた。ナチ党の政権参加を推し進めた反民主主義的な保守派の実力者、工業界や農業界の代表者、あるいは国防軍の上層部は、ナチ党の大衆的基盤を利用して権威主義的国家を安定化させることを狙っていた。同時に、彼らはヒトラーを囲い込み、ナチスを飼い慣らすこと、「枠にはめること」[*22]が可能だと考えていた。しかし、この目論見が「視野狭窄《きょうさく》の破局的な見込み違い」[*23]と判明するまでに時間はかからなかった。ヒトラーは旧来の支配層への従属を拒み、共和国の政治的・社会的秩序を根底から覆すという政治的目標を隠すことなく推し進めたのであり、政権に就いて二か月のうちに、ワイマル憲法下の諸制度を解体し、政治的反対派を排除する方策を次々と繰り出していくことになる。

歴史家H＝U・ターマーの表現を借りるならば、ナチスが独裁的な権力を築くやり方は「見せかけ上の合法性と同時並行的なテロの矛盾に満ちた混合」[*24]であった。すなわち、新政権は憲法の枠内での擬似合法的な手段（大統領緊急令の形での立法措置）を用いて政権の強化と国民の基本権剝奪を行う一方、SAやSSのあからさまな暴力を投入して政治的反対派（共産党や社会民主党、あるいは労働組合）を徹底的に排除することで、政権に対する抵抗の可能性を早い段階で摘み取ろうとしたのである。ここにきて、政治的暴力は国家テロの様相を帯びて新たな局面に入るが、この点については後述することにしよう。

ヒトラーは自らの支配権力の基盤を「ポピュリズム的な正当性」[*25]に求めて、首相就任から二日後の二月一日に国会を解散した。投票日は三月五日に定められたが、そこまでの一か月余りの中で、国家権力を握ったナチスによる政敵への弾圧はエスカレートしていく。

二月三日、ヒトラーは陸軍統帥部長官クルト・フォン・ハマーシュタイン＝エクヴォルト邸に集まった国防軍幹部たちを前に秘密演説を行った。その内容を記したメモ（クルト・リープマン将軍のいわゆる「リープマンメモ」）によると、この演説には、ヒトラーの当面の政治的構想が示されていた。[*26]それは、内政面での「マルクス主義の根絶」、「青少年の鍛錬と国防意志の強化」、「国家・民衆反逆罪に対する死刑」、「厳格な権威主義的国家運営」、「民主主義の病弊の除去」、外交面での「ヴェルサイユとの闘争」や「東方での新たな生存圏《レーベンスラウム》の獲得とそのゲルマン化」であり、その前提としての再軍備や一般兵役義務の導入であった。

このうち、ヒトラーは「マルクス主義の根絶」（政治的反対派の徹底的な排除）や「民主主義の病弊の除去」をすぐに実行に移していく。その手始めとして、演説の翌日（二月四日）に「ドイツ国民の保護のための大統領令」が公布されたが、これは政敵の集会・出版の自由を制限することを目的としていた（公開の集会、あるいは屋外での集会や行進は警察への事前届けが義務づけられ、公安上の危険があると判断された場合は禁止された。また、公安や秩序への危険があるとみなされる印刷物は警察によって押収されることになった）。すでに二月二日にはプロイセン内相ゲーリングが共産党のデモを禁止し、ナチスが政府に参加していた諸州でも同様の措置がとられていたが、この大統領緊急令により、選挙期間中の共産党や社会民主党の活動はさらに制限された。

特にプロイセンでは、ゲーリングの下で警察の統制が一気に進み、二月半ば過ぎまでにリベラルな警察幹部職員の解職と親ナチ派への入れ替えが実行された。二月一五日には、退役海軍少将でナチ党員のマグヌス・フォン・レーヴェツォウがベルリン警視総監に任命され、首都の警察機構がナチスの権力手段となった。

二日後の一七日、ゲーリングはプロイセン警察に対して国粋的団体（SA・SS・鉄兜団）との協力関係の構築と、こうした団体の活動やプロパガンダへの支持を要求した上で「国家の敵」に対する銃器の使用を命じた。

共産主義のテロ行為や襲撃には厳格に対処し、必要であれば容赦なく銃器を使用しなければならない。この義務を執行する際に銃器を使用する警察官を、私は使用の結果如何《いかん》に関係なく擁護する。これに対して、誤った配慮でこれを拒む者は、懲戒処分を覚悟しなければならない。[*27]

補助警察官として動員されたSA隊員（1933年3月、ベルリン）［BA, Bild 102-02931］

この命令の後段でも、ゲーリングは「命じられた措置［注：敵対者への銃撃］の不履行は職務執行における過誤よりも罪が重い」と強調している。この「銃撃布告《シースエアラス》」は、プロイセンを超えてナチスの統制下に入った全国の警察に波及していった。

続いて、ゲーリングは二月二二日にSA、SS、鉄兜団の隊員など五万人を補助警察官に任命する布告を発した。これらの団体の隊員は警棒と拳銃で武装し、それぞれの制服に「補助警察」と書かれた白い腕章をつけるだけで国家権力の代行者になった。補助警察の活動への警察の介入は禁じられ、ナチスの政治的暴力に国家による正当性が付与された。これにより、SAは「ユダヤ人、共産党や社会民主党の活動家、その他の政治的反対派を弾圧するライセンス」[*28]を得たも同然であった。「党の軍隊は国家権力となり、テロは見せかけの合法性で覆われた」[*29]のである。

この直前の二月二〇日には、ヒトラーとゲーリングが経済界の代表二五名と会談していた。この中で、ヒトラーは三〇分に及ぶ演説を行い、再びマルクス主義の根絶を訴えるとともに、権威主義的・反民主主義的・親企業家的な国家の建設を唱えて、経済界から三〇〇万マルクの選挙活動資金の支援を（半ば強制的に）取りつけた。

共産党本部「カール・リープクネヒトハウス」への警察の手入れ（1933年2月）［BA, B 145 Bild-P056654］

こうして、ナチスは政権成立から一か月足らずで警察権力の統制を実現し、政敵を撲滅するために投入可能な人員や資金を整えた。すでに二月中に、ナチスは共産党への抑圧を強めていた。ベルリンの共産党本部「カール・リープクネヒトハウス」は何度も警察の捜索を受け、二月下旬には共産党による国家転覆阻止を口実に閉鎖された。しかし、「マルクス主義の根絶」には、まだ決定的な「きっかけ」が欠けていた。

### 国会議事堂炎上事件とその余波

そうした状況で、ナチスにとって「神の贈り物」[*30]（ゲッベルス）となったのが、二月二七日夜に発生した国会議事堂炎上事件である。出火原因は放火とされているが、現在でもその犯人については諸説（火災発生直後に国会議事堂内で逮捕されたオランダ人共産主義者マリヌス・ファン・デル・ルッベの単独犯行説やナチスの自作自演説など）あって定かではない。

しかし、三月五日の投票日に向けた選挙戦の終盤で発生したこの事件が、政治的反対派に対する迫害を正当化する口実をナチスに与えたことだけは間違いない。すでに二七日夜には、この放火の嫌疑が共産党にかけられ、左翼系新聞の発禁処分（共産党系は無期限、社会民主党系は二週間）や党員の逮捕が実行された。同日、ゲッベルスは日記にこう記している。

今や決定的な瞬間がやってきた。ゲーリングはすこぶる上機嫌だ。……ＳＡが非常召集され、万一に備えて準備を整えている。……逮捕は滞りなく進んだ。共産党と社会民主党の新聞すべてが禁止されている。抵抗が行われるのであれば、街頭がＳＡに解放される。

さあ、決着をつけてやろう。共産党は思い違いをしていたはずだ。奴《やつ》らはわれわれを倒そうと思っていただろうが、実際には奴らが致命傷を負ったのだ。[*31]

翌二八日、ヒンデンブルクが署名して、政府は新たな大統領緊急令を公布した。その経緯から「国会炎上令」とも呼ばれる「国民と国家の保護のための大統領令」は、ワイマル憲法が保障する国民の基本権の主要部分（人身の自由、住居の不可侵、信書の秘密、意見表明の自由、集会の自由、結社の自由、所有権の保障）を無効化しただけではなく、国事犯への死刑適用や、秩序の回復を口実にした政府による州の自治への介入も規定していた。同時代の政治学者エルンスト・フレンケルはこの緊急令を「第三帝国の憲法[*32]」と呼んだが、これによって「政敵への迫害のための決定的な〝合法的〟枠組み[*33]」、すなわち国民に対する不法行為への法的根拠が提供されることになった。

事実、この緊急令に基づいて、「保護拘禁《シュッツハフト》」と呼ばれる、司法手続きなしでの公権力による恣意的な身柄拘束が開始されることになる。二八日から数日のうちに、ドイツ全体で数千人、ベルリンだけで一五〇〇人以上の共産党員や社会民主党員の逮捕が実行されたが、それは「法規範外の逮捕[*34]」、あるいは「官僚的装飾を施した拉致[*35]」だった。二月二八日付のゲッベルスの日記には、以下の記述がある。

ゲーリングはプロイセンで赤色政党に対する大規模なキャンペーンを始めた。このキャンペーンは赤色政党の完全な根絶で終わることだろう。内閣は共産党に対する極めて厳しい命令を決議した。この命令は死刑を定めている。これも必要なことだ。今や国民がそれを求めている。逮捕に次ぐ逮捕が行われている。今に赤いペストは根絶される。抵抗はどこも行われていない。敵陣営は、われわれの突然の痛烈な措置で呆然としているようであり、もはや身を守ろうともしていない。[*36]

三月一日には、さらに別の大統領緊急令「ドイツ国民への裏切りおよび国事犯的策動に対する大統領令」が公布され、国家に対する暴力行動の煽動や国事犯行為の規定が詳細化・厳格化された。すべての州で共産党の印刷物や集会が禁止され、共産党員の逮捕も全土に拡大された。共産党議長エルンスト・テールマンも三月三日に逮捕されている（一一年にわたって各地で拘禁された後、一九四四年八月にブーヘンヴァルト強制収容所で射殺されることになる）。保護拘禁による被拘禁者数は五月にいったん減少した後で再び上昇し、一九三三年七月末時点ではドイツ全体で約二万七〇〇〇人を数えていた（このうち半数以上がプロイセン）。

左翼政党が街頭から締め出される中、三月初めのドイツでは「まるでナチ党と〝闘争戦線

――黒・白・赤〟〔注：二月一一日に国家国民党と鉄兜団が結成した選挙連合〕の間だけで選挙戦が行われているかのようであった」[*37]。もはや正常な選挙戦など行えない状況で三月五日の国会選挙投票日を迎えたが、結果はヒトラーを失望させるものとなった。政権側による徹底した左翼政党の取り締まりや巨費を投じたプロパガンダにもかかわらず、連立与党の議席数は憲法改正に必要な三分の二に至らず、ナチ党単独での過半数獲得にも失敗したのである。ナチ党の得票率は四三・九％、連立パートナーの国家国民党は八・〇％で、与党がかろうじて過半数を確保する状況だった。すでに政党としての活動を禁じられていた共産党の得票率は一二・三％で、前回から四・六％減にとどまり、社会民主党も一八・三％（二・一％減）を記録した（同時に行われたプロイセン州議会選挙もほぼ同様の結果であった）。総じてみれば、ワイマル期で最高の投票率（八八・八％）の中、有権者の半数以上がナチ党を選択せず、三人に一人は左翼政党に投票したことになる。この結果について、ケスラーは三月六日付の日記でこう記している。

社会民主党は前代未聞の弾圧とプロパガンダの完全な麻痺にもかかわらず、一〇万票減少したにすぎなかった。共産党は一〇〇万票減少したのみである。これは驚くべきことだし、「マルキシズム」戦線のゆるぎなさの証明として感嘆すべきことだ。ナチスと国家国民党は、今後四年間にわたって、憲法を楯《たて》にして運動を進めるための完全な自由を得た。

しかし、憲法改正に必要な三分の二の多数には達していない。[*38]
しかし、このケスラーの楽観的な見方は、ナチスによって踏みにじられることになる。国会選挙後、ナチスはワイマル憲法を無力化する「授権法」制定へと動き出していく。

### 授権法の成立

一九三三年三月八日、国会選挙で当選した八一名の共産党議員の議席が剥奪された。さらに同日、すでに差し押さえられていた共産党本部「カール・リープクネヒトハウス」は「ホルスト・ヴェッセルハウス」へと名称変更され、プロイセン政治警察（翌月に秘密国家警察《ゲシュタポ》となる）の新部局がそこに入居した。三月二一日には「国民的高揚政府に対する卑劣な攻撃を防衛するための大統領令」が公布され、政府に対するあらゆる批判が懲役刑で処罰される規定が盛り込まれた。ドイツ各地で社会民主党、自由労働組合、国旗団の事務所がＳＡやＳＳに占拠される事態も発生しており、「マルクス主義の根絶」は確実に進行していた。

　この動きと並行して、ヒトラー内閣は自らの新秩序と一九世紀以来の旧秩序の「和解」も演出した。三月一二日には「旗掲揚の暫定的調整に関する大統領布告」が出され、この日以降、「ドイツ帝国の栄光の過去とドイツ国民の力強い再生」（同布告）の結びつきを示すべく、「黒白赤」の旧ドイツ帝国旗とハーケンクロイツ旗の両方を掲揚することが定められた（これにより、市庁舎など公共機関や街頭にはハーケンクロイツが溢れかえることになる）。

続いて、新国会の開会日が一八七一年の旧ドイツ帝国議会開会日である三月二一日とされた。国会開会式典の場所に選ばれたのは、ベルリンに隣接するポツダムの衛戍《えいじゅ》教会であったが、そこはプロイセンのフリードリヒ大王の墓所であった（旧秩序の代表者である大統領ヒンデンブルクに新秩序の代表者ヒトラーが頭《こうべ》を垂れ、両者が握手する写真は、両者の和解を象徴していた）。政府はこの日を「ポツダムの日《ターク・フォン・ポツダム》」と呼び、式典はラジオを通して全国中継され、学校は休校となった。

国会の本会議は、ベルリン市内のクロルオーパーを議場として行われた。三月二三日、この国会で「国民と国家の危難を除去するための法」、いわゆる「授権法」（全権委任法）が可決された。同法はワイマル憲法の改正を必要とする内容であったため、その成立には憲法の規定に従って全議員の三分の二以上が出席し、その三分の二以上が賛成する必要があった。採決では、かろうじて出席が可能だった社会民主党議員九四名のみが反対し、それ以外の四四一名が賛成した。

授権法の核心は、内閣（行政府）に立法権が付与された点である。しかも、内閣の立法が最高法規である憲法に違反することを可としており、同法は権力分立や立憲主義という近代国家の基本原則から大きく逸脱していた。「権力分立の終焉により、ジョン＝ロックやモンテスキュー以来二〇〇年以上にわたる政治理論は抹消された」[*39]。国会が自らの権能を手放すに等しい法を可決するプロセスは「民主主義の自己否定のこれ以上ない行動」[*40]であった。

授権法では、大統領に代わって首相の署名で法律の制定が可能となり、大統領の権限は実質的に無力化された。ここに共和国末期から続いてきた「大統領緊急令統治」は終わりを迎え、いわば「打ち出の小槌《こづち》」を手にしたヒトラーの権力はさらに強力になった。これ以後のほぼすべての法律は、政府立法により成立することになる。「国会炎上令」とともに、この授権法はナチスが独裁体制を築く上で最も重要な基盤となった（同法は四年間の時限立法であったが、その後も更新延長され、ナチ体制の崩壊まで存続した）。授権法の成立をもって、ワイマル憲法はその形を残したまま有名無実化し、「死」を迎えたのである。

### 「強制的同質化」の進展

これに続く政権強化の一環として、地方分権（連邦主義）の破壊と中央政府への権力集中も実行された。内相フリックが派遣した国家全権委員の下で州政府の入れ替えが進み、各州が管轄する警察権力もナチスによって掌握された。

三月三一日の「州と国家との均制化に関する法」では、ナチスの支配下に入った州政府に立法権が認められ、三月五日の国会選挙の結果に従って各州議会を再構成すること（つまり、すべての州議会でナチスが多数派となること）も規定された。続く四月七日の「州と国家との均制化に関する第二法」により、首相（ヒトラー）が指名する国家総督《ライヒスシュタットハルター》が州の実行権力を担うこととなった（五月末までに、すべての州が国家総督によって統治された）。最終的には「国家再建のための法」（一九三四年一月三〇日）による州議会の廃止と州の統治権の国家への移行、および州の代表で構成されるライヒ参議院の廃止（一九三四年二月一四日）で、国家による地方支配は完成することになる。

さらに四月以降、ヒトラー内閣は授権法を用いて次々と抑圧的な法律を制定し、政治的反対派やユダヤ人の排除を強めていった。

四月一日に全国規模で発生したユダヤ人商店に対するボイコット活動に続き、四月七日に公布された「職業官吏再建法」で共産党や社会民主党の支持者およびユダヤ人が公職から追放された。その数は一万五〇〇〇人ないし二万人に及んでいる（大学では五〇〇〇人の教授のうち三分の一が解雇されたと言われる）。こうした職業労働からの「民族の敵」の排除は、その後もさまざまな領域へと拡大していく。

ユダヤ人への迫害行為と並行してナチスの標的となったのが労働組合であった。潜在的にナチ体制への最大の抵抗要因とみなされていた組織労働者への対策として、政府は一九三三年五月一日を「国民的労働の日」として祝日化し、大々的な式典を実施する一方、翌二日にはＳＡ

やＳＳがドイツ各地の労働組合会館や関連施設を占拠して組合幹部を保護拘禁し、その資産を差し押さえた。ヨーロッパで最古にして最大の労働組合運動はそれから数日のうちに瓦解し、五月一〇日には解散後の労働組合員の受け皿として、ナチ党付属団体である「ドイツ労働戦線」（ＤＡＦ）が結成された。被用者のみならず、雇用者も加入したこの団体は、福祉や娯楽を安価で提供することで労働者をナチ体制に統合し、ナチスの唱える「民族共同体」を可視化するための重要な役割を担うことになる（ワイマル期に「ナチス労働組合」として機能したＮＳＢＯは、その階級闘争的活動主義が否定され、ＤＡＦの経営内教育組織の形で無力化された）。

他の多くの職業分野でも、ナチ党付属団体による組織化が進められた。中でも、ナチス教員同盟への加入率は一九三七年には全教員の九七％となり、ほぼすべての教員が組織されるに至っている。中等学校では、男子生徒はＨＪ、女子生徒はドイツ女子青年団への加入が強制されており、学校現場の「ナチ化」は群を抜いていた。

この他にも、一九三三年三月に新設された国民啓蒙宣伝省の大臣となったゲッベルスの下で文化・情報統制が進み、出版、報道・放送、芸術（音楽・美術・演劇・映画など）の諸分野で厳しい制限が加えられた。特に帝国文化院（同年九月設置）による文化活動への締めつけの結果、多くの著名な芸術家や知識人がドイツを去っていった。

一九三三年五月一〇日にはゲッベルスの煽動により、ベルリンをはじめとする全国の大学都市で、ナチズムに熱狂する学生たちが「非ドイツ的」書物（ユダヤ人、共産・社会主義者、自由主義者の著作や反戦平和を訴える著作など）を公共・大学図書館から奪い取って焼却する事件が発生した。いわゆる「焚書《ふんしょ》」である。ベルリンでは、目抜き通りウンター・デン・リンデンのベルリン大学の向かい側にあるオペラ広場（現在のベーベル広場）で二万冊以上が焼却された。

こうした地方自治、職業労働、文化領域などでの一元化の動きは「グライヒシャルトゥング」（「強制的同質化」あるいは「均制化」と訳される）と呼ばれているが、これはもともとナチスが用いた言葉である。歴史家C・エプシュタインの指摘に従えば、本来は電気工学の専門用語であったこの言葉が意味するのは「社会全体が一つの回路の上にある」状態、あるいは「たった一つのマスタースイッチが体制全体を作動させたり、閉鎖したりする」状態になることである。[*41] この同質化圧力を受けて、ナチ党への入党者も急増し、一九三三年一月三〇日の時点で約八五万人だった党員数は、わずか三か月で三倍近くの二五〇万人に達した（保身や日和見の入党者を嫌って、ナチ党は一九三三年五月一日に新規入党者の受け入れを停止している）。

### 一党支配体制へ

社会の強制的同質化と並行して、ナチ党は政党や諸団体を解散に追い込み、一党支配体制を築いていった。ナチ党との連立政権に参加し、SAやSSとともに補助警察を担っていた鉄兜団は一九三三年四月末にナチ党への従属を表明し、事実上の解散状態となった。鉄兜団に付属する諸団体はその後、ナチ党の付属団体傘下に編入された（最終的には一九三五年一一月に鉄兜団自体が消滅）。この他の右翼防衛団体、例えばヴェーアヴォルフや青年ドイツ騎士団も六月から七月にかけて解散した。

共産党が消滅した段階で、ナチスの次なる攻撃対象は社会民主党だった。すでに多くの幹部が保護拘禁されるか、国外に脱出する状況であったが、一九三三年六月二二日、内相フリックは社会民主党を「国家と国民に敵対する政党」と宣告し、各州政府に対して二月二八日の大統領緊急令に基づく同党への「必要な措置」を命じた。実質的な社会民主党の禁止であり、国会・地方議会の議席剝奪、集会や出版活動の禁止、資産の差し押さえが実行された。六月二九日にはワイマル期に首相を務めた同党のグスタフ・バウアーが逮捕されたが、この一週間での社会民主党員の逮捕者数は三〇〇〇人を超えていた。

左翼政党を退場させた後、六月二七日から七月五日にかけての一週間にブルジョア・保守政党の解散が続いた。六月二六日に党首フーゲンベルクが連立政権の閣僚を解任された翌日、与党の国家国民党は解散を決定した。二八日には、ドイツ国家党も自主解散しており、その後、ドイツ国民党、バイエルン国民党、その他の弱小政党も次々と消滅し、最後に残った中央党も七月五日に解散した。ヒトラーの首相就任から半年もたっていない七月上旬の段階で、ドイツに存在する政党はナチ党のみとなった。

この状況もまた、フランス革命記念日にあたる七月一四日に「政党新設禁止法」を制定することで、擬似合法的に固定化された。わずか二条からなる同法の趣旨は、ナチ党がドイツで唯一の合法政党であること、それ以外の政党の結成を禁止することであり、ここにナチ党の一党支配体制が成立した。この後、一九三三年一二月一日に制定された「党と国家の統一を保証するための法」の中で、ナチ党と国家の不可分な結合が謳われ、ナチ党は「国家政党」となった。

ワイマル憲法が規定する統治体制は、形骸化した憲法を残したまま、ほぼ消滅した。残るは大統領の存在だけであったが、こちらは一九三四年八月二日にヒンデンブルクが死去した後、その前日に準備されていた「ドイツ国元首に関する法」に基づいて、ヒトラーが大統領と首相の職を統合した「総統《フューラー》およびドイツ国首相」に就くことで解消された。この時、ヒトラーは国防軍最高司令官として、彼個人に対する国防軍の無条件の忠誠も手に入れている。

こうして、一九三三年一月三〇日から一九三四年八月二日の一年半のうちに、ナチ体制の基盤となる重要な「法令」は出揃《でそろ》い、ヒトラーはあらゆる権限を握る「独裁者」の地位を確立した。ドイツは、絶対的指導者ヒトラーがすべての責任を負う「総統国家《フューラーシュタート》」となったのである。

一九三三年三月、パリにいたケスラーは、帰国時に保護拘禁される危険があるとの忠告を受け、そのまま亡命生活を余儀なくされた。四月八日付の日記に、彼はこう記している。

私は悪い夢の中にいて、ふいにそこから目覚めるのではないかと時々思うことがある。最近の何日間かはひどかった！　それでも人生は何とか続いていく。私は仕事をしている。仕事をすることができる。人と話をして、読書をする。しかし、いつも鈍い苦痛が、暗い通奏低音のようにつきまとっているのを意識する。[*42]

それは、ナチスがワイマル共和国の「残滓《ざんし》」を一掃すべく政敵の逮捕に血道を上げていた頃だった。その後、ケスラーは一度もドイツに戻ることなく、一九三七年一一月三〇日にリヨンで没することになる。

## 三　党派対立型暴力から国家テロ型暴力へ

### 共和国末期の政治的暴力

ナチ体制初期に、擬似合法的な手段を用いた政権強化に並行して実行されたのが、政敵に対する容赦のない暴力的排除である。この点に触れる前に、少し時間を戻してワイマル共和国末期における政治的暴力の状況を一瞥しておこう。

ナチスと共産党の対立を軸とする党派対立型暴力のピークは、一九三二年六月後半から七月末の時期であった。一九三二年後半になると件数は減少傾向だったが、それでも政治的暴力はコンスタントに発生していた。例えば、一九三二年一二月にベルリンで発生した政治的暴力事件は、以下の通りであるが、そのほとんどに酒場が絡んでいたことが特徴的である。

①一二月二日、フリードリヒスハインのカフェ（ラバック）にいたナチ党員たちに店内に入ってきた共産党員がいきなり一発を発砲。威嚇射撃用拳銃だったため、負傷者なし。
②一二月八日、シュパンダウの共産党酒場（シュラム）にナチ党員約二〇名が駆け足で近づき、一〇～二〇発を発砲。逃げるナチ党員に対し共産党側が発砲。共産党員一名、ナチ党員二名が負傷。事件後、地区内のナチスの酒場に共産党によって煉瓦が投げ込まれ、窓ガラスが破壊される。
③一二月八日、シェーネベルクで共産党のデモ隊（約一五〇名）と駆けつけた警官との衝突。警察側が威嚇射撃。デパート（KaDeWe）や近隣の建物の窓ガラスが破壊される。
④一二月八日から九日に日付が変わる頃、シャルロッテンブルクでナチ党員とその婚約者が遭遇した多数の共産党員に襲撃され、ナチ党員がナイフで切りつけられて負傷。近くのナチス

の酒場（オスターマン）からSA隊員が駆けつけると、共産党員は逃走。
⑤一二月一一日、フリードリヒスハインで帰宅途中のナチ党員が共産党員に襲撃され、負傷者を収容したSAの事務所から向かいにある酒場（ヒンツェ）の前にいた共産党員に向けてSA隊員が三発の発砲。銃弾が酒場の窓ガラスを貫通して店内の壁に命中。
⑥一二月一二日、フリードリヒスハインの共産党の酒場（店名不明）に向けてナチ党員が一二～一五発を発砲。負傷者は不明。
⑦一二月一四日、ミッテの酒場（ポリヴィッツ）でナチスへ入党した元共産党員が約一〇名の共産党員に襲撃されて、頭部に軽傷。
⑧一二月二三日深夜、ミッテにある共産党の酒場（ミシュケ）でSA隊員四名と多数の共産党員の乱闘。SA隊員一名が下腹部を刺され、一月八日に死亡。
⑨一二月二四日、フリードリヒスハインで共産党員三名がナチ党員約二〇名に襲撃され、酒場（シュリー）に逃げ込もうとしたところに背後から四～六発の発砲。一名負傷。
⑩一二月三一日深夜にテンペルホーフのSAの施設に向けて共産党員が約三〇発の発砲。その後、翌一日未明に共産党員一名がSA隊員に絡み、乱闘の中でSA隊員に刺されて死亡。
⑪一月一日、ミッテのアッカー通りにいた共産党員を含む六名に向けて自転車に乗ったSA隊員が発砲し、女性一名が死亡。

プロイセン内務省の記録によると、ベルリンを含むプロイセン全体での政治的暴力の発生件数は一二月（一五三件）から一月（四一五件）にかけて急増している。これに伴って、死者数は三名から一八名（ナチスが五名、共産党が八名など）、負傷者数は一三一名から五〇九名へと増加した。一九三三年一月一一日には、ヴェディングのケスリン通りでデモから帰宅していた共産党員一〇名に向かって車から六〜八発の発砲があり、二名が負傷し、その四五分後には近くのナチスの酒場（クラムケ）でナチスと共産党の衝突が発生している。その二日後（一三日）には、同地区内の共産党酒場（レーマン）にバイクから発砲があり（負傷者不明）、二二日にも別の共産党酒場（店名不明）が同じくバイクから発砲され、店内にいた女性一名が負傷している。警察はこれらが同一犯による犯行とみなしている。一五日には、ミッテのナチスの酒場（ロイテに向けて共産党員が多数発砲し、SA隊員二名が負傷している（犯人の一部は近くの共産党酒場「シュルツェ」に逃げ込み、そこで逮捕されている）。

一月三〇日深夜には、ヒトラーの首相就任を祝うシャルロッテンブルクでのナチスの松明《たいまつ》行進の隊列が共産党の牙城である労働者地区に入った際に銃撃され、警官一名とSA隊員一名が死亡、共産党員二名が負傷する事件が発生している。この死亡したSA隊員は、悪名高いSA第三三中隊長ハンス・マイコフスキだった（第四章第二節参照）。

このように、ワイマル共和国の最終局面まで、ナチスと共産党を中心とした党派対立型暴力は確実に継続していた。

## 政治的暴力の国家テロ化

ナチ政権成立直後から始まった共産党や社会民主党への弾圧は、既述のプロイセン内相ゲーリングの二つの布告でエスカレートした。一つは二月一七日の警察に対する国家の敵への容赦のない銃器の使用命令であり、もう一つは二月二二日のSA、SS、鉄兜団など「政府を支持する用意のある組織や政党」に所属する五万人の補助警察官への任命である。この五万人の半数がSA、三〇％がSS、二〇％が鉄兜団に属しており、ベルリンだけで二万人近くを占めていた。この結果、腕章一つで国家権力の代行者となったSA隊員が「国家に敵対する活動により危険にさらされた治安の防衛のために」（プロイセン内相布告）、正規の警察官とともに市中に投入されていった。「警察権力はナチスの抑圧・テロの道具へと変質した」[*43]のである。

これらの布告によりSAの権力意識は高まり、「SAの警察化」が進んだ。SAの暴力は国家公認となり、ワイマル期からSAがめざしていた街頭の支配が現実化していくことになる。SAへの攻撃が国家への攻撃と同義になることで、左翼側からの抵抗が困難となる一方、国家権力を笠《かさ》に着たSAの一方的な暴力が横行した。歴史家M・ヴィルトは以下のように指摘する。

「政敵、ユダヤ人、『共同体異分子』に対してナチスが権力就任後に仮借なく行ったテロと暴力は、ナチ体制の最初の数か月の急速かつ徹底した変革にとって明らかに不可欠だった」[*44]。

一九三三年一月三〇日以後の政治的暴力は、ワイマル共和国の党派対立型暴力とは異なる様相を示していた。それは、国家権力と結びついて行使される、あるいは国家それ自体が行使する「国家テロ型暴力」であり、アクターの一方が独占的に行使する非対称化された暴力である。さらに、それは「下からの暴力」と「上からの暴力」に分けられる。前者は街頭で政敵に対して専横的に行使される統制のきかない暴力であり、後者は強制収容所を基盤にするシステムとして行使される暴力である。いずれにせよ、ナチ体制下の政治的暴力は相手の殺害も厭《いと》わない残忍なものであり、この点でワイマル中・後期のそれとは質的に異なっていた。

ナチ体制初期にはまず、SAによる「下からの暴力」が全面化し、共産党や社会民主党の集会やデモが襲撃された。よく知られているのが、一九三三年二月一二日にドイツ中部のアイスレーベン（マルティン・ルターの生地として知られる）で発生した「血の日曜日」事件であり、五〇〇名を超えるSAの一団が共産党の集会を襲撃し、三名が死亡し、多数が負傷している。

もっとも共産党や社会民主党の集会やデモが禁止されていく中では、こうした形の暴力は減少した。代わって新たな暴力の形となったのは、補助警察となったSAが共産党員、社会民主党員、労働組合幹部などを不当に逮捕（身柄拘束）し、拘禁施設に連行した上で拷問や暴行を加えることであった。政敵の拘束は衆人環視の中で実行されており、政治的反対派や市民に不安や萎縮の感情を呼び起こした。とりわけ二月二八日の大統領緊急令（国会炎上令）によって全面化した「保護拘禁」により、被拘束者の数は急増した。ベルリンではすでに三月前半だけで国会議員を含む一万人以上の共産党員が保護拘禁されている。正確な数字は定かではないが、一九三三年にドイツ全体で保護拘禁された者の数は二〇万人で、そのうち少なくとも五〇〇～一〇〇〇人が拷問や暴行により落命したと言われている。

## 共産党酒場の閉鎖

政治的暴力の非対称化を象徴しているのが、共産党酒場に対する閉鎖措置である。権力を握ったナチスが「マルクス主義の根絶」のために真っ先に目をつけたのが共産党酒場であり、ベルリンでは国会議事堂炎上事件の翌日から共産党酒場に対する閉鎖措置が実行された。

その計画によると、事前に市内の三一〇軒の共産党酒場のリストが配布された後、二月二八日午後に警察官の大量投入によって家宅捜索と閉鎖が実施されることになっていた。その法的根拠は、二月四日の「ドイツ国民の保護のための大統領令」二三条であり、公共の安全と秩序の維持のために、政治的暴力の拠点とみなされる場所を警察が閉鎖できると規定されていた。共産党酒場のうち、どれだけが実際に閉鎖されたかは定かではない。ただし、即興的・電撃的に実施された警察の行動は混乱し、非共産党系の酒場が閉鎖された事例や、逆に共産党酒場が存続した事例が報告されている。

ナチ政権成立後、共産党酒場の中には「常連酒場」の看板を下ろし、一般の酒場へと「転向」するものが出ていたが、今回の警察の手入れにより、さらに多くの酒場店主が体制に順応する姿勢に転じた。閉鎖措置後に警察に送られた陳情書を見ると、ある店主は自分の店が共産党酒場であることを否定し、別の店主は自らの酒場が政治的に中立で、あらゆる市民に開放されていることを強調し、「ドイツ国家の新秩序」（ナチ体制）を歓迎する態度まで示していた。

クロイツベルクのアーダルベルト通りにあった共産党酒場（シュルツェ）の店主も陳情書の中で共産党の常連酒場であることを否定し、以下のように店の営業再開を願い出ている。


私の下では、いかなる政治団体も出入りしておらず、集会も開かれていないのであり、どういう理由で私の酒場が閉鎖されたのか理解できません。時々、小規模の共産党集会が開催されていたとしても、私の酒場をこの党の常連酒場とみなすことはできません。私の酒場のその他の出入り客は、政党的信条とは無縁の市民から構成されています。……それでも時に共産党の集会が開かれていたことが酒場を閉鎖する理由であるならば、このような政党に私の酒場を二度と使用させないことを今日お約束し、政治的な案件を――他の団体についても――交渉させないよう厳に注意いたします。警視総監殿および第一〇七分署には、ここで行った陳述に基づき、私の酒場の再開を許可するようお願い申し上げます。[*45]

近隣社会の中で激しい街頭闘争を繰り広げてきた共産党も権力を握ったナチスの前になす術《すべ》はなく、酒場の店主たちは決定的な政治的転換の中で、生き残りをかけた次の選択を余儀なくされていたのである。

## ベルリンにおけるSAの拘禁施設

一九三三年二月以降、保護拘禁により身柄を拘束される者が急増する中、それに対応した収容場所が必要となり、ドイツ各地に拘禁施設が次々と登場した。街中に設置された監獄は急ごしらえであり、既存の刑務所や警察の留置場を兼用するケースもあれば、他の施設を転用するケースもあった。後者の場合、SAの宿営（SAハイム）、スポーツ施設、ユースホステル、廃工場、私邸なども使われたが、突出して多いのは酒場を利用したケースである。

ここでは、I・フォン・ゲッツの研究を参考に、一九三三年にベルリンに設置された拘禁施設の状況を見てみよう。[*46]設置期間や収容可能人数に従って、これらの施設は「初期強制収容所」（一一か所）と「拘禁施設」（二三一か所）に区分され、前者はさらにベルリン全体を広域でカバーする中核的な二か所と、各地域の拠点となる九か所に分けられる（ドイツ全体では初期強制収容所が約九〇か所あったとされる）。

ベルリンでの二か所の中核的な収容所は、ゲネラール・パーペ通り（シェーネベルク）の旧兵営とヘーデマン通り（クロイツベルク）のベルリン・ブランデンブルクSA指導部の建物内に置かれていた。前者は一九三三年三月から一二月まで存在し、ベルリンの西半分を管轄する一方、後者は一九三三年三月から九月まで東半分を管轄していた。この収容所に拘禁される者は、下位の施設から転送されるケースが多く、ゲネラール・パーペ通りの収容所では通算で二〇〇〇人が拘禁され、約三〇人が暴行によって死亡している。

その下の九か所の収容所のうち八か所はSA管轄であり（うち二か所はSA酒場）、テンペルホーフにあった「コロンビアハウス」（以前の軍用拘禁施設）のみがSS管轄だった。設置期間は三か月から一〇か月程度であった（コロンビアハウスのみ一九三六年まで存続）。

こうした比較的規模が大きい収容所の下に位置づけられたのが、短期的に利用される拘禁施設である。その存続期間は数日から数週間であり、あくまでも臨時的・代替的な役割であった。しかし、それらは「テロの最末端のレベル」[*47]を担う施設であり、近隣社会内で開始された「マルクス主義の根絶」のための行動で拘束された者を拘禁・拷問する、あるいは上位の収容所へ引き渡す機能を果たしていた。

注目すべきは、二三一か所のうち一七四か所（七五％）が酒場だった点である（ほとんどはSA酒場）。第五章で取り上げたクロイツベルクには、二五の拘禁施設が設置されたが（ベルリンの二〇市区の中でミッテの二七か所に次ぐ設置数）、酒場はそのうち二一か所（八四％）であり、ノスティッキーツの「ツア・ホッホブルク」もその一つであった。

ワイマル共和国後期の日常の中で政治的暴力の拠点として機能していた左右両翼の政治的酒場は、ナチ政権の成立を境に対照的な結末をたどった。次々と閉鎖されていく共産党酒場に対して、SA酒場は国家による暴力行使の最前線に位置づけられたのである。ここにおいて、日常レベルで展開していた政治的暴力と国家権力は酒場を介して結びつき、国家テロ型暴力が近隣社会のレベルで展開していくことを可能にした。

初期強制収容所や拘禁施設は「純粋な暴行・拷問場所、体制の実際の敵もしくは敵とみなされる者に対する報復の場所」[*48]であり、被拘禁者への肉体的・精神的な拷問や虐待が日常化していた。暴行や罵倒はもとより、反ユダヤ主義的なスローガンの強制的な絶叫、性的な内容を含むSA隊員による辱め、単調な労働の繰り返し、衰弱した者に対する運動訓練の強制など、その形はさまざまであった。被拘禁者の多くは早ければ数日、遅くても数か月で釈放されたが、そうした拷問や虐待の後では、たとえ釈放されたとしても、精神的・肉体的に深い傷を負い、政治活動を再開できない状況だった。

ベルリン・フリードリヒ通りの初期強制収容所に拘引された共産党員（1933年3月6日）［BA, Bild 102-02921A］

ベルリンの事例がそうであったように、こうした収容所や拘禁施設に共通していたのは、それが街中の人目につく場所に設置され、衆人の目に容易に触れていたことである。施設付近の住民たちは、被拘禁者に加えられる拷問や暴行をそのわめき声を通して知覚していた。初期強制収容所や拘禁施設の存在は、政治的反対派のみならず一般市民にも不安や恐怖を与え、それがナチ体制への同調的姿勢や反対派への拒否や無関心を生み出す要因となった。この意味で、これらの施設は「見せしめと同時に規律化の効果」[*49]を持ち、政権成立直後に始まった「マルクス主義の根絶」を下支えし、わずか数か月でのナチ体制の強化に重要な役割を果たした。「初期収容所なしでは、新体制はこれほど迅速に足場を固めることはできなかったであろう」[*50]と歴史家N・ワックスマンは言う。

なお、一九三三年一〇月時点で、ドイツ全体では約二万二〇〇〇人が初期強制収容所や拘禁施設に収容されていたが、ナチ体制の安定に伴う被拘禁者の減少により、この頃からこれらの臨時的な施設は次々に閉鎖されていった。その後、SS管轄のダッハウ（ミュンヘン郊外）やSA管轄のオラーニエンブルク（ベルリン郊外）をモデルとして、一九三四年に入るとより大規模で体系的な「公式」の強制収容所がその役割を担っていくことになる。

### 「ケーペニック血の一週間」

国家権力と一体化したSAの暴力は一九三三年二月から四月に激しさを増したが、その後も収束することなく、この年の夏にかけてドイツ各地で国家テロ型暴力が横行した。

その最も残虐な事例の一つが、一九三三年六月二一日から二六日にかけて発生したベルリン南東部ケーペニックでの共産党員、社会民主党員、労働組合員、ユダヤ人市民など約五〇〇人に対するテロ行動、いわゆる「ケーペニック血の一週間」である。この事件については正確な情報が少なく、犠牲者数すらも特定されていないが、拘禁施設に連行された者のうち、七〇人が行方不明となっており、少なくとも二一〜二三人の殺害が確認されている（九一人とする研究もある）。また、釈放された者も拷問や暴行で激しい傷を負っていた。

ケーペニックには初期強制収容所が二か所あり、一つはSA酒場（デムート）、もう一つが旧地区裁判所監獄施設（ケーペニックのSAが本部として使用）であった。「血の一週間」の中で、

SA隊員たちは労働者地区を中心に家宅捜索を行い、拘束された者を次々にこれらの施設やその他の拘禁場所へと連行している。この行動の主体となったのはケーペニックのSA第一五中隊であり、シャルロッテンブルクのSA第三三中隊が支援に入った。

これらのSA部隊のテロ行動が一気にエスカレートしたのは、六月二一日の夜以降である。きっかけは、この夜に労働組合幹部ヨハネス・シュマウス宅にSAが押し入った際、家族に暴行するSA隊員に対して息子のアントン・シュマウスが発砲し、三名を殺害したことだった（アントン・シュマウスはいったん逃走した後、自ら警察に出頭したが、その際にSA隊員に銃撃され、一九三四年一月一六日に死亡している。殺害された三名は、かつてのホルスト・ヴェッセルと同様に〝殉教者〟に祭り上げられた）。

初期収容所や拘禁施設での拷問は凄惨を極めた。その様子については、第二次世界大戦後の連合国統治下で行われた、この事件の裁判の中での被害者や関係者の証言が残されている。ここでは二つの事例を取り上げてみたい。

一つは、六月二〇日の時点でSAに連行されたパウル・クシュケとアルフレート・クシュケの父子のケースである（両者の党派は不明）。二人はSA酒場デムートに連行された後、激しい暴行を受けた。釈放後、父パウルは六週間、息子アルフレートは数か月の入院を余儀なくされている。戦後の裁判で、パウルは次のように証言している。

ＳＡ隊員たちの少しの休憩の間、私は重いフェンシング用の剣で自分の息子を思い切り殴れと要求されました。息子も私［注：パウル］を同じ道具で殴れと命じられました。私が従わず、いつかこのことに責任を負わなければならなくなるぞと言うと、さらに殴られました。その時、彼らは椅子を使いました。その後、私は長い間、意識を失っていました。最後に、彼らは傷口にタールやピッチ［注：タールを蒸留した時の残留物］を塗りつけたのです。それから、私たちは地区裁判所の監獄へ移されました。[*51]

この事例のみならず、ＳＡ隊員たちはさまざまな道具を使って被拘禁者を暴行し、さらに傷口に熱したタール（あるいは塩や胡椒《こしょう》など）をかけてひどい苦痛を与えていた。
もう一つは、さらに悲惨な事例である。ＳＡの激しい拷問が原因で一九三三年六月二六日に死亡した共産党員ヨーゼフ・シュピッツァーの妻の裁判での証言が残されている。

夫が帰宅すると、ほとんど話すことができない状態でした。髪の毛は刈られ、頭部全体をかさぶたが覆っていました。顔や耳の辺りにはタールがついていました。……夫は激しく傷つき、まったく横になれないほどでした。背中は上部からかかとまで皮膚がなく、むき出しの血で染まった肉が見えていました。……胸の左側全体は青くなっていました。……夫が小便をした際、尿が真っ黒なことに気がつきました。その時、夫はひどい痛みを我慢していました。腎臓付近がひどく傷ついていたのです。[*52]

そこには、対等なアクターどうしの抗争という少し前までの政治的暴力の姿はなかった。それは、国家権力の行使者から無抵抗な「敵」への一方的な暴力の構図であり、権力側に立ったSAの「憂さ晴らし」、あるいはワイマル期の街頭闘争の敵に対する復讐であった。ケーペニックの惨劇は、この時期のドイツで発生した暴力の一例に過ぎない。

## SA粛清

こうした野蛮で残忍な暴力が半ば公然と行われたことで、SAに対する社会の視線は厳しくなっていった。例えば、ケーペニックで拷問を受けた被害者を治療した医師は六月二六日に警察に電話を入れ、SAの暴力に対して激しく抗議している。これについて、以下のような警察のメモが残されている。

昨夜、彼［注：電話した医師レーマン］は一一人の処置を行ったという。このうち、九人は病院に搬送しなければならなかった。一人はケーペニック病院で虐待が原因で死亡した。レーマン医師は自分の名前において、そしてケーペニックの他の医師たちの委託で、警察の即座の介入を要望している。というのも、SAの行動に対する憤りが、右の人びとの中でもかなり大きいからである。[*53]

右寄りの市民にすら広がりつつあったSAに対するネガティブな感情を受けて、一九三三年夏頃から、政府内でもSAの目に余る暴力が問題視されるようになった。ヒトラーは「マルクス主義の根絶」のためにSAを利用してきたが、それが達成されると、統制のきかないSAの暴力は支配の安定化や秩序の維持にとって足枷《あしかせ》となったのである。こうして、政権獲得から半年がたった頃から、ヒトラーは「党外反対派」に代わり「党内反対派」(SA)への対応を迫られることになった。

「ケーペニック血の一週間」から五日後の一九三三年七月一日、オーストリアとの国境にあるバート・ライヒェンハルでのSA・SS上級指導者会議で、ヒトラーは「国民革命」(マルクス主義の根絶とワイマル体制の除去)の終結を宣言した。さらに、中央党の解散によりドイツに存在する政党がナチスのみになった直後の七月六日にも、彼は首相官邸に集まった国家総督たちを前に演説を行い、以下のように語っている。

革命は恒久的な状態ではなく、持続的事態へと発展するようなことがあってはならない。解き放たれた革命の流れを、進化の安全な河床へ導き入れなければならない。……よき経済人であれば、まだ国民社会主義者でないとしても、排除してはならない。特に、経済人に取って代わる国民社会主義者が経済について何ら理解していないのであれば、そうあってはならない。経済においては、能力だけが決め手でなければならない。[*54]

それは明らかに「革命」の継続を訴える勢力に対する警告であり、同時に既存の支配層を守る姿勢であった（この演説内容は、七月一一日に内相フリックによりあらためて国家総督に通達された）。こうして、ナチ党指導部はＳＡの過激な暴力を抑え込もうとする「脱エスカレーション戦術[*55]」へと転換していく。その手始めが、一九三三年八月のプロイセン全域での補助警察の解散であった。

しかし、これに反発するかのように、ＳＡの内部では「革命」の未完を訴えて、その継続（第二革命）を求める声が高まっていった。すでに一九三三年六月の段階で、ＳＡ幕僚長エルンスト・レームはナチスの機関誌に以下の文を発表している。

国民的高揚がわれわれの闘争の目的なのではない。それはドイツ的革命の一区間に過ぎない。われわれはこの区間を駆け抜け、国民社会主義国家、つまりわれわれの最終目標に達しなければならない。したがって、ＳＡとＳＳは、ドイツ的革命が死に絶えたり、道半ばで闘争しない者によって裏切られることを許してはならない。……実際に、国民革命が終わり、そこから国民社会主義革命が始まる時期が来ているのだ。俗物たちが好むと好まざるとに関係なく、われわれは闘いを継続していくだろう。俗物たちが最終的に何が重要か理解するのであれば、彼らとともに。それを望まないならば、彼ら抜きで。そして、そうせざるを得ないのであれば、彼らを敵にしてでも。[*56]

ＳＡの言う「第二革命」（国民革命に続く国民社会主義革命）は、旧秩序の打倒と新秩序の確立を目標とし、既存の支配層（資本家や大農場主）の一掃と社会主義的な平等化を要求するものだった。これに、ＳＡと国防軍との対立関係（ＳＡを基盤とする人民軍の編成やＳＡによる軍および国防省の統制の要求と、それに対する国防軍の反発）が絡まり、支配層にとってＳＡは受け入れられない過激な存在となっていた。

この間、ヒトラーはレームを無任所相として閣内に迎える（一九三三年一二月一日）など、ＳＡに対する懐柔策も進めていた。しかし、一九三四年春以降、ＳＡ内で「第二革命」がさらに声高に叫ばれ、党内の分断が顕著になる中、ヒトラーは支配層や国防軍との妥協を選択し、SAを権力から排除する動きを強めていく。ヒトラーにとって、自らが重要な目標に掲げている再軍備を実現する上でも、この時点で余命いくばくもなかったヒンデンブルクの権力を継承して独裁化を進める上でも、国防軍の支持は不可欠だった。

グレゴール・シュトラッサーの失脚後、レームはヒトラーの立場を脅かす唯一の存在であり、SA内の同性愛の問題も相まって、ナチ党指導部でもレームやSAに対する反感は高まっていた。一九三四年六月末、SAの武装蜂起が目前に迫っているという根拠のない情報が広まる中、ヒトラーはレームをはじめとするSA幹部の粛清を決断することになる。

こうして発生した「長いナイフの夜」と呼ばれるSA幹部に対する粛清は、ミュンヘンとベルリンの二つの大都市で展開した。一九三四年六月三〇日早朝、ヒトラーはゲッベルスやSA幹部ヴィクトル・ルッツェ（レームの後任のSA幕僚長となる）を同伴し、武装したSSの選抜部隊を引き連れてオーバーバイエルン地方のバート・ヴィースゼーへ向かった。その湖畔にあるホテル「ハンゼルバウアー」にはレームやSA幹部たちが滞在していた。ホテルに到着したSS部隊はヒトラーの命を受けて、SA幹部たちを反逆罪で逮捕し、ミュンヘンのシュターデルハイム刑務所へ連行した。ここで、七月一日にかけてレームやSA幹部たちが司法手続きなしで次々に殺害されている。

バート・ヴィースゼーでの逮捕劇の後、ヒトラーは作戦暗号「コーリブリ」（「ハチドリ」の意）を発し、これを受けてベルリンではゲーリングの下でヒムラーとラインハルト・ハイドリヒが率いるSSやゲシュタポが行動を開始した。ベルリンSAの幹部たちも逮捕され、SSが兵舎として利用していた市内南部リヒターフェルデの士官学校において、同じく司法手続きなしに射殺された。

この大規模な作戦行動で殺害された者は少なくとも八五名、実際には一五〇ないし二〇〇名とされている。その中には、SAとは無関係のヒトラーにとって「好ましからざる人物」も含まれていた。例えば、一九三二年一二月にナチ党の分裂危機をつくり出した前首相シュライヒャーとナチ党幹部だったグレゴール・シュトラッサーが犠牲となった。シュライヒャーは自宅で妻とともに射殺され、シュトラッサーはゲシュタポ本部内の独房で射殺されている。また、一九三四年六月一七日にマールブルク大学で、この時期としては異例の体制批判演説を行った副首相パーペンの周辺でも犠牲者が出た。パーペン自身はヒンデンブルクとの関係が考慮されて殺害を免れたが、この演説を執筆したエドガ

SA幕僚長エルンスト・レーム
［BA, Bild 102-15282A］

ー・ユングやその協力者エーリヒ・クラウゼナー、さらにパーペンの側近であるヘルベルト・フォン・ボーゼが殺害された（パーペンは副首相を辞任し、オーストリア公使へ転出）。さらに、一九二三年一一月の「ミュンヘン一揆」の際にヒトラーへの協力を拒否した当時のバイエルン州総監グスタフ・リッター・フォン・カールも殺害されている。

一国の指導者自らが先頭に立って行われた非合法の集団殺害事件は、七月三日にヒトラー、内相フリック、法相ギュルトナーが署名した「国家緊急防衛措置に関する法」により事後的に正当化された。同法の中身は、「一九三四年六月三〇日、七月一日、七月二日に国事犯的・国家反逆的な攻撃の鎮圧のために行われた措置は、国家緊急防衛として適法である」という一文のみだった。それから一〇日後の七月一三日、ヒトラーはナチ党員のみで構成される国会でこの事件を正当化する演説を行い、議員たちから喝采を浴びた。

唯一の競争相手と最大の不満分子の集団を排除したことで、ヒトラーは反対派を最終的に封じ込めることに成功し、自らの権力を著しく増大させた。同時に、この出来事は国内世論には好意的に受けとめられ、ヒトラーの人気や声望も高めることになった。一九三三年一月三〇日以降、残虐な暴力を目の当たりにしてSAへの負のイメージを増幅させていた多くのドイツ人にとって、SA粛清は野蛮な集団の排除であり、正常化をもたらす行動として歓迎すべきものだったのである。

ワイマル共和国において党派対立型暴力を担い、ナチスの政権獲得後は国家テロ型暴力の先兵として苛烈な暴力を振りかざしてきたSAを排除する手段もまた暴力だった。暴力を暴力で制するやり方は「権力と暴力が相互にわかちがたく結びつけられた」[*57]ナチ体制の本質をはっきりと示すものであり、しかも今回のそれは、国家のトップが自ら先頭に立ち、無抵抗の者を司法手続きなしで問答無用に銃殺するという、それまで以上に残忍なものであった。

「長いナイフの夜」の後、SAに代わってヒムラーを全国指導者とするSSがナチ党の暴力装置の中核となっていく（一九三四年七月二〇日にSSはSAから独立）。これにより、国家テロ型暴力もSAが主体の「下からの（専横的な）暴力」から、SSを中心とする「上からの（体制化された）暴力」へと転換することになった。この暴力は、数的に減少した政治的反対派に代わってユダヤ人を主たる対象としながら、障害者、同性愛者、シン

1934年7月13日の国会でのヒトラー
［BA, Bild 102-16034］

ティ・ロマ、さらに東欧スラブ人などの社会的・人種的「異分子」へとターゲットを拡大し、破滅的な結果を伴いながら、一九四五年五月のナチ体制崩壊まで続くことになる。

# 終章　「ワイマル共和国」を考える

## 一　ワイマル共和国史をたどって

### 政治的暴力の常在

本書は、ワイマル共和国の政治史を緯糸、それぞれの時期の政治的暴力の状況を経糸として、共和国の成立から崩壊までの歴史を紡いできた。そこから明らかになるのは、一四年余りの共和国の歴史の中に絶えず政治的暴力が影を落としていたことである。

共和国前期（一九一八〜二三年）はドイツ革命に始まってミュンヘン一揆で終わるが、ここで特徴的なのは、左右両翼の反体制勢力が、成立したばかりのワイマル共和国の体制（公権力）に対峙し、国家レベルで政治と暴力が結びついていたことである。この時期の政治的暴力＝「体制転覆志向型暴力」では、左翼勢力が「頓挫した革命」を取り返すように社会主義ドイツをめざして蜂起を繰り返し、右翼・保守勢力は「行き過ぎた革命」や「ヴェルサイユのくびき」に反発して体制転覆の試みや政府要人の暗殺を実行した。これに対して、共和国政府はとりわけ左翼勢力に厳しい姿勢をとり、軍や義勇軍を投入してその蜂起を容赦なく鎮圧した。

共和国中期（一九二四〜二九年）から後期（一九三〇〜三三年）にかけて、政治的暴力は各党派間の争いとして発生した。最終的に「ナチス対共産党」へと収斂していくこの時期の政治的暴力＝「党派対立型暴力」は、体制（公権力）に対して向けられるものではなく、共和国の政治的展開から暴力的要素は消えていった。しかしその分、政治的暴力は社会の中へと下降し（市中化）、街中の至る所で発生するようになり（頻発化）、それと同時に日常生活と隣り合わせの状況が生じた（日常化）。それは、相対的に犠牲者が少ない「ささやかな暴力」として、日常の中の「ありふれた」光景となった。

一九三三年一月三〇日にヒトラーが首相に任命され、ナチ体制が成立したことで、党派対立型暴力の一方の担い手が国家権力を握る事態が生じると、国家レベルで政治と暴力が再び結びつき、暴力は国家から反対派に対して一方的に行使されるものとなった。この時期の政治的暴力＝「国家テロ型暴力」は、ワイマル共和国から続く政治的暴力の最終段階に位置づけられる。

## 「扇状地」モデル

このように、ドイツ革命からナチ体制の成立に至るまで、政治的暴力は「体制転覆志向型→党派対立型→国家テロ型」と形を変えながら常在していた。以下では、こうした政治的暴力の流れと共和国の政治的展開の連関を、地理学における「扇状地」の説明になぞらえて俯瞰《ふかん》してみることにしよう。

「扇状地」とは、河川が山地から平地へ流れ出るところにできた半円錐《はんえんすい》状の堆積地形である。谷から出てきた河川は上流域（扇頂）では地表を流れているが、扇状地の中央部分（扇央）では地下へと浸透して伏流水となり、地表は水無川となる。その後、下流域（扇端）で湧水となることで、河川は再び地表を流れる。この地形の断面図にワイマル共和国の政治と政治的暴力の関係を当てはめてみると、図3のようになるだろう。

①「扇頂」は、共和国前期＝体制転覆志向型暴力の段階にあたり、共和国の政治と暴力が結びついており、暴力は革命・反革命、蜂起、暗殺などの形で体制を揺さぶるほどのインパクトを持っている。

②「扇央」は、共和国中・後期＝党派対立型暴力の段階にあたり、政治的展開と暴力は分離し、共和国の政治から暴力の要素が消えたように見える状態である（水無川の状態）。しかし、政治的暴力は消失したのではなく、位相を変えて社会の中へと下降し、日常化しただけである（伏流水化）。

③「扇端」は、ナチ体制初期＝国家テロ型暴力の段階にあたり、国家レベルで政治と暴力が再び結びつき（湧水となって地表に現れた状態）、体制側から国家の「敵」に対して一方的に暴力が行使される状態である。この暴力の中心的な位相は近隣社会である。

【図3】

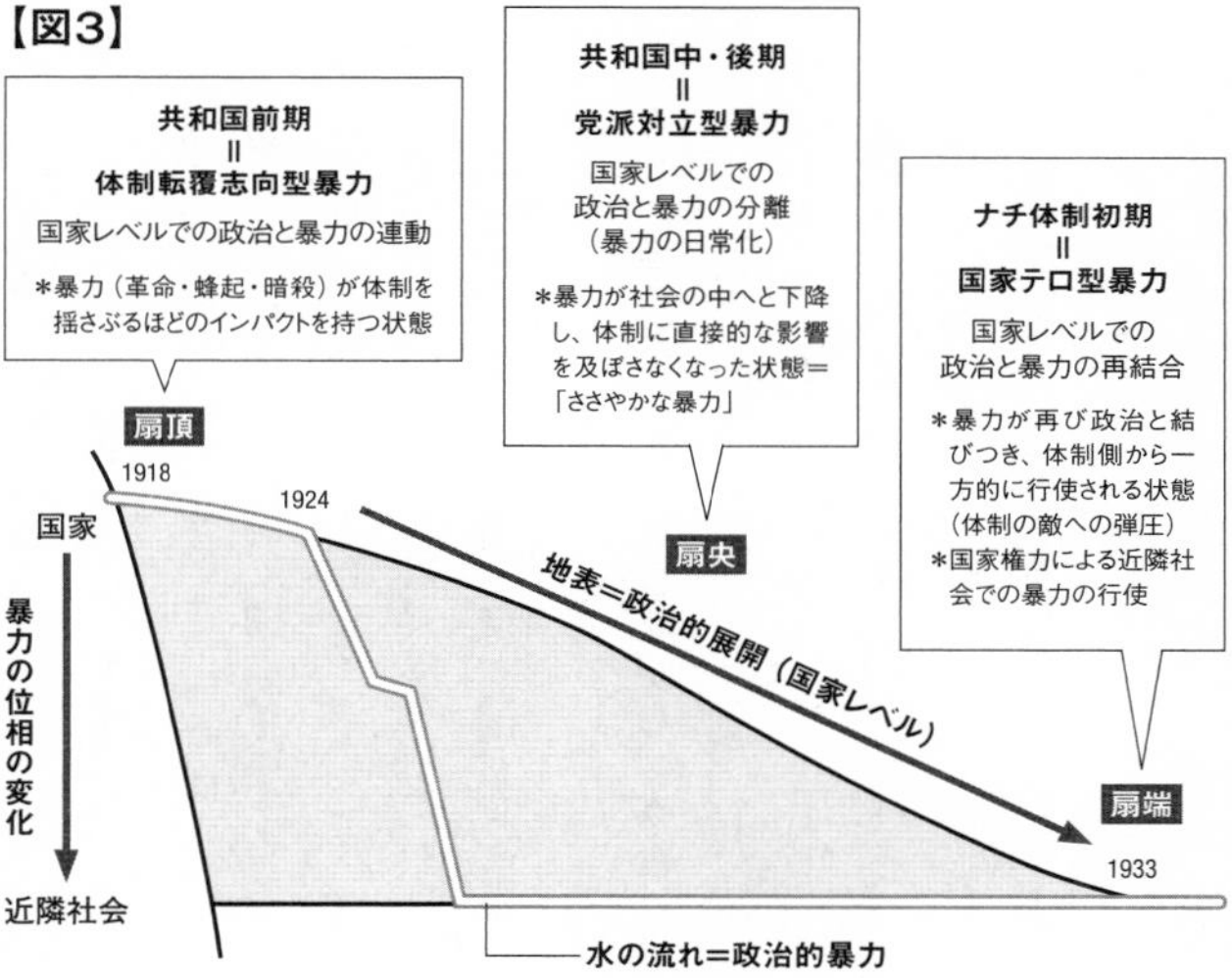


ワイマル共和国における政治と政治的暴力の関係＝「扇状地」モデル

＊①から②への切り替わり（河川が伏流化するポイント）は一九二四年、②から③への切り替わり（湧水となって再び河川が地表に現れるポイント）は一九三三年である。

## ナチスの台頭と政治的暴力

序章で述べたように、これまでの多くのワイマル共和国史では、共和国前期とナチ体制初期の歴史で政治的暴力が扱われる反面、共和国中・後期に関してはこの問題が抜け落ちてしまい（忘れられた内戦）、ナチス台頭の過程がもっぱら政治的・経済的・社会的な諸問題と選挙結果の関連から説明されてきた。

この状況を先の図3に当てはめてみよう。国家レベルでの政治的展開（地表部分）を描くと、「扇頂」と「扇央」の分岐点（一九二四年）以降に伏流化（市中化）していった政治的暴力がいったん見えなくなる。その後、「扇央」から「扇端」への転換点（一九三三年）で再び政治的暴力が「湧水」となって政治的展開と合流することで、ナチ体制初期の歴史では政治的暴力の問題が再び前面に出てくることになる。ここで重要なのは、政治的暴力は伏流化して地下に潜っただけであって、消失したわけではないという点である。それは一九二四年から三三年の間、つまり共和国中・後期の段階では、国家レベルの政治とは違う位相（近隣社会）で展開していたのである。

こうした構図を念頭に置きながら、本書はワイマル共和国の政治的展開（地表）と政治的暴力の問題（河川）の両方を描いてきた。共和国前期（第一章）とナチ体制初期（第六章）では両者が一体化して捉えられる一方、共和国中・後期（第二章〜第五章）ではそれぞれが異なる位相で示された。あらためて強調するならば、共和国中・後期においても政治的暴力の問題は確実に存在していたのであり、そこから問われるべきは、ナチス台頭の過程（共和国中・後期）における共和国の政治と政治的暴力の関係ということになる。この点を「政治文化」という視点から問い返してみよう。

## 二　政治文化としての「暴力」

### 街頭政治と暴力の「魅力」

ワイマル共和国中・後期の政治的暴力には、他の時期とは異なる特徴が見られた。それは、街頭での政治行動が世論形成に大きな影響を及ぼす街頭政治が全面化する中で、暴力が集会や行進などのプロパガンダ活動の結果として生じるだけではなく、暴力それ自体がプロパガンダの機能を果たしていたことである。

暴力がプロパガンダとして機能する場合、その目的は敵の殲滅ではなく、自らのプレゼンスの誇示であり、このためワイマル共和国中・後期の政治的暴力は限定的なものになり、体制（公権力）に対して向けられることもほとんどなかった。この点はSA、国旗団や鉄兜団はもとより、しばしば警察と衝突していた共産党（RFB）も同様であった。この意味で、党派対立型暴力は、軍の出動を要する体制問題ではなく、あくまで警察が対処すべき治安問題となった。

この局面において、社会に蔓延する政治的暴力は、それを忌み嫌う市民感情とは別に、暴力に「魅力」を感じ、積極的にコミットしようとする人びと（特に若者や失業者）を惹きつけ、各党派の「政治的兵士」を生み出していった。SAの場合、一九三一年初頭に七万七〇〇〇人だった隊員数は三か月後に一〇万人を超え、同年末には二六万人となった。さらに、ナチスが権力を握る頃、その数は四三万人に達していた。

暴力に直接的に関わらなかった人びとも、暴力を公然と行使する政党に票を投じた。政治的暴力がピークを迎えた一九三二年七月末に実施された国会選挙では、ナチ党と共産党の得票率の合計は全国平均で五一・六％（投票者数は約一九〇〇万人）、ベルリンに限れば五六・〇％であった。つまり、投票者の過半数が両党のいずれかを選択していたのである。これに同時期の社会民主党や中道諸政党の退潮を重ね合わせると、世界恐慌以後のドイツでは、暴力をためらわない非議会主義的な政党が実際に暴力を行使する中で選挙での得票を増加させ、逆に暴力に消極的な政党の得票が減少するというパラドキシカルな状況が生まれていたことになる。

ドイツ現代史研究者の岩崎好成《たかしげ》は、「SAがあるにもかかわらず」ではなく「SAがあったがゆえに」ナチスが一九三〇年の選挙での勝利を確かなものにしたと指摘している。[*1] これを敷衍すれば、「暴力を忌避しない政党であるにもかかわらず」ではなく「暴力を忌避しない政党であるからこそ」ナチス（や共産党）を支持した者たちが多数存在していたと言えるだろう。

## 暴力を忌避しない政治文化

こうしてみると、ワイマル共和国の政治的暴力を、特定の集団や個人の特異な現象として片づけることはできなくなる。むしろ、ワイマル前期から中・後期にかけてのドイツ社会には左翼から右翼に至るまで暴力を忌避しない政治文化が広がり、「暴力の政治化」あるいは「政治の暴力化」とも呼ぶべき状況が生み出されていたのである。

ワイマル共和国の公共的な議論の中で、政治に暴力が入り込むことへの批判や異議は極めて弱く、暴力に対する批判は常に党派性を帯びていた。つまり、「敵・味方」の二分法的思考の中で、「敵」の暴力が徹底的に糾弾される一方、自らの暴力は「自衛」として正当化され、自陣内の犠牲は「殉教者」や「英雄」として祭り上げられたのである。歴史家H＝G・ハウプトは、次のように述べている。

もし暴力活動が罰せられず、それどころか公衆の一部から支持されるとすれば、こうした活動は国家の秩序維持の威信を揺さぶるだけでなく、暴力の文化を創り出すか、すでに存在しているものを強化しうるだろう。[*2]

そもそも、憲法の下で理性的な討議に基づく議会制民主主義を掲げていたワイマル共和国の公的な政治文化に暴力が入り込む余地などなかったはずである。しかし、現実には、この公的な政治文化に対するもう一つの政治文化として「暴力のサブカルチャー」[*3]が形成されるに至った。ワイマル共和国は、議会政治を担うはずの政党が武装したパラミリタリー組織を有し、議会政治と街頭闘争が常に並存するという矛盾を抱えていたのである。政治的対立を暴力で解消しようとする傾向は、議会制民主主義における議論や妥協の放棄と表裏一体だった。

社会が政治的暴力に慣れ、それを許容し始めると、政治と暴力が結びつく異常さに対する感覚はどんどん麻痺していく。ワイマル共和国中・後期に発生した無数の暴力一つ一つは「ささやか」で、しかもそれに関わった者の数は全体から見ればわずかであったとしても、警察の制御がきかない暴力が日常生活の中に蔓延し積み重なることで、政治的暴力は継続的な負荷となり、共和国の政治的・社会的安定性を揺さぶった。そうであるからこそ、共和国政府は大統領緊急令を用い、プロイセン州政府やベルリン警察本部はたびたび法令や命令を布告し、政治的暴力の抑え込みに躍起になっていたのである。

こうした政治的暴力が共和国を直接的に破壊したわけではなかったが、共和国の不安定化の間隙を突くように、暴力の行使をためらわない政党が伸長し、政治は見る見るうちに急進化していった。この意味で、政治的暴力は共和国の政治に深刻な影響を及ぼしていたのである。

### ワイマル共和国とナチ体制の連続性

こうした状況を踏まえた時、「民主主義と独裁」という対比の中でしばしば断絶として理解されてきたワイマル共和国からナチ体制への転換を、連続性の観点から捉えなおす必要も出てくるだろう。

ワイマル共和国において「非合法の政治的暴力の受容」[*4]が生じ、共和国が暴力との親和性を内包していたとすれば、ヒトラー内閣成立直後から吹き荒れた政敵への激しい暴力も決して想定されない事態ではなかった。シューマンは、ナチ体制下の暴力が「自然災害のようにドイツ社会に突然降りかかったのではなかった」[*5]と言う。それが意味するのは、ワイマル共和国の段階で政治的な対立に暴力が附随することが自明化し、政治的暴力に対してある種の「耐性」を準備したということだろう。そうだとすれば、戦間期のドイツには、民主主義から独裁への転換という「劇的」な変化と並行して、暴力の問題が一貫して存在していたことになる。

この「暴力の連続性」という点において象徴的な意味を持っているのがSA酒場であろう。ワイマル期には近隣社会において街頭闘争の「前線基地」の役割を果たしていたSA酒場は、ナチ体制の成立とともに政敵を拘禁・拷問するための監獄へと即座に転用され、ヒトラーが掲げた「マルクス主義の根絶」を国家権力の末端で担った。党派対立型暴力から国家テロ型暴力への展開の中で、SA酒場には国家レベルでの「政治」と近隣社会の「日常」をつなぐ結節点としての機能を見出すことができるのである。

## 三　ワイマル共和国と「現在」

### ナチズムの後で

「ベルリンはワイマルではない」。現在のドイツ連邦共和国（ベルリン共和国）とかつてのドイツ共和国（ワイマル共和国）では、民主主義への信頼、その定着度や成熟度に大きな差があることを指して、しばしば語られる言葉である（西ドイツ時代には「ボンはワイマルではない」と言われていた）。

例えば、ドイツ連邦共和国大統領フランク゠ヴァルター・シュタインマイヤーは、二〇一八年一一月九日に連邦議会で行った演説の中でこう語っている。

　ベルリンはワイマルではないし、ワイマルになることもないだろう。過去にあった危機は、現在ある危機ではない。常に同じことの繰り返しに警告を発する者は、新たな試練を見失いそうになる。もっとも、過去を想起することで新たな試練に対する眼差《まなざ》しを鋭くすることはできるだろう。そうした試練は確実に存在している。[*6]

もう一つ、個人的なことであるが、二〇二二年一二月にドイツで発生した右翼組織「ライヒスビュルガー」のクーデター騒ぎの際に、ドイツ人の友人（ドイツ史研究者）とやり取りしたメールの一節も紹介したい。彼はこう書いている。「［注：クーデター騒ぎを］一九二〇年代の出来事と比較することはできない。今日では、多くの人びとが民主主義を最善の統治形態だとみなしているし、国、地域、自治体のレベルで諸制度はちゃんと機能しているからだ」。そして、こう続けた。「ドイツでは、クーデターの試みはまったく、本当にまったく成功のチャンスなどない」。

政治家や市民のこういった言葉に、現在のドイツにおける民主主義への確固たる信頼と自信を見て取ることができるだろう。確かに、「ベルリン」に「ワイマル」と同じ状況が来ると想像することは難しい。「ワイマル」の反省に立って、現在のドイツの民主主義は法的に制度的に、そして人びとの意識の上で、幾重にも守られているからである。

一方で、近年のドイツでのポピュリズム的右傾化を見る限り、民主主義や市民的自由の維持に不断の努力と警戒が必要であることも確かである。「ベルリン」が「ワイマル」にならないという保証はどこにもない。

ドイツにとどまらず、われわれが生きる「現在」が「ナチズム前夜」でなく、「ナチズム後」

であり続けるために、ワイマル共和国の歴史から学ぶべきこととは何だろうか。

## 歴史を知る／歴史から考える

われわれは自分たちが生きる「現在」の位置や意味を知るために、自分たちが存在する以前の過去を明らかにしようとする。歴史を知り、歴史から考えることは、現在の自明性を問い返す契機、あるいは現在の問題を考える糸口やその解決策を導くための示唆を得る手段になりうるからである。人口に膾炙《かいしゃ》した表現を使えば、「過ちを繰り返さない」ために、人は歴史を知り、歴史から考えることになるのだろう。

その際、われわれは「結果」を知って過去に向き合い、事象間を結びつけて捉えることができるという「利点」を持っている。これにより、過去の事象を因果関係で説明することが可能になる。しかし同時に、それは当時の人びとの目線や、存在していたはずの複数の可能性を忘れ、結果からの逆推論に陥る危険も内包している。それゆえ、現在から過去を見つめる場合、われわれには二つの（ある意味では矛盾する）姿勢が求められることになる。

一つは、結果（後に起こること）を知った上で過去を見ていることに自覚的になり、ある事象から次の事象への流れを必然化したり、ある事象を次の事象の前段階（前史）として無批判に位置づけたりしないことである。ワイマルを生きた人びとがホロコーストを想像できたわけではなく、必ずしもホロコーストを前提にナチズムを支持したわけではない。当時の人びとの目線に立つ時、ナチズムがわれわれとは違って見えていた可能性がある。そうした想像の上で、なぜ彼らが民主主義を見限り、それを否定する政党を支持したのかという問いかけを発しなければならない。

もう一つは、結果を知っているからこそ、歴史の流れ全体を俯瞰し、望ましくない、あってはならない事態を引き起こさないために「できること」や「しなければならないこと」、「してはならないこと」をそこから引き出すことである。教訓を導くと言ってもよいであろう。「なぜワイマル（民主主義）からナチズム（独裁）が生まれたのか」という、これまで何度も歴史家が投げかけてきた問いは、ここから生まれてくることになる。

## 民主主義を自壊させないために

暴力で「こと」を動かそうとすると、その結果として生まれる新たな状況もまた暴力の洗礼を受ける。暴力は結局のところ暴力で回収せざるを得なくなり、暴力が暴力を呼ぶ負のスパイラルが生じていく。エリアスが「暴力のダブルバインド」と呼んだ、あの状況である。ワイマル共和国はそうした状況そのものであり、政治的対立を暴力で解消しようとする流れから結局抜け出すことはできなかった（あるいは、抜け出す意思もなかった）。

皮肉なことであるが、意見表明の自由が保障されたワイマル憲法の下で、党派間の激しい対立が暴力の行使を常態化させた。この憲法の理念からかけ離れた状況の中で、ナチスは「敵」（共和国、民主主義、ユダヤ人、共産主義など）を徹底して中傷する一方、民族共同体の実現やドイツの再生といった曖昧だがユートピア的な未来を語り、共和国の政治や社会状況に失望した人びとを惹きつけていった。妥協や合意を峻拒《しゅんきょ》し、自らの主張だけを正当化しようとする風潮に、世界恐慌の影響や共和国に対する不満が重なり合うことで、ナチスへの「政治的地滑り」[*7]は発生したのである。ワイマル民主主義は、そこから瞬く間に窒息していった。

SA粛清から二か月後の一九三四年八月末、シカゴトリビューン紙などの特派員としてパリで活動していたアメリカ人ジャーナリストのウィリアム・L・シャイラー（大著『第三帝国の興亡』の著者として知られている）は、仕事の関係でベルリンに移り住んだ。久しぶりにベルリンの街を見た彼は同年九月二日付の日記に、こう書きとどめた。

ひどく気が滅入って、どうにもやり切れない。ワイマール共和国時代のあのベルリンがなつかしい。のんびりして、開放的で、文化的だったあの雰囲気……ところがいまは、絶えず「ハイル・ヒトラー」の叫び、かかとをカチッと打ち合わせる音、それに通りをしょっちゅう行進してゆく褐色シャツの突撃隊だの黒い上衣のSSが、私の神経をいらいらさせる。もっともここの古顔連中に言わせると、あの粛清後は褐色シャツどもの数は到底、以前の比ではないそうだが。[*8]

ヒトラーが首相に就任してから一年七か月が経過していた。ワイマル共和国の「のんびりして、開放的で、文化的だったあの雰囲気」は、それが失われた後では、いっそう輝いて見えたことだろう。それにしても、ヒトラー政権が成立した時、ワイマルの自由な社会が二年もたたないうちに国家テロが横行する社会へ暗転することをどれだけの人が想像できただろうか。「ドイツよ、目覚めよ」、「ユダヤ人、くたばれ」と叫びながら、自らの暴力性を隠そうとしない政党を支持し、その党首に権力を委譲した代償はあまりに大きかった。

ワイマル共和国の歴史は、自由や民主主義を基調とする社会から（種々の歴史的条件の下で）ファシズムが生まれうることを教えてくれる、ほとんど唯一の事例である。確かに、ナチ政権の成立にとって決定的だったのは、大統領個人によるヒトラーの首相任命であり、大統領官邸周辺のごくわずかな「奸臣《かんしん》」たちの動きであろう。ただし、その前提となっていたのは、ヒトラー率いるナチズム運動が多数の人びとから支持される大衆運動へと成長していたことである。

繰り返しになるが、民主主義社会において既成の体制や政治への不満を喧伝し、「敵・味方」の単純な二分法的思考により「敵」を徹底的に攻撃することで多くの支持を獲得していったナチスのスタイルは、極端な形であっても現在の社会の姿を先取りしていたといえるかもしれない。国家間で、民族間で、政治の世界で、社会の中で、われわれは今なお容易にそうした思考に陥り、声高にそうした主張を繰り返す人物や組織に魅かれてしまうからである。

そうだとすると、あからさまな身体的暴力が言語的暴力に置き換えられ、街頭がSNS空間に移ったというだけで、ワイマル共和国の歴史は決して「遠い昔」、「遠い場所」の話ではない。むしろそれは、自分たちとは関係ないと片づけられないアクチュアリティを今でも（今だからこそ）持ち続けている。

ワイマル共和国の歴史から導かれる教訓の一つは、民主主義は民主主義自体を破壊する（民主主義は自壊する）危険性をはらんでいるということである。「最低限の政治的理性がなければ、デモクラシーは自滅を定められているのであり、それこそがヴァイマル共和国の運命が教えるところである」[*9]。しかも、それはプロセスの問題であって、ある日突然、青天の霹靂《へきれき》のように起こるのではない。民主主義の自壊を防ぐためには、現在がどのような段階なのかを絶えず問い続ける必要があるが、森の中にいる者は森全体を見渡すことはできない。

だからこそ、われわれには歴史を参照しながら「現在」を定位し、あるべき未来を展望して行動することが求められるのだろう。歴史家M・イグナティーフは「われわれにとって、ワイマルのメッセージは明確である」として、次のように述べている。

われわれは、この演劇作品［注：民主主義を救うこと］の受け身の観客ではなく、台本を読み上げ、役を演じる俳優である。政治学者は民主主義がどのように死を迎えるか語ることはできるが、民主主義の命脈を保つために闘うことができるのは、われわれだけである。[*10]

ワイマルの「失敗」を繰り返さず、ワイマルが実現した「自由」や「民主主義」をいかにして守ることができるか。ワイマル共和国の歴史からの重い問いかけである。

# あとがき

振り返ってみると、ワイマル共和国の歴史と初めて関わったのは一九九一年だった。一九八九年に大学に入学したが、半年後にベルリンの壁が開放され、その翌年にはドイツが再統一された。冷戦終結の流れの中でちょうどドイツへの関心が高まっていた時期であり、私自身もドイツ史への関心を抱きながら、大学三年次のゼミでの研究テーマに「ワイマル共和国の歴史」を選んだ。

その中でも「ナチズム運動」に対象を絞った直接のきっかけは、地元の書店で手に取った（発売されたばかりの）山口定《やすし》『ヒトラーの抬頭《たいとう》――ワイマール・デモクラシーの悲劇』（朝日文庫）を読んだことだったと思う。本書の執筆にあたり、その時に購入した同書を書架から取り出してみた。その表紙は傷み、紙は黄ばんで、ところどころテープで補修されている。ヒトラーのミュンヘン一揆をプロローグとして、ドイツ革命から共和国の崩壊までを小説のように書き上げた同書の面白さに一気に引き込まれたのが、昨日のことのように思い出される。この本を手にした時から三〇年にわたりワイマル共和国の歴史と向き合ってきたが、まるで瞬時に時間がたったような感覚であり、このテーマへの興味は尽きることがない。

ゼミに入って最初に手にしたもう一冊が、林健太郎『ワイマル共和国――ヒトラーを出現させたもの』(中公新書)であった。その冒頭、ワイマル共和国政治史の登場人物たちの名が挙げられ、「うまく書けば小説に劣らぬ面白い物語ができるにちがいない」と記されている。そうした人物中心のアプローチとは異なるが、「政治的暴力」という視点からワイマル共和国を描いた本書が少しでもその歴史の「面白さ」を伝え、さらに「現在」を考える材料やきっかけを提供できるのであれば、それは望外の喜びである。

本書を書き終えてただ一つ痛惜に感じるのは、恩師である佐藤眞典先生に本書をお見せできないことである。本書執筆中の二〇二三年三月、先生は逝去された。本書について電話でお話しした際、先生からはいつもと変わらない励ましのお言葉をいただいたが、それが先生との最後の会話となってしまった。

イタリア中世史を専門とされる先生のゼミでは、学部三年から修士課程修了までご指導いただいた。民衆の側から見た歴史を重んじ、「市民とは何か」、「民主主義とは何か」を問い続けていた先生は、時代や地域が異なる私の研究テーマにも深い関心と造詣をお持ちであった。学究の雰囲気に満ちた佐藤ゼミで四年間を過ごした後も、先生には常に温かい言葉をかけていただいたが、その細やかなお心遣いは、研究者として駆け出したばかりの私には何よりの支えとなった。

今、本書をお見せできるなら、先生からどのような感想をいただけるだろうか。そのお言葉に応えるだけの研究ができているかどうか心許《こころもと》ないが、これまでの学恩への感謝とともに、本書を佐藤眞典先生に捧《ささ》げたい。

＊

本書の執筆にあたっては、勤務先である鳴門教育大学の町田哲先生（日本近世史）と畠山輝雄先生（地理学）に大変お世話になった。町田先生には折に触れて本書の構想や内容について聞いていただき、そのたびに貴重なご意見をいただいた。また、複数の教員で担当する授業の中で、畠山先生のご教示により鳴門市内の扇状地を見学したことが、終章の着想を得るきっかけとなった。この場を借りて、両先生に厚くお礼申し上げたい。さまざまな専門を持つ研究者が集まる教員養成大学での日々の交流から多くのことを学ばせていただいている。

集英社新書編集部の野呂望子《のぞみ》さんから、前著『政治的暴力の共和国』（名古屋大学出版会）の内容を基にした新書執筆のお誘いを受けたのは二〇二二年五月のことだった。当初は前著と同様に共和国中・後期に関わる内容にしようと思っていたが、いろいろ思案した結果、共和国前期とナチ体制初期を加えた政治的通史と、その時々の政治的暴力の状況を組み合わせた内容で本書を構成することにした。その分完成まで時間はかかったが、時期的にも内容的にも幅が広がったという意味で、本書は前著の続編ということになるかもしれない。

執筆のお誘いを受けてから完成に至るまで、野呂さんには万全のサポートをしていただいた。心からの感謝とお礼を申し上げたい。今だからこそワイマル共和国の歴史を知り、日本の現状を考える必要があるのではないかという野呂さんの問題意識に、私なりの回答が示されていることを願うばかりである。

二〇二四年六月

原田昌博

**【表1】 ワイマル共和国における主要政党の国会選挙結果**（議席数［上段］・得票率［下段］）

| 投票日 | 1919.1.19 | 1920.6.6 | 1924.5.4 | 1924.12.7 | 1928.5.20 | 1930.9.14 | 1932.7.31 | 1932.11.6 | 1933.3.5 |
|---|---|---|---|---|---|---|---|---|---|
| 投票率 | 83.0% | 79.2% | 77.4% | 78.8% | 75.6% | 82.0% | 84.1% | 80.6% | 88.8% |
| 議員定数 | 421 | 459 | 472 | 493 | 491 | 577 | 608 | 584 | 647 |
| ナチ党<br>（NSDAP） | – | – | 32<br>6.5% | 14<br>3.0% | 12<br>2.6% | 107<br>18.3% | 230<br>37.3% | 196<br>33.1% | 288<br>43.9% |
| 国家国民党<br>（DNVP） | 44<br>10.3% | 71<br>15.1% | 95<br>19.5% | 103<br>20.5% | 73<br>14.2% | 41<br>7.0% | 37<br>5.9% | 52<br>8.3% | 52<br>8.0% |
| 国民党<br>（DVP） | 19<br>4.4% | 65<br>13.9% | 45<br>9.2% | 51<br>10.1% | 45<br>8.7% | 30<br>4.5% | 7<br>1.2% | 11<br>1.9% | 2<br>1.1% |
| バイエルン国民党<br>（BVP） | – | 21<br>4.4% | 16<br>3.2% | 19<br>3.7% | 16<br>3.1% | 19<br>3.0% | 22<br>3.2% | 20<br>3.1% | 18<br>2.7% |
| 中央党<br>（Zentrum） | 91<br>19.7% | 64<br>13.6% | 65<br>13.4% | 69<br>13.6% | 62<br>12.1% | 68<br>11.8% | 75<br>12.5% | 70<br>11.9% | 74<br>11.2% |
| 経済党<br>（WP） | 4<br>0.9% | 4<br>0.8% | 10<br>2.4% | 17<br>3.3% | 23<br>4.5% | 23<br>3.9% | 2<br>0.4% | 1<br>0.3% | – |
| 民主党*<br>（DDP） | 75<br>18.5% | 39<br>8.3% | 28<br>5.7% | 32<br>6.3% | 25<br>4.9% | 20<br>3.8% | 4<br>1.0% | 2<br>1.0% | 5<br>0.9% |
| 社会民主党<br>（SPD） | 163<br>37.9% | 102<br>21.7% | 100<br>20.5% | 131<br>26.0% | 153<br>29.8% | 143<br>24.5% | 133<br>21.6% | 121<br>20.4% | 120<br>18.3% |
| 独立社会民主党<br>（USPD） | 22<br>7.6% | 84<br>17.9% | –<br>0.8% | –<br>0.3% | –<br>0.1% | – | – | – | – |
| 共産党<br>（KPD） | – | 4<br>2.1% | 62<br>12.6% | 45<br>9.0% | 54<br>10.6% | 77<br>13.1% | 89<br>14.3% | 100<br>16.9% | 81<br>12.3% |

*1930年9月に青年ドイツ騎士団と合同してドイツ国家党（DStP）に改称
出典：E. コルプ（柴田敬二訳）『ワイマル共和国史――研究の現状』刀水書房、1987年、274-275頁より作成。

**【表2】 ワイマル共和国の首相と連立内閣の構成**

| | 首相 | 所属政党 | 就任日 | 連立 |
|---|---|---|---|---|
| 1 | フィリップ・シャイデマン | 社会民主党 | 1919.2.13 | 社会民主党、中央党、民主党 |
| 2 | グスタフ・バウアー | 社会民主党 | 1919.6.21 | 社会民主党、中央党、民主党（1919.10以降） |
| 3 | ヘルマン・ミュラー（第一次） | 社会民主党 | 1920.3.27 | 社会民主党、中央党、民主党 |
| 4 | コンスタンティン・フェーレンバッハ | 中央党 | 1920.6.21 | 中央党、民主党、国民党 |
| 5 | ヨーゼフ・ヴィルト（第一次） | 中央党 | 1921.5.10 | 社会民主党、中央党、民主党 |
| 6 | ヨーゼフ・ヴィルト（第二次） | 中央党 | 1921.10.26 | 社会民主党、中央党、民主党 |
| 7 | ヴィルヘルム・クーノ | 無所属 | 1922.11.22 | 国民党、中央党、民主党 |
| 8 | グスタフ・シュトレーゼマン（第一次） | 国民党 | 1923.8.13 | 社会民主党、中央党、民主党、国民党 |
| 9 | グスタフ・シュトレーゼマン（第二次） | 国民党 | 1923.10.6 | 社会民主党（1923.11.3まで）、中央党、民主党、国民党 |
| 10 | ヴィルヘルム・マルクス（第一次） | 中央党 | 1923.11.30 | 中央党、バイエルン国民党、国民党、民主党 |
| 11 | ヴィルヘルム・マルクス（第二次） | 中央党 | 1924.6.3 | 中央党、民主党、国民党 |
| 12 | ハンス・ルター（第一次） | 無所属 | 1925.1.15 | 中央党、民主党、国民党、国家国民党、バイエルン国民党 |
| 13 | ハンス・ルター（第二次） | 無所属 | 1926.1.20 | 中央党、バイエルン国民党、国民党、民主党 |
| 14 | ヴィルヘルム・マルクス（第三次） | 中央党 | 1926.5.16 | 中央党、国民党、民主党、バイエルン国民党 |
| 15 | ヴィルヘルム・マルクス（第四次） | 中央党 | 1927.1.29 | 中央党、バイエルン国民党、国民党、国家国民党 |
| 16 | ヘルマン・ミュラー（第二次） | 社会民主党 | 1928.6.28 | 社会民主党、中央党、バイエルン国民党、民主党、国民党 |
| 17 | ハインリヒ・ブリューニング（第一次） | 中央党 | 1930.3.30 | 大統領内閣 |
| 18 | ハインリヒ・ブリューニング（第二次） | 中央党 | 1931.10.9 | 大統領内閣 |
| 19 | フランツ・フォン・パーペン | 無所属 | 1932.6.1 | 大統領内閣 |
| 20 | クルト・フォン・シュライヒャー | 無所属 | 1932.12.3 | 大統領内閣 |
| 21 | アドルフ・ヒトラー | ナチ党 | 1933.1.30 | ナチ党、国家国民党 |

出典：Gunther Mai, *Die Weimarer Republik*, München 2022, S.134およびE. アイク（救仁郷繁訳）『ワイマル共和国史』（IV）、ぺりかん社、1989年、35-46頁（横書き部分）より作成。

**【表3】 ナチ党の選挙結果（1928年5月〜1933年1月）**

| | 年 | 月 | 日 | 選挙 | 州 | 得票率 |
|---|---|---|---|---|---|---|
| 1 | 1928 | 5 | 20 | R | — | 2.6 |
| 2 | | | | L | アンハルト | 2.1 |
| 3 | | | | L | バイエルン | 6.1 |
| 4 | | | | L | オルデンブルク | 7.5 |
| 5 | | | | L | プロイセン | 1.8 |
| 6 | | | | L | ヴュルテンベルク | 1.8 |
| 7 | 1929 | 1 | 6 | L | リッペ | 3.4 |
| 8 | | 5 | 12 | L | ザクセン | 5.0 |
| 9 | | 6 | 23 | L | メクレンブルク＝シュヴェリーン | 4.1 |
| 10 | | 10 | 27 | L | バーデン | 7.0 |
| 11 | | 11 | 10 | L | リューベック | 8.1 |
| 12 | | 12 | 8 | L | テューリンゲン | 11.3 |
| 13 | 1930 | 6 | 22 | L | ザクセン | 14.4 |
| 14 | | 9 | 14 | R | — | 18.3 |
| 15 | | | | L | ブラウンシュヴァイク | 22.2 |
| 16 | | 11 | 30 | L | ブレーメン | 25.4 |
| 17 | 1931 | 5 | 3 | L | シャウムブルク＝リッペ | 27.0 |
| 18 | | 5 | 17 | L | オルデンブルク | 37.2 |
| 19 | | 9 | 27 | L | ハンブルク | 26.2 |
| 20 | | 11 | 15 | L | ヘッセン | 37.1 |
| 21 | 1932 | 3 | 13 | L | メクレンブルク＝シュトレーリッツ | 23.9 |
| 22 | | 4 | 24 | L | アンハルト | 40.9 |
| 23 | | | | L | バイエルン | 32.5 |
| 24 | | | | L | ハンブルク | 31.2 |
| 25 | | | | L | プロイセン | 36.3 |
| 26 | | | | L | ヴュルテンベルク | 26.4 |
| 27 | | 5 | 29 | L | オルデンブルク | 48.4 |
| 28 | | 6 | 5 | L | メクレンブルク＝シュヴェリーン | 49.0 |
| 29 | | 6 | 19 | L | ヘッセン | 44.0 |
| 30 | | 7 | 31 | R | — | 37.3 |
| 31 | | | | L | テューリンゲン | 42.5 |
| 32 | | 11 | 6 | R | — | 33.1 |
| 33 | | 11 | 13 | L | リューベック | 33.1 |
| 34 | 1933 | 1 | 15 | L | リッペ | 39.5 |

R：国会選挙、L：州議会選挙

出典：Jürgen W. Falter u.a.（Hrsg.）, *Wahlen und Abstimmungen in der Weimarer Republik: Materialien zum Wahlverhalten 1919-1933*, München 1986, S.44, 89-113より作成。

## 【地図①】　ワイマル共和国期のドイツ

出典：E. コルプ（柴田敬二訳）『ワイマル共和国史――研究の現状』刀水書房、1987年、272-273頁
および *Putzger: Historischer Weltatlas*, Berlin 2011, S.195を参考に作成。

## 【地図②】　ワイマル共和国時代のベルリン行政区（1920年10月以降）

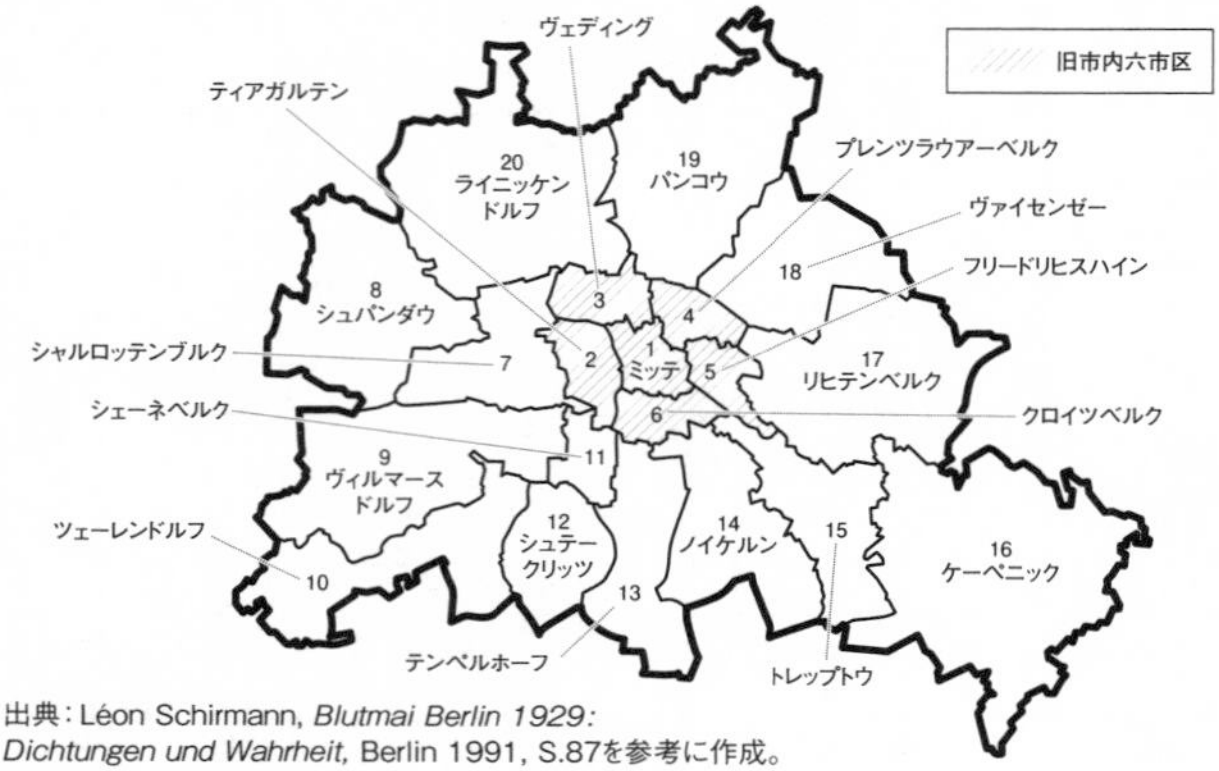


出典：Léon Schirmann, *Blutmai Berlin 1929: Dichtungen und Wahrheit,* Berlin 1991, S.87を参考に作成。

## 【地図③】 クロイツベルク

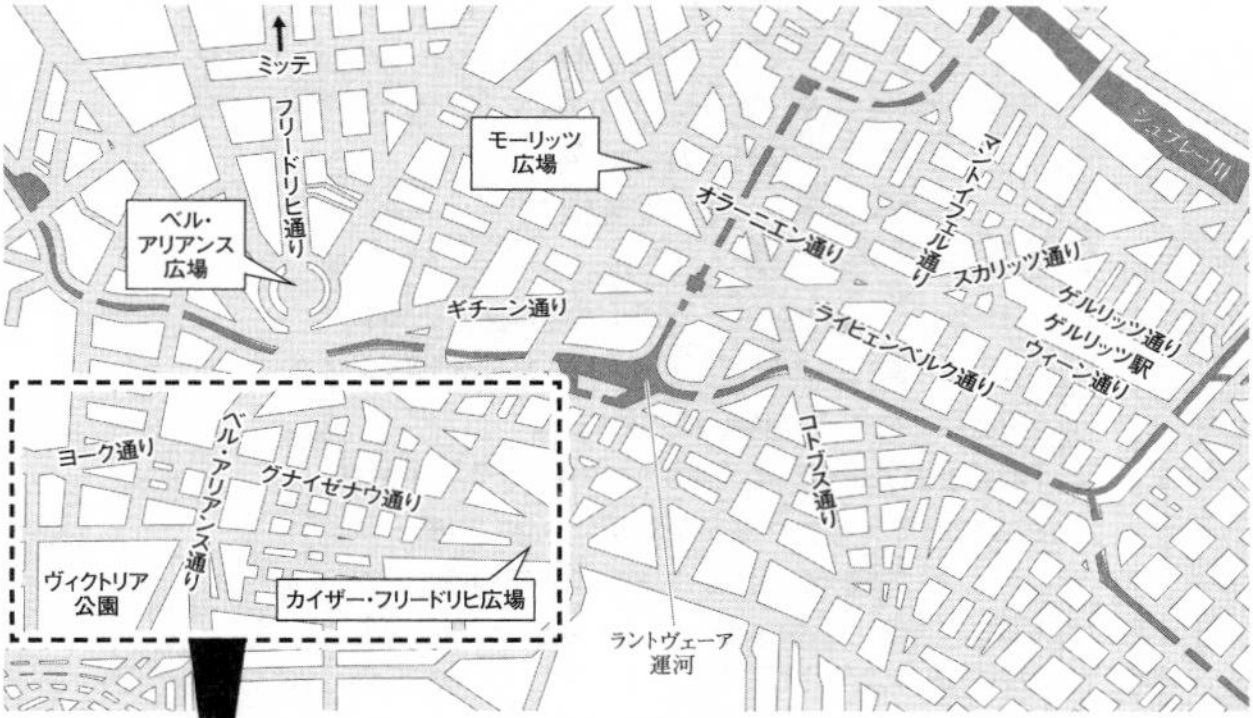


出典：*Pharus-Plan Berlin 1930 (Reprint eines historischen Pharus-Planes)*, Berlin 2006を参考に作成。

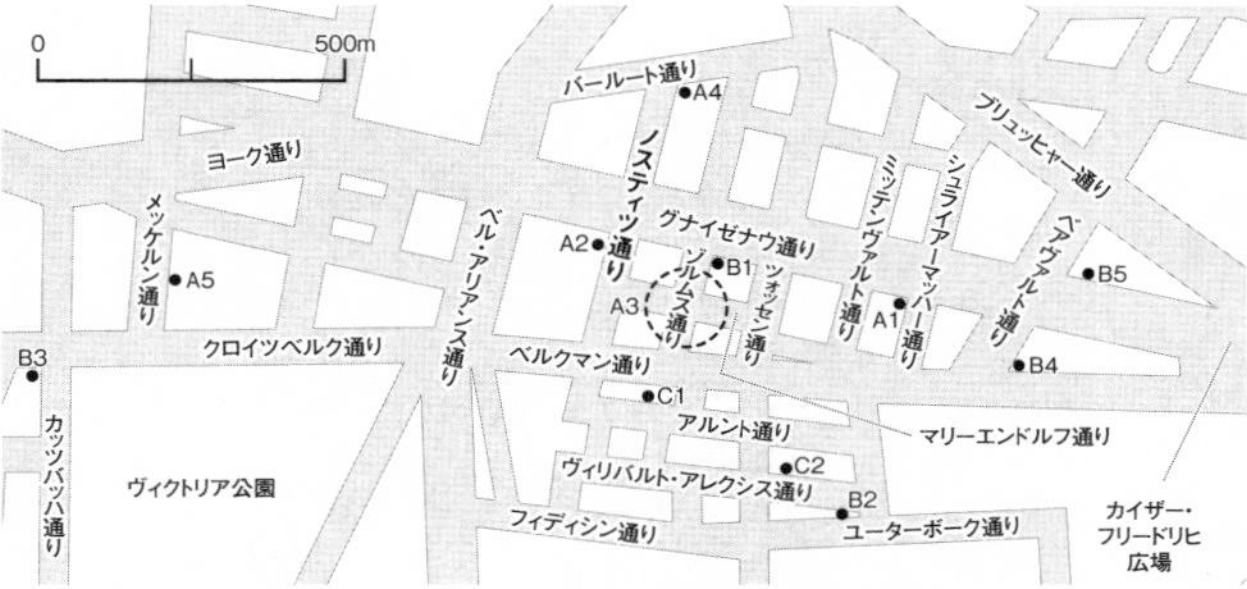


**A）共産党の酒場**
A1…エマ・ランゲ　A2…ロレンツ
A3…ツム・モーレンベルク
（ゾルムス通りとマリーエンドルフ通りのいずれかの角）
A4…リピンスキ　A5…ベックマン

**B）ナチス・SAの酒場・施設**
B1…ツア・ホッホブルク　B2…バーダー　B3…ヘーア
B4…SAの診療所兼宿泊所　B5…ナチ党地区支部事務所

**C）社会民主党・国旗団の酒場**
C1…ハイデルベルガー・クルーク　C2…ゼーハク

## 【地図④】 ノスティッツキーツ周辺

出典：Oliver Reschke, *Kampf um den Kiez: Der Aufstieg der NSDAP im Zentrum Berlins 1925-1933*, Berlin 2014, S.514およびベルリン州立文書館・プロイセン枢密文書館の所蔵史料に基づいて作成。

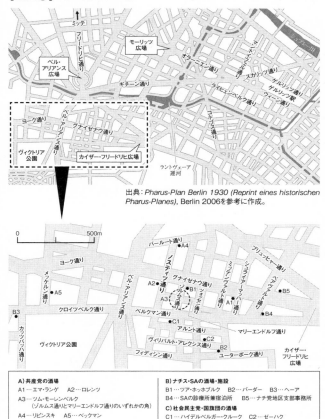

# 主要参考・引用文献


1．文書館史料

Bundesarchiv Berlin-Lichterfelde（BA）, NS1: Reichsschatzmeister der NSDAP/NS22: Reichsorganisationsleiter der NSDAP/NS26: Hauptarchiv der NSDAP/R1501: Reichsministerium des Innern

Geheimes Staatsarchiv Preußischer Kulturbesitz（GStA）, Rep.77: Ministerium des Innern, Abt. Ⅲ Polizeiabteilung, Sektion 31, Titel 4043: Politische Polizei

Landesarchiv Berlin（LAB）, A Pr. Br. Rep.030: Polizeipräsidium Berlin/A Pr. Br. Rep.358-01: Generalstaatsanwaltschaft beim Landgericht Berlin-Strafverfahren 1919-1933

2．同時代文献・日記

Goebbels, Joseph, *Kampf um Berlin*, München 1943（23./24. Auflage）.

Gumbel, Emil Julius, *Vier Jahre politischer Mord*, Berlin 1922.

——, *Verräter verfallen der Feme: Opfer/Mörder/Richter 1919-1929*, Berlin 1929.

Kessler, Harry Graf, *Tagebücher 1918-1937*, o.O. 2018（ハリー・ケスラー［松本道介訳］『ワイマル日記』冨山房，1993年［上］・1994年［下］）.

Muchow, Reinhold, Situations-Bericht, in: Martin Broszat, Die Anfänge der Berliner NSDAP 1926/27, in: *Vierteljahrshefte für Zeitgeschichte*, Jg.8（1960）.

Reuth, Ralf Georg（Hrsg.）, *Joseph Goebbels Tagebücher 1924-1945 (Bd.2: 1930-1934)*, München 1992.

Shirer, William L., *Berlin Diary*, New York 2022（ウィリアム・シャイラー［大久保和郎／大島かおり訳］『ベルリン日記 1934－1940』筑摩書房，1977年）.

3．史料集

Becker, Josef und Ruth（Hrsg.）, *Hitlers Machtergreifung 1933: Vom Machtantritt Hitlers 30. Januar 1933 bis zur Besiegelung des Einparteienstaates 14. Juli 1933*, München 1983.

Institut für Zeitgeschichte（Hrsg.）, *Hitler: Reden, Schriften, Anordnungen: Februar 1925 bis Januar 1933: Bd.I, Die Wiedergründung der NSDAP Februar 1925-Juni 1926*, München/London/New York/Paris 1992.

——, *Hitler: Reden, Schriften, Anordnungen: Februar 1925 bis Januar 1933: Bd.II, Vom Weimarer Parteitag bis zur Reichstagswahl Juli 1926-Mai 1928*, München/London/New York/Paris 1992.

Tyrell, Albrecht, *Führer befiehl...: Selbstzeugnisse aus der „Kampfzeit“ der NSDAP*, Düsseldorf 1991.

高田敏／初宿正典編訳『ドイツ憲法集』（第8版）信山社，2020年。

村田陽一編訳『コミンテルン資料集』（第1巻）大月書店，1978年。

4．研究文献

Bähr, Johannes, *Staatliche Schlichtung in der Weimarer Republik: Tarifpolitik, Korporatismus und industrieller Konflikt zwischen Inflation und Deflation 1919-1932*, Berlin 1989.

Bessel, Richard, *Political Violence and the Rise of Nazism: The Storm Troopers in Eastern Germany 1925-1934*, New Haven/London 1984.

——, Violence as Propaganda: The Role of the Storm Troopers in the Rise of National Socialism,

in: Thomas Childers (ed.), *The Formation of the Nazi Constituency 1919-1933*, New Jersey 1986.

Blasius, Dirk, *Weimars Ende: Bürgerkrieg und Politik 1930-1933*, Göttingen 2005.

Bons, Joachim, *Nationalsozialismus und Arbeiterfrage: Zu den Motiven, Inhalten und Wirkungsgründen nationalsozialistischer Arbeiterpolitik vor 1933*, Pfaffenweiler 1995.

Büsch, Otto/Haus, Wolfgang, *Berlin als Hauptstadt der Weimarer Republik 1919-1933*, Berlin/New York 1987.

Dams, Carsten, *Staatsschutz in der Weimarer Republik: Die Überwachung und Bekämpfung der NSDAP durch die preußische politische Polizei von 1928 bis 1932*, Marburg 2002.

Davis, Belinda, Polizei und Gewalt auf der Straße: Konfliktmuster und ihre Folgen im Berlin des 19. und 20. Jahrhunderts, in: Alf Lüdtke u.a. (Hrsg.), *Polizei, Gewalt und Staat im 20. Jahrhundert*, Wiesbaden 2011.

Dillon, Christopher, Die deutsche Revolution 1918/19, in: Nadine Rossol/Benjamin Ziemann (Hrsg.), *Aufbruch und Abgründe: Das Handbuch der Weimarer Republik*, Darmstadt 2021.

Ehls, Marie-Luise, *Protest und Propaganda: Demonstrationen in Berlin zur Zeit der Weimarer Republik*, Berlin/New York 1997.

Elsbach, Sebastian, Straßenkampf oder Bürgerkrieg?: Wehrverbände und Polizeigewalt in der Weimarer Republik, in: Sven Oliver Müller/Christin Pschichholz (Hrsg.), *Gewaltgemeinschaften?: Studien zur Gewaltgeschichte im und nach dem Ersten Weltkrieg*, Frankfurt a.M./New York 2021.

Epstein, Catherine, *Nazi Germany: Confronting the Myths*, Chichester 2015.

Evans, Richard J., *The Coming of the Third Reich*, London 2003.

Falter, Jürgen W. u.a. (Hrsg.), *Wahlen und Abstimmungen in der Weimarer Republik: Materialien zum Wahlverhalten 1919-1933*, München 1986.

——, *Hitlers Wähler*, München 1991.

——, *Hitlers Wähler: Die Anhänger der NSDAP 1924-1933*, Frankfurt a.M. 2020.

Geyer, Martin H., Die Zeit der Inflation 1919-1923, in: Nadine Rossol/Benjamin Ziemann (Hrsg.), *Aufbruch und Abgründe: Das Handbuch der Weimarer Republik*, Darmstadt 2021.

Götz, Irene von, Terrornetz in Berlin: Haft- und Folterstätten der SA 1933, in: Stefan Hördler (Hrsg.), *SA-Terror als Herrschaftssicherung: „Köpenicker Blutwoche“ und öffentliche Gewalt im Nationalsozialismus*, Berlin 2013.

——, Die frühen Konzentrationslager in Berlin, in: Yves Müller/Reiner Zilkenat (Hrsg.), *Bürgerkriegsarmee: Forschungen zur nationalsozialistischen Sturmabteilung (SA)*, Frankfurt a.M. 2013.

Graf, Christoph, *Politische Polizei zwischen Demokratie und Diktatur: Die Entwicklung der preußischen Politischen Polizei vom Staatsschutzorgan der Weimarer Republik zum Geheimen Staatspolizeiamt des Dritten Reiches*, Berlin 1983.

Grant, Thomas D., *Stormtroopers and Crisis in the Nazi Movement: Activism, Ideology and Dissolution*, New York/London 2004.

Haupt, Heinz-Gerhard, *Gewalt und Politik im Europa des 19. und 20. Jahrhunderts*, Göttingen 2012.

Heimann, Siegfried, *Der Preußische Landtag 1899-1947: Eine politische Geschichte*, Berlin 2011.

Heither, Dietrich, *Ich wusste, was ich tat: Emil Julius Gumbel und der rechte Terror in der*

*Weimarer Republik*, Köln 2016.
Helbing, Iris/Müller, Yves, Die „Köpenicker Blutwoche" 1933: Über Opfer und Täter, in: Yves Müller/Reiner Zilkenat (Hrsg.), *Bürgerkriegsarmee: Forschungen zur nationalsozialistischen Sturmabteilung (SA)*, Frankfurt a.M. 2013.
Homberger, Torsten, *The Honor Dress of the Movement: A Cultural History of Hitler's Brown Shirt Uniform, 1920-1933*, Amherst 2021.
Hördler, Stefan, SA-Terror als Herrschaftssicherung: „Köpenicker Blutwoche" und öffentliche Gewalt im Nationalsozialismus, in: ders. (Hrsg.), *SA-Terror als Herrschaftssicherung: „Köpenicker Blutwoche" und öffentliche Gewalt im Nationalsozialismus*, Berlin 2013.
Hürten, Heinz, Bürgerkriege in der Republik: Die Kämpfe um die innere Ordnung von Weimar 1918-1920, in: Karl Dietrich Bracher u.a. (Hrsg.), *Die Weimarer Republik 1918-1933. Politik. Wirtschaft. Gesellschaft*, Düsseldorf 1988.
Hüttenberger, Peter, *Die Gauleiter: Studie zum Wandel des Machtgefüges in der NSDAP*, Stuttgart 1969.
Ignatieff, Michael, Die Lehren aus Weimar, in: Thomas Weber (Hrsg.), *Als die Demokratie starb: Die Machtergreifung der Nationalsozialisten – Geschichte und Gegenwart*, Freiburg 2022.
Jasper, Gotthard, Zur innerpolitischen Lage in Deutschland im Herbst 1929, in: *Vierteljahrshefte für Zeitgeschichte*, Jg.8 (1960).
Jones, Larry Eugene, Von der Demokratie zur Diktatur: Das Ende der Weimarer Republik und der Aufstieg des Nationalsozialismus, in: Nadine Rossol/Benjamin Ziemann (Hrsg.), *Aufbruch und Abgründe: Das Handbuch der Weimarer Republik*, Darmstadt 2021.
Jones, Mark, *Founding Weimar: Violence and the German Revolution of 1918-1919*, Cambridge 2016.
Kaak, Heinrich, *Kreuzberg: Geschichte der Berliner Verwaltungsbezirke, Bd.2*, Berlin 1988.
Kellerhoff, Sven Felix, *Die NSDAP: Eine Partei und ihre Mitglieder*, Stuttgart 2017.
Kluge, Ulrich, *Die Weimarer Republik*, Paderborn/München/Wien/Zürich 2006.
Köhler, Henning, Berlin in der Weimarer Republik (1918-1932), in: Wolfgang Ribbe (Hrsg.), *Geschichte Berlins: Zweiter Band: Von der Märzrevolution bis zur Gegenwart*, Berlin 2002.
König, Gerhard/König, Inge, *Das Polizeipräsidium Berlin-Alexanderplatz: Seine Geschichte - Seine Polizei - Seine Häftlinge (1933-1945)*, Berlin 1997.
Kurz, Thomas, *„Blutmai": Sozialdemokraten und Kommunisten im Brennpunkt der Berliner Ereignisse von 1929*, Berlin/Bonn 1988.
Lenger, Johann, Die Konfrontation auf Kreuzbergs Straßen: Aus den Akten der Staatsanwaltschaft 1931/32, in: Verein zur Erforschung und Darstellung der Geschichte Kreuzberg e.V. (Hrsg.), *Kreuzberg 1933: Ein Bezirk erinnert sich*, Berlin 1983.
Leßmann-Faust, Peter, *Die preußische Schutzpolizei in der Weimarer Republik: Streifendienst und Straßenkampf*, Düsseldorf 1989.
Liang, Hsi-Huey, *Die Berliner Polizei in der Weimarer Republik*, Berlin/New York 1977.
Lindenberger, Thomas, *Straßenpolitik: Zur Sozialgeschichte der öffentlichen Ordnung in Berlin 1900 bis 1914*, Bonn 1995.
Llanque, Marcus, Die politische Kultur des Kompromisses in der Weimarer Republik, in: Dirk Schumann u.a. (Hrsg.), *Demokratie versuchen: Die Verfassung in der politischen Kultur der Weimarer Republik*, Göttingen 2021.
Longerich, Peter, *Die braunen Bataillone: Geschichte der SA*, München 1989.

——, *Deutschland 1918-1933: Die Weimarer Republik*, Hannover 1995.

Mai, Gunther, *Die Weimarer Republik*, München 2022.

Marcowitz, Reiner, *Die Weimarer Republik 1929-1933*, Darmstadt 2004.

McDonough, Frank, *Hitler and the Rise of the Nazi Party*, London/New York 2012.

Mennen, Kristian, *Selbstinszenierung im öffentlichen Raum: Katholische und sozialdemokratische Repertoirediskussionen um 1930*, Münster 2013.

Merkl, Peter H., Formen der nationalsozialistischen Gewaltanwendung: Die SA der Jahre 1925-1933, in: Wolfgang J. Mommsen/Gerhard Hirschfeld (Hrsg.), *Sozialprotest, Gewalt, Terror: Gewaltanwendung durch politische und gesellschaftliche Randgruppen im 19. und 20. Jahrhundert*, Stuttgart 1982.

——, Die Gewalt des Bürgerkriegs und ihre Folgen, in: Heinrich Berger u.a. (Hrsg.), *Politische Gewalt und Machtausübung im 20. Jahrhundert: Zeitgeschichte, Zeitgeschehen und Kontroversen*, Wien/Köln/Weimar 2011.

Möller, Horst, *Deutsche Geschichte – die letzten hundert Jahre: Von Krieg und Diktatur zu Frieden und Demokratie*, München 2022.

Mühlberger, Detlef, *The Social Bases of Nazism, 1919-1933*, Cambridge 2003.

Mühlhausen, Walter, *Das Weimarer-Experiment: Die erste deutsche Demokratie 1918-1933*, Bonn 2019.

Nachama, Andreas, Die NSDAP in der Weimarer Republik als moderne Volkspartei, in: Hanno Hochmuth u.a. (Hrsg.), *Weimars Wirkung: Das Nachleben der ersten deutschen Republik*, Göttingen 2020.

Orlow, Dietrich, *The History of the Nazi Party 1919-1933*, Pittsburgh 1969.

Paul, Gerhard, *Aufstand der Bilder: Die NS-Propaganda vor 1933*, Bonn 1990.

Pätzold, Kurt/Weißbecker, Manfred, *Geschichte der NSDAP 1920-1945*, Köln 1998.

Pine, Lisa, *Education in Nazi Germany*, Oxford/New York 2010.

Pyta, Wolfram, *Die Weimarer Republik*, Opladen 2004.

Reibe, Axel, Mit den Sturmabteilungen der NSDAP fängt es an, in: Verein zur Erforschung und Darstellung der Geschichte Kreuzberg e.V. (Hrsg.), *Kreuzberg 1933: Ein Bezirk erinnert sich*, Berlin 1983.

Reichardt, Sven, *Faschistische Kampfbünde: Gewalt und Gemeinschaft im italienischen Squadrismus und in der deutschen SA*, Köln/Weimar/Wien 2002.

——, Totalitäre Gewaltpolitik?: Überlegungen zum Verhältnis von nationalsozialistischer und kommunistischer Gewalt in der Weimarer Republik, in: Wolfgang Hardtwig (Hrsg.), *Ordnungen in der Krise: Zur politischen Kulturgeschichte Deutschlands 1900-1933*, München 2007.

Reschke, Oliver, Die Kampfzeit der NSDAP im roten Friedrichshain, in: *Beiträge zur Geschichte der Arbeiterbewegung*, 1/2002.

——, *Der Kampf der Nationalsozialisten um den roten Friedrichshain 1925-1933*, Berlin 2004.

——, *Der Kampf um die Macht in einem Berliner Arbeiterbezirk: Nationalsozialisten am Prenzlauer Berg 1925-1933*, Berlin 2008.

——, *Kampf um den Kiez: Der Aufstieg der NSDAP im Zentrum Berlins 1925-1933*, Berlin 2014.

——, Der Kampf um den Berliner Nostitzkiez: Nationalsozialisten und Kommunisten im Zentrum der Hauptstadt, 1925-1933, in: Michael C. Bienert/Lars Lüdicke (Hrsg.), *Preußen*

*zwischen Demokratie und Diktatur: Die Durchsetzung der NS-Herrschaft in den Zentren und der Peripherie, 1932-1934*, Berlin 2020.

Rösch, Mathias, *Die Münchner NSDAP 1925-1933: Eine Untersuchung zur inneren Struktur der NSDAP in der Weimarer Republik*, München 2002.

Rosenhaft, Eve, Gewalt in der Politik: Zum Problem des „Sozialen Militarismus", in: Klaus-Jürgen Müller/Eckardt Opitz (Hrsg.), *Militär und Militarismus in der Weimarer Republik: Beiträge eines internationalen Symposiums an der Hochschule der Bundeswehr Hamburg am 5. u. 6. Mai 1977*, Düsseldorf 1978.

——, *Beating the Fascists?: The German Communists and Political Violence 1929-1933*, Cambridge 1983.

Sandvoß, Hans-Rainer, *Widerstand in Kreuzberg: Widerstand in Berlin 1933-1945, Bd.10*, Berlin 1996.

Schildt, Axel (Hrsg.), *Deutsche Geschichte im 20. Jahrhundert: Ein Lexikon*, München 2005.

——, *Die Republik von Weimar: Deutschland zwischen Kaiserreich und "Drittem Reich" (1918-1933)*, Erfurt 2009.

Schirmann, Léon, *Blutmai Berlin 1929: Dichtungen und Wahrheit*, Berlin 1991.

Schmidt, Daniel, Die Straße beherrschen, die Stadt beherrschen: Sozialraumstrategien und politische Gewalt im Ruhrgebiet 1929-1933, in: Alf Lüdtke u.a. (Hrsg.), *Polizei, Gewalt und Staat im 20. Jahrhundert*, Wiesbaden 2011.

Schmiechen-Ackermann, Detlef, *Nationalsozialismus und Arbeitermilieus: Der nationalsozialistische Angriff auf die proletarischen Wohnquartiere und die Reaktion in den sozialistischen Vereinen*, Bonn 1998.

Schneider, Ulrich (Hrsg.), *1933 – Der Weg ins Dritte Reich: Quellen und Dokumente zur Vorbereitung und Errichtung der NS-Herrschaft*, Köln 2022.

Schulz, Petra Maria, *Ästhetisierung von Gewalt in der Weimarer Republik*, Münster 2004.

Schumann, Dirk, Gewalt als Grenzüberschreitung: Überlegungen zur Sozialgeschichte der Gewalt im 19. und 20. Jahrhundert, in: *Archiv für Sozialgeschichte*, 37 (1997).

——, *Politische Gewalt in der Weimarer Republik 1918-1933: Kampf um die Straße und Furcht vor dem Bürgerkrieg*, Essen 2001.

——, Gewalt als Methode der nationalsozialistischen Machteroberung, in: Andreas Wirsching (Hrsg.), *Das Jahr 1933: Die nationalsozialistische Machteroberung und die deutsche Gesellschaft*, Göttingen 2009.

——, Politische Gewalt in der frühen Weimarer Republik (1919-1923) und ihre Repräsentation in der politischen Tagespresse, in: Ute Daniel u.a. (Hrsg.), *Politische Kultur und Medienwirklichkeiten in den 1920er Jahren*, München 2010.

Schwabe, Klaus, Der Weg der Republik vom Kapp-Putsch 1920 bis zum Scheitern des Kabinetts Müller 1930, in: Karl Dietrich Bracher u.a. (Hrsg.), *Die Weimarer Republik 1918-1933: Politik. Wirtschaft. Gesellschaft*, Düsseldorf 1988.

Siemens, Daniel, *Horst Wessel: Tod und Verklärung eines Nationalsozialisten*, München 2009.

——, Prügelpropaganda: Die SA und der nationalsozialistische Mythos vom »Kampf um Berlin«, in: Michael Wildt/Christoph Kreutzmüller (Hrsg.), *Berlin 1933-1945*, Berlin 2013.

——, *Stormtroopers: A New History of Hitler's Brownshirts*, New Haven/London, 2017.

——, Nationalsozialismus, in: Nadine Rossol/Benjamin Ziemann (Hrsg.), *Aufbruch und Abgründe: Das Handbuch der Weimarer Republik*, Darmstadt 2021.

Sofsky, Wolfgang, *Die Ordnung des Terrors: Das Konzentrationslager*, Frankfurt a.M. 1997.

Stibbe, Matthew, Koalitionsbildung und politische Fragmentierung 1924-1930, in: Nadine Rossol/Benjamin Ziemann (Hrsg.), *Aufbruch und Abgründe: Das Handbuch der Weimarer Republik*, Darmstadt 2021.

Striefler, Christian, *Kampf um die Macht: Kommunisten und Nationalsozialisten am Ende der Weimarer Republik*, Berlin 1993.

Swett, Pamela E., *Neighbors and Enemies: The Culture of Radicalism in Berlin, 1929-1933*, Cambridge 2004.

Thamer, Hans-Ulrich, *Der Nationalsozialismus*, Stuttgart 2002.

——, *Die NSDAP: Von der Gründung bis zum Ende des Dritten Reiches*, München 2020.

Vera, Antonio, *Von der ‚Polizei der Demokratie' zum ‚Glied und Werkzeug der nationalsozialistischen Gemeinschaft': Die Polizei als Instrument staatlicher Herrschaft im Deutschland der Zwischenkriegszeit (1918-1939)*, Baden-Baden 2019.

Wachsmann, Nikolaus, The dynamics of destruction: The development of the concentration camps, 1933-1945, in: Jane Caplan/Nikolaus Wachsmann (ed.), *Concentration Camps in Nazi Germany: The New Histories*, London/New York 2010.

Weisbrod, Bernd, Gewalt in der Politik: Zur politischen Kultur in Deutschland zwischen den beiden Weltkriegen, in: *Geschichte in Wissenschaft und Unterricht*, 43 (1992).

Weißbecker, Manfred, *Weimarer Republik*, Köln 2015.

Wildt, Michael, *Geschichte des Nationalsozialismus*, Göttingen 2008.

——, Nationalsozialistische Machteroberung in Berlin, in: Stefan Hördler (Hrsg.), *SA-Terror als Herrschaftssicherung: „Köpenicker Blutwoche" und öffentliche Gewalt im Nationalsozialismus*, Berlin 2013.

Winkler, Heinrich August, *Weimar 1918-1933: Die Geschichte der ersten deutschen Demokratie*, München 1993.

Wirsching, Andreas, *Vom Weltkrieg zum Bürgerkrieg?: Politischer Extremismus in Deutschland und Frankreich 1918-1933/39: Berlin und Paris im Vergleich*, München 1999.

Wißkirchen, Josef, Massenverhaftungen nach dem Reichstagsbrand 1933 in der Region Rhein-Erft, in: ders. (Hrsg.), *Verlorene Freiheit: Nationalsozialistische Schutzhaft 1933/34 im heutigen Rhein-Erft-Kreis*, Berlin 2019.

Zerback, Ralf, *Triumph der Gewalt: Drei deutsche Jahre 1932 bis 1934*, Stuttgart 2022.

アイク，エーリッヒ（救仁郷繁訳）『ワイマル共和国史』（I～IV），ぺりかん社，1983～1989年。

石田勇治『ヒトラーとナチ・ドイツ』講談社現代新書，2015年。

今井宏昌『暴力の経験史――第一次世界大戦後ドイツの義勇軍経験1918～1923』法律文化社，2016年。

岩崎好成「ナチズム運動と『シュテンネス反乱』」『史學研究』152号，1981年。

――「赤色前線兵士同盟と『政治闘争団体』」『西洋史学報』17号，1990年。

――「『政治闘争団体』とナチズム運動の擡頭」『現代史研究』43号，1997年。

ヴィルシング，アンドレアス他編（板橋拓己／小野寺拓也監訳）『ナチズムは再来するのか？――民主主義をめぐるヴァイマル共和国の教訓』慶應義塾大学出版会，2019年。

ヴィンクラー，ハインリヒ・アウグスト（後藤俊明他訳）『自由と統一への長い道』（I・II），昭和堂，2008年。

エヴァンズ，リチャード・J（大木毅監修，山本孝二訳）『第三帝国の到来』（上・下），白水社，2018年。

エリアス，ノルベルト（ミヒャエル・シュレーター編，青木隆嘉訳）『ドイツ人論――文明化と暴力』法政大学出版局，1996年。

小野清美『保守革命とナチズム――E・J・ユングの思想とワイマル末期の政治』名古屋大学出版会，2004年。

カーショー，イアン（川喜田敦子訳，石田勇治監修）『ヒトラー（上）――1889－1936 傲慢』白水社，2016年。

北村厚『ヴァイマル共和国のヨーロッパ統合構想――中欧から拡大する道』ミネルヴァ書房，2014年。

木村靖二『兵士の革命――1918年ドイツ』東京大学出版会，1988年。

――「ヴァイマル共和国」，成瀬治他編『世界歴史大系　ドイツ史３』山川出版社，1997年。

熊野直樹『ナチス一党支配体制成立史序説――フーゲンベルクの入閣とその失脚をめぐって』法律文化社，1996年。

栗原優「ナチ党綱領の歴史」（上・下）『西洋史学』93・94号，1974年。

ゲルヴァルト，ローベルト（大久保里香他訳）『史上最大の革命――1918年11月、ヴァイマル民主政の幕開け』みすず書房，2020年。

コルプ，エーベルハルト（柴田敬二訳）『ワイマル共和国史――研究の現状』刀水書房，1987年。

佐藤卓己『大衆宣伝の神話――マルクスからヒトラーへのメディア史』弘文堂，1992年（増補版，ちくま学芸文庫，2014年）。

――『ファシスト的公共性――総力戦体制のメディア学』岩波書店，2018年。

篠塚敏生『ヴァイマル共和国初期のドイツ共産党――中部ドイツでの1921年「三月行動」の研究』多賀出版，2008年。

芝健介「第三帝国の編成」，成瀬治他編『世界歴史大系　ドイツ史３』山川出版社，1997年。

――『ヒトラー――虚像の独裁者』岩波新書，2021年。

高田博行『ヒトラー演説――熱狂の真実』中公新書，2014年。

田村栄子『若き教養市民層とナチズム――ドイツ青年・学生運動の思想の社会史』名古屋大学出版会，1996年。

――／星乃治彦編『ヴァイマル共和国の光芒――ナチズムと近代の相克』昭和堂，2007年。

富永幸生／鹿毛達雄／下村由一／西川正雄『ファシズムとコミンテルン』東京大学出版会，1978年。

長田浩彰『われらユダヤ系ドイツ人――マイノリティから見たドイツ現代史 1893－1951』広島大学出版会，2011年。

中村幹雄『ナチ党の思想と運動』名古屋大学出版会，1990年。

ハフナー，セバスティアン（山田義顕訳）『ドイツ帝国の興亡――ビスマルクからヒトラーへ』平凡社，1989年。

原田昌博『ナチズムと労働者――ワイマル共和国時代のナチス経営細胞組織』勁草書房，2004年。

――『政治的暴力の共和国――ワイマル時代における街頭・酒場とナチズム』名古屋大学出版会，2021年。

林健太郎『ワイマル共和国――ヒトラーを出現させたもの』中公新書，1963年。

平島健司『ワイマール共和国の崩壊』東京大学出版会，1991年。

福澤直樹『ドイツ社会保険史――社会国家の形成と展開』名古屋大学出版会，2012年。

藤原辰史『カブラの冬――第一次世界大戦期ドイツの飢饉と民衆』人文書院，2011年。

フライ，ノルベルト（芝健介訳）『総統国家――ナチスの支配1933－1945年』岩波書店，1994年。

フリードリク，オットー（千葉雄一訳）『洪水の前――ベルリンの1920年代』新書館，1985年。

フレンケル，エルンスト（中道寿一訳）『二重国家』ミネルヴァ書房，1994年。

ヘーネ，ハインツ（五十嵐智友訳）『ヒトラー 独裁への道――ワイマール共和国崩壊まで』朝日新聞社，1992年。

ベッセル，リチャード（大山晶訳）『ナチスの戦争1918－1949――民族と人種の戦い』中公新書，2015年。

ヘベルレ，ルドルフ（中道寿一訳）『民主主義からナチズムへ――ナチズムの地域研究』御茶の水書房，1989年。

ヘルベルト，ウルリヒ（小野寺拓也訳）『第三帝国――ある独裁の歴史』角川新書，2021年。

ポイカート，デートレフ（小野清美／田村栄子／原田一美訳）『ワイマル共和国――古典的近代の危機』名古屋大学出版会，1993年。

星乃治彦『ナチス前夜における「抵抗」の歴史』ミネルヴァ書房，2007年。

マウ，ヘルマン／クラウスニック，ヘルムート（内山敏訳）『ナチスの時代――ドイツ現代史』岩波新書，1961年。

牧野雅彦『ロカルノ条約――シュトレーゼマンとヨーロッパの再建』中公叢書，2012年。

松永和生「ドイツにおける鉄道の中央集権化と領邦――統一に向かって線路は続く」，湯沢威他『鉄道（近代ヨーロッパの探究14）』ミネルヴァ書房，2012年。

マティアス，エーリヒ（安世舟／山田徹訳）『なぜヒトラーを阻止できなかったか――社会民主党の政治行動とイデオロギー』岩波書店，1984年。

モムゼン，ハンス（関口宏道訳）『ヴァイマール共和国史――民主主義の崩壊とナチスの台頭』水声社，2001年。

山口定『ファシズム』有斐閣，1979年（岩波現代文庫，2006年）。

――『ヒトラーの抬頭――ワイマール・デモクラシーの悲劇』朝日文庫，1991年。

山田徹『ヴァイマル共和国初期のドイツ共産党』御茶の水書房，1997年。

山本達夫『ナチスとユダヤ企業――経済の脱ユダヤ化と水晶の夜』勉誠出版，2022年。

ローゼンベルク，アルトゥール（足利末男訳）『ヴァイマル共和国成立史　1871－1918』みすず書房，1969年。

渡辺重範『ドイツ近代選挙制度史――制度史よりみたドイツ近代憲法史の一断面』成文堂，2000年。

# 註

**【序章】**

＊1　この事件のように、本書にはワイマル期のベルリンで発生した数多くの政治的暴力事件が登場する。それらの事例については、ベルリン州立文書館およびプロイセン枢密文書館所蔵の史料に基づいているが、註の煩雑を避けるため、直接引用する場合を除いて文書番号を逐一挙げることはしない。詳しくは、拙著『政治的暴力の共和国——ワイマル時代における街頭・酒場とナチズム』名古屋大学出版会、2021年を参照されたい。

＊2　LAB, A Pr. Br. Rep.358-01, Nr.1158.

＊3　Dirk Blasius, *Weimars Ende: Bürgerkrieg und Politik 1930-1933*, Göttingen 2005, S.9ff.

**【第一章】**

＊1　Dirk Schumann, Politische Gewalt in der frühen Weimarer Republik (1919-1923) und ihre Repräsentation in der politischen Tagespresse, in: Ute Daniel u.a. (Hrsg.), *Politische Kultur und Medienwirklichkeiten in den 1920er Jahren*, München 2010, S.279.

＊2　E. コルプ（柴田敬二訳）『ワイマル共和国史——研究の現状』刀水書房、1987年、8頁。

＊3　Ulrich Kluge, *Die Weimarer Republik*, Paderborn/München/Wien/Zürich 2006, S.40.

＊4　Christopher Dillon, Die deutsche Revolution 1918/19, in: Nadine Rossol/Benjamin Ziemann (Hrsg.), *Aufbruch und Abgründe: Das Handbuch der Weimarer Republik*, Darmstadt 2021, S.45.

＊5　Wolfram Pyta, *Die Weimarer Republik*, Opladen 2004, S.20.

＊6　Harry Graf Kessler, *Tagebücher 1918-1937*, o.O. 2018, S.17（H. ケスラー［松本道介訳］『ワイマル日記』冨山房、1993年［上］・1994年［下］、18頁）.

＊7　Mark Jones, *Founding Weimar: Violence and the German Revolution of 1918-1919*, Cambridge 2016, p.104.

＊8　Kessler, *a.a.O.*, S.42f.（ケスラー、前掲書、69頁）.

＊9　*Ebenda*, S.49（同上書、85頁以下）.

＊10　Gunther Mai, *Die Weimarer Republik*, München 2022, S.26.

＊11　Pyta, *a.a.O.*, S.38.

＊12　Dillon, a.a.O., S.55.

＊13　Kessler, *a.a.O.*, S.79（ケスラー、前掲書、145頁以下）.

＊14　*Ebenda*, S.76（同上書、140頁以下）.

＊15　*Ebenda*, S.93（同上書、174頁）.

＊16　Mai, *a.a.O.*, S.26.

＊17　ドイツ連邦議会ホームページ（https://www.bundestag.de/dokumente/textarchiv/2019/kw30-kalenderblatt-reichsverfassung-652448）［2024年1月16日閲覧］。

＊18　Kessler, *a.a.O.*, S.103（ケスラー、前掲書、197頁）.

＊19　Kluge, *a.a.O.*, S.65.

＊20　Martin H. Geyer, Die Zeit der Inflation 1919-1923, in: Rossol/Ziemann (Hrsg.), *a.a.O.*, S.73.

＊21　村田陽一編訳『コミンテルン資料集』（第1巻）、大月書店、1978年、382頁。

＊22　Klaus Schwabe, Der Weg der Republik vom Kapp-Putsch 1920 bis zum Scheitern des Kabinetts Müller 1930, in: Karl Dietrich Bracher u.a. (Hrsg.), *Die Weimarer Republik 1918-1933: Politik. Wirtschaft. Gesellschaft*, Düsseldorf 1988, S.99.

＊23　Emil Julius Gumbel, *Verräter verfallen der Feme: Opfer/Mörder/Richter 1919-1929*,

Berlin 1929, S.17.

＊24　Kessler, *a.a.O.*, S.161（ケスラー、前掲書、320頁）.

＊25　Kluge, *a.a.O.*, S.68.

＊26　Emil Julius Gumbel, *Vier Jahre politischer Mord*, Berlin 1922, S.125.

＊27　*Ebenda*, S.87.

＊28　Pyta, *a.a.O.*, S.63.

＊29　Axel Schildt, *Die Republik von Weimar: Deutschland zwischen Kaiserreich und "Drittem Reich" (1918-1933)*, Erfurt 2009, S.61.

＊30　Pyta, *a.a.O.*, S.64.

＊31　Kluge, *a.a.O.*, S.78.

＊32　Schwabe, a.a.O., S.114.

＊33　Schildt, *a.a.O.*, S.70.

＊34　コルブ、前掲書、58頁。

**【第二章】**

＊1　Schildt, *a.a.O.*, S.78.

＊2　S. ハフナー（山田義顕訳）『ドイツ帝国の興亡――ビスマルクからヒトラーへ』平凡社、1989年、178頁。

＊3　Peter Longerich, *Deutschland 1918-1933: Die Weimarer Republik*, Hannover 1995, S.160.

＊4　Schildt, *a.a.O.*, S.102.

＊5　Mai, *a.a.O.*, S.56.

＊6　Pyta, *a.a.O.*, S.86f.

＊7　H. モムゼン（関口宏道訳）『ヴァイマール共和国史――民主主義の崩壊とナチスの台頭』水声社、2001年、236頁。

＊8　Mai, *a.a.O.*, S.59.

＊9　Kluge, *a.a.O.*, S.223.

＊10　Kessler, *a.a.O.*, S.260（ケスラー、前掲書、543頁）.

＊11　Matthew Stibbe, Koalitionsbildung und politische Fragmentierung 1924-1930, in: Rossol/Ziemann（Hrsg.）, *a.a.O.*, S.95.

＊12　Siegfried Heimann, *Der Preußische Landtag 1899-1947: Eine politische Geschichte*, Berlin 2011, S.135.

＊13　Institut für Zeitgeschichte（Hrsg.）, *Hitler: Reden, Schriften, Anordnungen: Februar 1925 bis Januar 1933: Bd.I, Die Wiedergründung der NSDAP Februar 1925-Juni 1926*, München/London/New York/Paris 1992, S.7ff.（Dok.4）.

＊14　Andreas Nachama, Die NSDAP in der Weimarer Republik als moderne Volkspartei, in: Hanno Hochmuth u.a.（Hrsg.）, *Weimars Wirkung: Das Nachleben der ersten deutschen Republik*, Göttingen 2020, S.75.

＊15　Hans-Ulrich Thamer, *Die NSDAP: Von der Gründung bis zum Ende des Dritten Reiches*, München 2020, S.45.

＊16　Institut für Zeitgeschichte（Hrsg.）, *Hitler: Reden, Schriften, Anordnungen: Februar 1925 bis Januar 1933: Bd.II, Vom Weimarer Parteitag bis zur Reichstagswahl Juli 1926-Mai 1928*, München/London/New York/Paris 1992, S.66（Dok.31）.

＊17　Daniel Siemens, Prügelpropaganda: Die SA und der nationalsozialistische Mythos vom »Kampf um Berlin«, in: Michael Wildt/Christoph Kreutzmüller（Hrsg.）, *Berlin 1933-1945*,

Berlin 2013, S.34.

＊18　Reinhold Muchow, Situations-Bericht Nr.5 v.Okt.1926, in: Martin Broszat, Die Anfänge der Berliner NSDAP 1926/27, in: *Vierteljahrshefte für Zeitgeschichte*, Jg.8 (1960), S.101ff.

＊19　Ebenda, S.103.

＊20　Dietrich Orlow, *The History of the Nazi Party 1919-1933*, Pittsburgh 1969, p.92.

＊21　Thomas Lindenberger, *Straßenpolitik: Zur Sozialgeschichte der öffentlichen Ordnung in Berlin 1900 bis 1914*, Bonn 1995, S.11ff.

＊22　Dillon, a.a.O., S.46f.

＊23　Daniel Schmidt, Die Straße beherrschen, die Stadt beherrschen: Sozialraumstrategien und politische Gewalt im Ruhrgebiet 1929-1933, in: Alf Lüdtke u.a. (Hrsg.), *Polizei, Gewalt und Staat im 20. Jahrhundert*, Wiesbaden 2011, S.235.

＊24　Peter Hüttenberger, *Die Gauleiter: Studie zum Wandel des Machtgefüges in der NSDAP*, Stuttgart 1969, S.41.

＊25　Albrecht Tyrell, *Führer befiehl...: Selbstzeugnisse aus der „Kampfzeit" der NSDAP*, Düsseldorf 1991, S.235 (Dok.85).

＊26　Joseph Goebbels, *Kampf um Berlin*, München 1943 (23./24. Auflage), S.86.

＊27　*Ebenda*, S.18f.

＊28　Gerhard Paul, *Aufstand der Bilder: Die NS-Propaganda vor 1933*, Bonn 1990, S.175.

＊29　Torsten Homberger, *The Honor Dress of the Movement: A Cultural History of Hitler's Brown Shirt Uniform, 1920-1933*, Amherst 2021, pp.181-182.

＊30　Zit. nach Paul, *Aufstand der Bilder*, S.126.

＊31　LAB, A Pr. Br. Rep.030, Nr.7559, Bl.301.

＊32　Andreas Wirsching, *Vom Weltkrieg zum Bürgerkrieg?: Politischer Extremismus in Deutschland und Frankreich 1918-1933/39: Berlin und Paris im Vergleich*, München 1999, S.457.

＊33　Richard Bessel, Violence as Propaganda: The Role of the Storm Troopers in the Rise of National Socialism, in: Thomas Childers (ed.), *The Formation of the Nazi Constituency 1919-1933*, New Jersey 1986, p.136.

**【第三章】**

＊1　Kluge, *a.a.O.*, S.229.

＊2　Thomas D. Grant, *Stormtroopers and Crisis in the Nazi Movement: Activism, Ideology and Dissolution*, New York/London 2004, pp.38-39.

＊3　Sebastian Elsbach, Straßenkampf oder Bürgerkrieg?: Wehrverbände und Polizeigewalt in der Weimarer Republik, in: Sven Oliver Müller/Christin Pschichholz (Hrsg.), *Gewaltgemeinschaften?: Studien zur Gewaltgeschichte im und nach dem Ersten Weltkrieg*, Frankfurt a.M./New York 2021, S.192.

＊4　Mai, *a.a.O.*, S.54.

＊5　Sven Reichardt, Totalitäre Gewaltpolitik?: Überlegungen zum Verhältnis von nationalsozialistischer und kommunistischer Gewalt in der Weimarer Republik, in: Wolfgang Hardtwig (Hrsg.), *Ordnungen in der Krise: Zur politischen Kulturgeschichte Deutschlands 1900-1933*, München 2007, S.399.

＊6　Kluge, *a.a.O.*, S.225.

＊7　Peter Leßmann-Faust, *Die preußische Schutzpolizei in der Weimarer Republik:*

*Streifendienst und Straßenkampf*, Düsseldorf 1989, S.226.

＊8　LAB, A Pr. Br. Rep.030, Nr.7545, Bl.4.

＊9　Oliver Reschke, Die Kampfzeit der NSDAP im roten Friedrichshain, in: *Beiträge zur Geschichte der Arbeiterbewegung*, 1/2002, S.29.

＊10　LAB, A Pr. Br. Rep.358-01, Nr.287.

＊11　*Berliner Morgenpost* v.12.2.1927.

＊12　Goebbels, *a.a.O.*, S.60.

＊13　*Neue Berliner Zeitung: Das 12 Uhr Blatt* v.22.3.1927.

＊14　Marie-Luise Ehls, *Protest und Propaganda: Demonstrationen in Berlin zur Zeit der Weimarer Republik*, Berlin/New York 1997, S.386.

＊15　Hsi-Huey Liang, *Die Berliner Polizei in der Weimarer Republik*, Berlin/New York 1977, S.119.

＊16　Dirk Schumann, *Politische Gewalt in der Weimarer Republik 1918-1933: Kampf um die Straße und Furcht vor dem Bürgerkrieg*, Essen 2001, S.17.

＊17　GStA, Rep.77, Tit.4043, Nr.309, Bl.153f., 285.

＊18　Bessel, Violence as Propaganda, p.135.

＊19　Zit. nach Thomas Kurz, *„Blutmai": Sozialdemokraten und Kommunisten im Brennpunkt der Berliner Ereignisse von 1929*, Berlin/Bonn 1988, S.26.

＊20　Zit. nach *ebenda*, S.43f.

＊21　Zit. nach *ebenda*, S.46.

＊22　Zit. nach *ebenda*, S.56ff.

＊23　Zit. nach *ebenda*, S.59.

＊24　Leßmann-Faust, *a.a.O.*, S.230.

＊25　Belinda Davis, Polizei und Gewalt auf der Straße: Konfliktmuster und ihre Folgen im Berlin des 19. und 20. Jahrhunderts, in: Alf Lüdtke u.a. (Hrsg.), *Polizei, Gewalt und Staat im 20. Jahrhundert*, Wiesbaden 2011, S.94.

＊26　GStA, Rep.77, Tit.4043, Nr.119, Bl.248.

＊27　Liang, *a.a.O.*, S.120.

**【第四章】**

＊1　Mai, *a.a.O.*, S.93.

＊2　*Ebenda.*

＊3　Kessler, *a.a.O.*, S.315（ケスラー、前掲書、667頁）.

＊4　Jürgen W. Falter, *Hitlers Wähler*, München 1991, S.287f.

＊5　*Ebenda*, S.289.

＊6　Pyta, *a.a.O.*, S.107, Michael Wildt, *Geschichte des Nationalsozialismus*, Göttingen 2008, S.66, Thamer, *a.a.O.*, S.33, Daniel Siemens, Nationalsozialismus, in: Rossol/Ziemann (Hrsg.), *a.a.O.*, S.445.

＊7　Pyta, *a.a.O.*, S.117.

＊8　E. マティアス（安世舟／山田徹訳）『なぜヒトラーを阻止できなかったか――社会民主党の政治行動とイデオロギー』岩波書店、1984年、13頁より引用。

＊9　同上書、21および24頁。

＊10　Larry Eugene Jones, Von der Demokratie zur Diktatur: Das Ende der Weimarer Republik und der Aufstieg des Nationalsozialismus, in: Rossol/Ziemann (Hrsg.), *a.a.O.*, S.126.

＊11　モムゼン、前掲書、366頁。
＊12　Kessler, *a.a.O.*, S.330（ケスラー、前掲書、705頁）.
＊13　Mai, *a.a.O.*, S.99.
＊14　Pyta, *a.a.O.*, S.137.
＊15　Kessler, *a.a.O.*, S.335（ケスラー、前掲書、715頁以下）.
＊16　Schildt, *a.a.O.*, S.168.
＊17　Richard J. Evans, *The Coming of the Third Reich*, London 2003, p.276.
＊18　Henning Köhler, Berlin in der Weimarer Republik (1918-1932), in: Wolfgang Ribbe (Hrsg.), *Geschichte Berlins: Zweiter Band: Von der Märzrevolution bis zur Gegenwart*, Berlin 2002, S.920.
＊19　Detlef Schmiechen-Ackermann, *Nationalsozialismus und Arbeitermilieus: Der nationalsozialistische Angriff auf die proletarischen Wohnquartiere und die Reaktion in den sozialistischen Vereinen*, Bonn 1998, S.73.
＊20　Gotthard Jasper, Zur innerpolitischen Lage in Deutschland im Herbst 1929, in: *Vierteljahrshefte für Zeitgeschichte*, Jg.8 (1960), S.281.
＊21　LAB, A Pr. Br. Rep.030, Nr.7600, Bl.30.
＊22　LAB, A Pr. Br. Rep.030, Nr.7600, Bl.27.
＊23　LAB, A Pr. Br. Rep.030, Nr.7569, Bl.42.
＊24　Dirk Schumann, Gewalt als Grenzüberschreitung: Überlegungen zur Sozialgeschichte der Gewalt im 19. und 20. Jahrhundert, in: *Archiv für Sozialgeschichte*, 37 (1997), S.373.
＊25　N. エリアス（M. シュレーター編、青木隆嘉訳）『ドイツ人論――文明化と暴力』法政大学出版局、1996年、258頁。
＊26　Kessler, *a.a.O.*, S.317f.（ケスラー、前掲書、673頁以下）.
＊27　*Joseph Goebbels Tagebücher*, Bd.2 [28.3.1931], S.572.
＊28　LAB, A Pr. Br. Rep.030, Nr.7606, Bl.361.
＊29　GStA, Rep.77, Tit.4043, Nr.133, Bl.67ff.
＊30　LAB, A Pr. Br. Rep.030, Nr.7544, Bl.67f.
＊31　Kessler, *a.a.O.*, S.332（ケスラー、前掲書、708頁）.
＊32　Eve Rosenhaft, Gewalt in der Politik: Zum Problem des „Sozialen Militarismus", in: Klaus-Jürgen Müller/Eckardt Opitz (Hrsg.), *Militär und Militarismus in der Weimarer Republik: Beiträge eines internationalen Symposiums an der Hochschule der Bundeswehr Hamburg am 5. u. 6. Mai 1977*, Düsseldorf 1978, S.238.
＊33　LAB, A Pr. Br. Rep.030, Nr.7545, Bl.129.
＊34　LAB, A Pr. Br. Rep.358-01, Nr.2348.
＊35　GStA, Rep.77, Tit.4043, Nr.311, Bl.322.
＊36　GStA, Rep.77, Tit.4043, Nr.297, Bl.62.
＊37　GStA, Rep.77, Tit.4043, Nr.225, Bl.151.
＊38　LAB, A Pr. Br. Rep.030, Nr.7605, Bl.4.
＊39　LAB, A Pr. Br. Rep.030, Nr.7556, Bl.155.
＊40　Peter H. Merkl, Formen der nationalsozialistischen Gewaltanwendung: Die SA der Jahre 1925-1933, in: Wolfgang J. Mommsen/Gerhard Hirschfeld (Hrsg.), *Sozialprotest, Gewalt, Terror: Gewaltanwendung durch politische und gesellschaftliche Randgruppen im 19. und 20. Jahrhundert*, Stuttgart 1982, S.433.
＊41　LAB, A Pr. Br. Rep.030, Nr.7556, Bl.152.

＊42　Pamela E. Swett, *Neighbors and Enemies: The Culture of Radicalism in Berlin, 1929-1933*, Cambridge 2004, p.293.

＊43　Carsten Dams, *Staatsschutz in der Weimarer Republik: Die Überwachung und Bekämpfung der NSDAP durch die preußische politische Polizei von 1928 bis 1932*, Marburg 2002, S.147.

**【第五章】**

＊1　Eve Rosenhaft, *Beating the Fascists?: The German Communists and Political Violence 1929-1933*, Cambridge 1983.

＊2　Swett, *op.cit.*, p.234.

＊3　Kristian Mennen, *Selbstinszenierung im öffentlichen Raum: Katholische und sozialdemokratische Repertoirediskussionen um 1930*, Münster 2013, S.289.

＊4　LAB, A Pr. Br. Rep.030, Nr.7558, Bl.31.

＊5　LAB, A Pr. Br. Rep.358-01, Nr.2205.

＊6　LAB, A Pr. Br. Rep.358-01, Nr.228.

＊7　Swett, *op.cit.*, p.255.

＊8　LAB, A Pr. Br. Rep.358-01, Nr.1150.

＊9　LAB, A Pr. Br. Rep.358-01, Nr.2502.

＊10　LAB, A Pr. Br. Rep.030, Nr.7555, Bl.48.

＊11　LAB, A Pr. Br. Rep.030, Nr.7559, Bl.235.

＊12　LAB, A Pr. Br. Rep.030, Nr.7559, Bl.242.

＊13　LAB, A Pr. Br. Rep.030, Nr.21623, Bl.75.

＊14　LAB, A Pr. Br. Rep.030, Nr.7603, Bl.439.

＊15　LAB, A Pr. Br. Rep.030, Nr.7578, Bl.180.

＊16　LAB, A Pr. Br. Rep.030, Nr.7608, Bl.64.

＊17　LAB, A Pr. Br. Rep.030, Nr.7569, Bl.89.

＊18　LAB, A Pr. Br. Rep.030, Nr.7557, Bl.323.

＊19　Schmidt, a.a.O., S.240.

＊20　Oliver Reschke, Der Kampf um den Berliner Nostitzkiez: Nationalsozialisten und Kommunisten im Zentrum der Hauptstadt, 1925-1933, in: Michael C. Bienert/Lars Lüdicke (Hrsg.), *Preußen zwischen Demokratie und Diktatur: Die Durchsetzung der NS-Herrschaft in den Zentren und der Peripherie, 1932-1934*, Berlin 2020.

＊21　Hans-Rainer Sandvoß, *Widerstand in Kreuzberg: Widerstand in Berlin 1933-1945, Bd.10*, Berlin 1996, S.15.

＊22　Zit. nach *ebenda*, S.15f.

＊23　Zit. nach *ebenda*, S.16.

＊24　LAB, A Pr. Br. Rep.358-01, Nr.162.

＊25　Zit. nach Sandvoß, *a.a.O.*, S.40.

＊26　LAB, A Pr. Br. Rep.358-01, Nr.8004.

＊27　Zit. nach Sandvoß, *a.a.O.*, S.20.

＊28　LAB, A Pr. Br. Rep.030, Nr.7602, Bl.122.

**【第六章】**

＊1　コルプ、前掲書、215頁。

＊2　Johannes Bähr, *Staatliche Schlichtung in der Weimarer Republik: Tarifpolitik,*

*Korporatismus und industrieller Konflikt zwischen Inflation und Deflation 1919-1932*, Berlin 1989, S.318.

＊3 Joachim Bons, *Nationalsozialismus und Arbeiterfrage: Zu den Motiven, Inhalten und Wirkungsgründen nationalsozialistischer Arbeiterpolitik vor 1933*, Pfaffenweiler 1995, S.388.

＊4 *Joseph Goebbels Tagebücher*, Bd.2 [4.11.1932], S.711f.

＊5 BA, NS22/2.

＊6 *Joseph Goebbels Tagebücher*, Bd.2 [2.8.1932], S.678.

＊7 BA, NS26/283.

＊8 *Joseph Goebbels Tagebücher*, Bd.2 [2.11.1932], S.709f.

＊9 *Völkischer Beobachter* v.6/7.11.1932.

＊10 Mai, *a.a.O.*, S.100.

＊11 Kessler, *a.a.O.*, S.342（ケスラー、前掲書、728頁以下）.

＊12 BA, NS22/1050.

＊13 BA, NS22/1.

＊14 Kluge, *a.a.O.*, S.451.

＊15 コルプ、前掲書、219頁。

＊16 Reiner Marcowitz, *Die Weimarer Republik 1929-1933*, Darmstadt 2004, S.128f.

＊17 Jones, a.a.O., S.134.

＊18 Kluge, *a.a.O.*, S.462.

＊19 コルプ、前掲書、221頁。

＊20 Kessler, *a.a.O.*, S.346（ケスラー、前掲書、740頁）.

＊21 *Ebenda*, S.346f.（同上書、740頁以下）.

＊22 Schildt, *a.a.O.*, S.194.

＊23 Michael Wildt, Nationalsozialistische Machteroberung in Berlin, in: Stefan Hördler (Hrsg.), *SA-Terror als Herrschaftssicherung: „Köpenicker Blutwoche" und öffentliche Gewalt im Nationalsozialismus*, Berlin 2013, S.30.

＊24 Hans-Ulrich Thamer, *Der Nationalsozialismus*, Stuttgart 2002, S.99.

＊25 Mai, *a.a.O.*, S.121.

＊26 Josef und Ruth Becker (Hrsg.), *Hitlers Machtergreifung 1933: Vom Machtantritt Hitlers 30. Januar 1933 bis zur Besiegelung des Einparteienstaates 14. Juli 1933*, München 1983, S.40f. (Dok.13).

＊27 *Ebenda*, S.74f. (Dok.42).

＊28 Catherine Epstein, *Nazi Germany: Confronting the Myths*, Chichester 2015, p.46.

＊29 Ralf Zerback, *Triumph der Gewalt: Drei deutsche Jahre 1932 bis 1934*, Stuttgart 2022, S.147.

＊30 Mai, *a.a.O.*, S.123.

＊31 *Joseph Goebbels Tagebücher*, Bd.2 [27.2.1933], S.768f.

＊32 E. フレンケル（中道寿一訳）『二重国家』ミネルヴァ書房、1994年、3頁。

＊33 Irene von Götz, Terrornetz in Berlin: Haft- und Folterstätten der SA 1933, in: Hördler (Hrsg.), *a.a.O.*, S.40.

＊34 Ulrich Schneider (Hrsg.), *1933 – Der Weg ins Dritte Reich: Quellen und Dokumente zur Vorbereitung und Errichtung der NS-Herrschaft*, Köln 2022, S.97.

＊35 Nikolaus Wachsmann, The dynamics of destruction: The development of the concentration camps, 1933-1945, in: Jane Caplan/Nikolaus Wachsmann (ed.), *Concentration Camps in Nazi*

*Germany: The New Histories*, London/New York 2010, p.19.

＊36 *Joseph Goebbels Tagebücher*, Bd.2 [28.2.1933], S.770.

＊37 Zerback, *a.a.O.*, S.155.

＊38 Kessler, *a.a.O.*, S.350f.（ケスラー、前掲書、748頁以下）.

＊39 Zerback, *a.a.O.*, S.165.

＊40 Epstein, *op.cit.*, p.48.

＊41 *Ibid.*, p.50.

＊42 Kessler, *a.a.O.*, S.352（ケスラー、前掲書、752頁）.

＊43 Josef Wißkirchen, Massenverhaftungen nach dem Reichstagsbrand 1933 in der Region Rhein-Erft, in: ders. (Hrsg.), *Verlorene Freiheit: Nationalsozialistische Schutzhaft 1933/34 im heutigen Rhein-Erft-Kreis*, Berlin 2019, S.128.

＊44 Wildt, Nationalsozialistische Machteroberung in Berlin, S.38.

＊45 LAB, A Pr. Br. Rep.030, Nr.21623, Bl.589f.

＊46 Götz, a.a.O., S.43ff.

＊47 Ebenda, S.43.

＊48 Wolfgang Sofsky, *Die Ordnung des Terrors: Das Konzentrationslager*, Frankfurt a.M. 1997, S42.

＊49 Irene von Götz, Die frühen Konzentrationslager in Berlin, in: Yves Müller/Reiner Zilkenat (Hrsg.), *Bürgerkriegsarmee: Forschungen zur nationalsozialistischen Sturmabteilung (SA)*, Frankfurt a.M. 2013, S.144.

＊50 Wachsmann, op.cit., p.20.

＊51 Zit. nach Iris Helbing/Yves Müller, Die „Köpenicker Blutwoche“ 1933: Über Opfer und Täter, in: Müller/Zilkenat (Hrsg.), *a.a.O.*, S.179.

＊52 Zit. nach ebenda, S.184.

＊53 Becker (Hrsg.), *a.a.O.*, S.356 (Dok.311).

＊54 *Ebenda*, S.368f. (Dok.325).

＊55 Stefan Hördler, SA-Terror als Herrschaftssicherung: „Köpenicker Blutwoche“ und öffentliche Gewalt im Nationalsozialismus, in: ders. (Hrsg.), *a.a.O.*, S.27.

＊56 Becker (Hrsg.), *a.a.O.*, S.327f. (Dok.285).

＊57 H. マウ／H. クラウスニック（内山敏訳）『ナチスの時代――ドイツ現代史』岩波新書、1961年、56頁。

**【終章】**

＊1 岩崎好成「『政治闘争団体』とナチズム運動の擡頭」『現代史研究』43号、1997年、15頁。

＊2 Heinz-Gerhard Haupt, *Gewalt und Politik im Europa des 19. und 20. Jahrhunderts*, Göttingen 2012, S.94.

＊3 Ehls, *a.a.O.*, S.396.

＊4 Bernd Weisbrod, Gewalt in der Politik: Zur politischen Kultur in Deutschland zwischen den beiden Weltkriegen, in: *Geschichte in Wissenschaft und Unterricht*, 43 (1992), S.392.

＊5 Dirk Schumann, Gewalt als Methode der nationalsozialistischen Machteroberung, in: Andreas Wirsching (Hrsg.), *Das Jahr 1933: Die nationalsozialistische Machteroberung und die deutsche Gesellschaft*, Göttingen 2009, S.135.

＊6 ドイツ連邦共和国大統領府ホームページ（https://www.bundespraesident.de/SharedDocs/Reden/DE/Frank-Walter-Steinmeier/Reden/2018/11/181109-Gedenkstunde-Bundestag.

html）［2024年1月16日閲覧］。

＊7　Wildt, *Geschichte des Nationalsozialismus*, S.54.

＊8　William L. Shirer, *Berlin Diary*, New York 2022, p.12（W. L. シャイラー［大久保和郎／大島かおり訳］『ベルリン日記 1934－1940』筑摩書房、1977年、18頁）.

＊9　A. ヴィルシング他編（板橋拓己／小野寺拓也監訳）『ナチズムは再来するのか？――民主主義をめぐるヴァイマル共和国の教訓』慶應義塾大学出版会、2019年、13頁以下。

＊10　Michael Ignatieff, Die Lehren aus Weimar, in: Thomas Weber（Hrsg.）, *Als die Demokratie starb: Die Machtergreifung der Nationalsozialisten - Geschichte und Gegenwart*, Freiburg 2022, S.191.

## 関連年表

| 年 | 月 | 事項 |
| --- | --- | --- |
| 1918 | 10 | 第一次世界大戦末期の「十月改革」で憲法改正［28日］ |
| | | ヴィルヘルムスハーフェンでの水兵の出撃拒否［29日］ |
| | 11 | キールでドイツ革命発生［3日］ |
| | | ミュンヘンで「バイエルン自由国」宣言［7日］ |
| | | 皇帝ヴィルヘルム二世の退位と共和国宣言［9日］ |
| | | 「エーベルト・グレーナー協定」（政府と軍の間での協力関係樹立）［10日］ |
| | | ドイツが休戦協定に調印［11日］ |
| | | 労働組合と資本家団体の間で「中央労働共同体協定」（シュティンネス・レギーン協定）［15日］ |
| | 12 | 「労働協約令」公布［23日］ |
| 1919 | 1 | スパルタクス団などによる「一月蜂起」［5日］ |
| | | ミュンヘンで「ドイツ労働者党」（DAP、ナチ党の前身）結成［5日］ |
| | | パリ講和会議始まる［18日］ |
| | | 国民議会選挙［19日］ |
| | 2 | ワイマルで国民議会開会［6日］ |
| | | フリードリヒ・エーベルト（社会民主党）を共和国大統領に選出［11日］ |
| | | フィリップ・シャイデマン（社会民主党）を首班とするワイマル連合内閣成立［13日］ |
| | 3 | ベルリンで三月蜂起［3日］ |
| | | プロイセン州でワイマル連合による連立政権成立［25日］ |
| | 4 | ミュンヘンで第一次レーテ政権樹立［7日］ |
| | 6 | ヴェルサイユ講和条約調印［28日］ |
| | 8 | ワイマル憲法発効［14日］ |
| | 9 | ヒトラーがドイツ労働者党に入党 |
| 1920 | 2 | ドイツ労働者党が「国民社会主義ドイツ労働者党」（NSDAP）に改称 |
| | 3 | カップ＝リュトヴィッツ一揆［13日］ |
| | 6 | 国会選挙［6日］ |
| | 10 | ハレ党大会での独立社会民主党の分裂［12－17日］ |
| 1921 | 3 | 賠償問題に関するロンドン会議開催［1日］ |
| | | 中部ドイツで共産党の「三月行動」 |
| | 7 | ヒトラーがナチ党の党首に就任［29日］ |
| | 8 | 前蔵相マティアス・エルツベルガー暗殺［26日］ |
| 1922 | 6 | 外相ヴァルター・ラーテナウ暗殺［24日］ |
| | 7 | 共和国保護法成立［18日］ |
| | 10 | イタリアでムッソリーニの「ローマ進軍」［28日］ |

| 年 | 月 | 事項 |
|---|---|---|
| 1923 | 1 | フランス・ベルギー軍によるルール地方占領 [11日] |
| | 8 | シュトレーゼマン大連合内閣発足 [13日] |
| | 10 | キュストリンで非合法部隊「闇の国防軍」の蜂起 [1日] |
| | | 共産党の蜂起「ドイツの十月」の失敗 [25日] |
| | 11 | ミュンヘン一揆 [8日] |
| | | 新通貨レンテンマルクの導入 [15日] |
| 1924 | 4 | 賠償問題に関する「ドーズ案」発表（9月1日発効）[9日] |
| | 5 | 国会選挙 [4日] |
| | 12 | 同年2度目の国会選挙 [7日] |
| | | ヒトラーが保護観察付きで釈放 [20日] |
| 1925 | 2 | ナチ党の再建 [27日] |
| | | 大統領エーベルト急死 [28日] |
| | 4 | 大統領選挙でパウル・フォン・ヒンデンブルクの大統領選出 [26日] |
| | 7 | フランス・ベルギー軍のルール地方からの撤兵開始 [14日] |
| | 10 | ロカルノ会議開幕 [5日] |
| 1926 | 2 | ナチ党バンベルク会議でヒトラーが党内指導権確立 [14日] |
| | 4 | 独ソ友好条約（ベルリン条約）[24日] |
| | 6 | 王侯財産収用に関する国民票決 [20日] |
| | 9 | ドイツの国際連盟への加盟 [8日] |
| | 11 | ヨーゼフ・ゲッベルスがナチ党大ベルリン大管区指導者に就任 [1日] |
| | 12 | グスタフ・シュトレーゼマンがノーベル平和賞受賞 [10日] |
| 1927 | 3 | 「リヒターフェルデ東駅の衝突」[20日] |
| | 5 | ベルリン・ブランデンブルク地方でナチ党の禁止<br>（28年3月31日まで）[6日] |
| | 7 | 職業紹介・失業保険法成立 [16日] |
| 1928 | 4 | 「銃器および弾薬類に関する法律」公布 [12日] |
| | 5 | 国会選挙 [20日] |
| | 6 | ミュラー大連合内閣発足 [28日] |
| | 11 | Aクラス装甲巡洋艦建設に関する中止動議の国会採決 [16日] |
| 1929 | 5 | ベルリンで「血のメーデー」[1日] |
| | 6 | 賠償問題に関する「ヤング案」調印 [7日] |
| | 7 | 反ヤング案全国委員会結成 [9日] |
| | 10 | 外相シュトレーゼマンの死 [3日] |
| | | 「暗黒の木曜日」（世界恐慌の発生）[24日] |
| | 12 | テューリンゲン州議会選挙でナチ党が初の二桁の得票率（11.3%）<br>[8日] |

| 年 | 月 | 事項 |
|---|---|---|
| 1930 | 3 | 失業保険掛け金問題をめぐりミュラー大連合内閣総辞職［27日］ |
| | | 第一次ブリューニング内閣発足（初の大統領内閣）［30日］ |
| | 6 | 連合国軍のラインラントからの撤兵完了［30日］ |
| | 9 | 国会選挙でナチ党が第二党に躍進［14日］ |
| | 10 | ベルリンで国会召集日の混乱［13日］ |
| | 12 | 経済・財政の安定化に関する第一次大統領緊急令［1日］ |
| 1931 | 3 | ドイツ政府が「独墺関税同盟計画」を公表［21日］ |
| | 5 | オーストリア最大の銀行クレジット・アンシュタルトの破綻［11日］ |
| | 6 | 経済・財政の安定化に関する第二次大統領緊急令［5日］ |
| | | 「フーヴァー・モラトリアム」発表［20日］ |
| | 10 | 経済・財政の安定化に関する第三次大統領緊急令［6日］ |
| | | 第二次ブリューニング内閣発足［9日］ |
| | | バート・ハルツブルクに右翼・保守派が結集（ハルツブルク戦線結成）［11日］ |
| | 11 | ヘッセン州議会選挙でナチ党が37.1％の得票率で第一党に［15日］ |
| | | 「ボクスハイム事件」［25日］ |
| | 12 | 経済・財政の安定化に関する第四次大統領緊急令［8日］ |
| | | 社会民主党、自由労働組合、国旗団などが「鉄戦線」結成［16日］ |
| 1932 | 4 | 大統領選挙でヒンデンブルク再選［10日］ |
| | | 「SA禁止令」（SA、SS、HJなどの解散）［13日］ |
| | | プロイセン州議会選挙でワイマル連合が過半数割れ、ナチ党が第一党に［24日］ |
| | 5 | ブリューニング内閣総辞職［30日］ |
| | 6 | パーペン内閣発足［1日］ |
| | | 「SA禁止令」廃止［14日］ |
| | 7 | 「アルトナ血の日曜日」事件［17日］ |
| | | 「プロイセン・クーデター」（パーペン内閣によるプロイセン州政府の解任）［20日］ |
| | | 国会選挙でナチ党が37.3％の得票率で第一党［31日］ |
| | 8 | 「ポテンパ事件」［10日］ |
| | | ヒトラーとヒンデンブルクの入閣交渉決裂［13日］ |
| | 9 | 「経済再生のための緊急令」公布［4日］ |
| | | 「就業機会の増加・維持のための緊急令」公布［5日］ |
| | 11 | ベルリン交通労働者ストライキ（BVGストライキ）発生［3日］ |
| | | 国会選挙でナチ党の議席減少（得票率33.1％）、第一党は維持［6日］ |
| | | パーペン内閣総辞職［17日］ |
| | 12 | シュライヒャー内閣発足［3日］ |

| 年 | 月 | 事項 |
|---|---|---|
| 1932 | 12 | ナチ党幹部グレゴール・シュトラッサーが党の役職と国会議員を辞任 [8日] |
| 1933 | 1 | ヒトラーとパーペンの「ケルン会談」[4日] |
| | | リッペ州議会選挙でナチ党が39.5%の得票率へと回復 [15日] |
| | | シュライヒャー内閣総辞職 [28日] |
| | | ヒンデンブルクがヒトラーを共和国首相に任命 [30日] |
| | 2 | 国会解散 [1日] |
| | | プロイセン内相ゲーリングの「銃撃布告」[17日] |
| | | SA、SS、鉄兜団の隊員など5万人を補助警察官に任命 [22日] |
| | | 「国会議事堂炎上事件」[27日] |
| | | 「国民と国家の保護のための大統領令」公布 [28日] |
| | 3 | 国会選挙でナチ党は過半数獲得に失敗 [5日] |
| | | ミュンヘン郊外ダッハウに強制収容所開設 [22日] |
| | | 「国民と国家の危難を除去するための法」<br>(授権法) 制定 [23日] |
| | | 「州と国家との均制化に関する法」公布 [31日] |
| | 4 | 全国一斉のユダヤ人商店ボイコット [1日] |
| | | 「州と国家との均制化に関する第二法」公布 [7日] |
| | | 「職業官吏再建法」公布 [7日] |
| | 5 | 「国民的労働の日」[1日] |
| | | SAやSSによる労働組合施設の占拠 [2日] |
| | | ベルリンをはじめ全国の大学都市で「焚書」[10日] |
| | 6 | 「ケーペニック血の一週間」発生 [21日] |
| | | 社会民主党の禁止 [22日] |
| | | 国家国民党の解散 [27日] |
| | 7 | 中央党の解散でドイツに存在する政党がナチ党のみに [5日] |
| | | 「政党新設禁止法」公布 [14日] |
| | 12 | 「党と国家の統一を保証するための法」公布 [1日] |
| 1934 | 1 | 「国家再建のための法」公布により<br>州の統治権の国家への移行および州議会廃止 [30日] |
| | 2 | ライヒ参議院の廃止 [14日] |
| | 6 | パーペンのマールブルク演説 [17日] |
| | | SA粛清事件 [30日] |
| | 7 | 「国家緊急防衛措置に関する法」公布 [3日] |
| | 8 | 「ドイツ国元首に関する法」制定 [1日] |
| | | 大統領ヒンデンブルクの死 [2日] |
| | | ヒトラーが「総統兼首相」および国防軍最高司令官に就任 [2日] |

**原田昌博**（はらだ まさひろ）

一九七〇年生まれ。鳴門教育大学大学院学校教育研究科教授。一九九九年、広島大学大学院文学研究科博士課程修了。博士（文学）。専門はドイツ現代史。著書に『ナチズムと労働者――ワイマル共和国時代のナチス経営細胞組織』（勁草書房）、『政治的暴力の共和国――ワイマル時代における街頭・酒場とナチズム』（名古屋大学出版会）など。

集英社新書一二二九D

# ナチズム前夜《ぜんや》 ワイマル共和国《きょうわこく》と政治的《せいじてき》暴力《ぼうりょく》

二〇二四年八月一四日 第一刷発行
二〇二四年一〇月一三日 第二刷発行

著者……原田昌博《はらだまさひろ》
発行者……樋口尚也
発行所……株式会社集英社
東京都千代田区一ツ橋二―五―一〇 郵便番号一〇一―八〇五〇
電話 〇三―三二三〇―六三九一（編集部）
〇三―三二三〇―六〇八〇（読者係）
〇三―三二三〇―六三九三（販売部）書店専用

装幀……原 研哉
印刷所……大日本印刷株式会社 TOPPAN株式会社
製本所……加藤製本株式会社

定価はカバーに表示してあります。


ISBN 978-4-08-721329-4 C0230



Printed in Japan

a pilot of wisdom

a pilot of wisdom

国家と記録 政府はなぜ公文書を隠すのか？　瀬畑　源
水道、再び公営化！ 欧州・水の闘いから日本が学ぶこと　岸本聡子
改訂版 著作権とは何か 文化と創造のゆくえ　福井健策
朝鮮半島と日本の未来　姜　尚中
人新世の「資本論」　斎藤幸平
国対委員長　辻元清美
アフリカ 人類の未来を握る大陸　別府正一郎
〈全条項分析〉日米地位協定の真実　松竹伸幸
日本再生のための「プランB」　兪　炳匡
新世界秩序と日本の未来　内田　樹／姜　尚中
世界大麻経済戦争　矢部　武
中国共産党帝国とウイグル　橋爪大三郎／中田　考
安倍晋三と菅直人　尾中香尚里
ジャーナリズムの役割は空気を壊すこと　森　達也／望月衣塑子
代表制民主主義はなぜ失敗したのか　藤井達夫
会社ではネガティブな人を活かしなさい　友原章典
自衛隊海外派遣 隠された「戦地」の現実　布施祐仁

北朝鮮 拉致問題 極秘文書から見える真実　有田芳生
アフガニスタンの教訓 挑戦される国際秩序　山本忠通／内藤正典
原発再稼働 葬られた過酷事故の教訓　日野行介
北朝鮮とイラン　福原裕二／吉村慎太郎
歴史から学ぶ 相続の考え方　神山敏夫
非戦の安全保障論　柳澤協二／伊勢﨑賢治／加藤　朗／林　吉永
西山太吉 最後の告白　西山太吉／佐高　信
日本酒外交 酒サムライ外交官、世界を行く　門司健次郎
日本の電機産業はなぜ凋落したのか　桂　幹
ウクライナ侵攻とグローバル・サウス　別府正一郎
日本が滅びる前に 明石モデルがひらく国家の未来　泉　房穂
イスラエル軍元兵士が語る非戦論　ダニー・ネフセタイ
戦争はどうすれば終わるか？　柳澤協二／伊勢﨑賢治／加藤　朗／林　吉永
全身ジャーナリスト　田原総一朗
自壊する欧米 ガザ危機が問うダブルスタンダード　内藤正典／三牧聖子
誰も書かなかった統一教会　有田芳生
自由とセキュリティ　杉田　敦

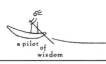

## 集英社新書　好評既刊

### 社会――B

天井のない監獄 ガザの声を聴け！　清田明宏
限界のタワーマンション　榊 淳司
日本人は「やめる練習」がたりてない　野本響子
俺たちはどう生きるか　大竹まこと
「他者」の起源 ノーベル賞作家のハーバード連続講演録　トニ・モリスン
言い訳 関東芸人はなぜM-1で勝てないのか　ナイツ 塙 宣之
自己検証・危険地報道　安田純平 ほか
都市は文化《アート》でよみがえる　大林剛郎
「言葉」が暴走する時代の処世術　太田 光／山極寿一
性風俗シングルマザー　坂爪真吾
美意識の値段　山口 桂
ストライキ2.0 ブラック企業と闘う武器　今野晴貴
香港デモ戦記　小川善照
ことばの危機 大学入試改革・教育政策を問う　東京大学文学部広報委員会・編
国家と移民 外国人労働者と日本の未来　鳥井一平
LGBTとハラスメント　神谷悠一／松岡宗嗣
変われ！ 東京 自由で、ゆるくて、閉じない都市　清野由美／隈 研吾
東京裏返し 社会学的街歩きガイド　吉見俊哉
人に寄り添う防災　片田敏孝
プロパガンダ戦争 分断される世界とメディア　内藤正典
イミダス 現代の視点2021　イミダス編集部・編
中国法「依法治国」の公法と私法　小口彦太
福島が沈黙した日 原発事故と甲状腺被ばく　榊原崇仁
女性差別はどう作られてきたか　中村敏子
原子力の精神史――〈核〉と日本の現在地　山本昭宏
ヘイトスピーチと対抗報道　角南圭祐
世界の凋落を見つめて クロニクル2011-2020　四方田犬彦
「自由」の危機 ――息苦しさの正体　藤原辰史／内田 樹 ほか
「非モテ」からはじめる男性学　西井 開
妊娠・出産をめぐるスピリチュアリティ　橋迫瑞穂
マジョリティ男性にとってまっとうさとは何か　杉田俊介
書物と貨幣の五千年史　永田 希
インド残酷物語 世界一たくましい民　池亀 彩

## 歴史・地理――D

a pilot of wisdom

- 司馬江漢「江戸のダ・ヴィンチ」の型破り人生　池内 了
- 写真で愉しむ 東京「水流」地形散歩　小林紀晴 監修・解説 今尾恵介
- 近現代日本史との対話【幕末・維新―戦前編】　成田龍一
- 近現代日本史との対話【戦中・戦後―現在編】　成田龍一
- マラッカ海峡物語　重松伸司
- アイヌ文化で読み解く「ゴールデンカムイ」　中川 裕
- 始皇帝 中華統一の思想『キングダム』で解く中国大陸の謎　渡邉義浩
- 歴史戦と思想戦――歴史問題の読み解き方　山崎雅弘
- 証言 沖縄スパイ戦史　三上智恵
- 「慵斎叢話」15世紀朝鮮奇譚の世界　野崎充彦
- 江戸幕府の感染症対策　安藤優一郎
- 長州ファイブ サムライたちの倫敦《ロンドン》　桜井俊彰
- 奈良で学ぶ 寺院建築入門　海野 聡
- 江戸の宇宙論　池内 了
- 大東亜共栄圏のクールジャパン　大塚英志
- 「米留組」と沖縄 米軍統治下のアメリカ留学　山里絹子
- 未完の敗戦　山崎雅弘

- スコットランド全史「運命の石」とナショナリズム　桜井俊彰
- 駒澤大学仏教学部教授が語る 仏像鑑賞入門　村松哲文
- 海のアルメニア商人 アジア離散交易の歴史　重松伸司
- 太平洋戦争史に学ぶ 日本人の戦い方　藤井非三四
- 江戸の好奇心 花ひらく「科学」　池内 了
- 戦国ブリテン アングロサクソン七王国の王たち　桜井俊彰
- ゴールデンカムイ 絵から学ぶアイヌ文化　中川 裕
- 私たちの近現代史 女性とマイノリティの100年　村山由佳 朴慶南
- 首里城と沖縄戦 最後の日本軍地下司令部　保坂廣志
- 秘密資料で読み解く 激動の韓国政治史　永野慎一郎

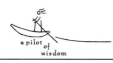

a pilot of wisdom

## 集英社新書　好評既刊

### 福沢諭吉「一身の独立」から「天下の独立」まで
**中村敏子**　1216-C

幕末に武士として生き、明治維新を経て知識人となった福沢諭吉。今まで注目されてこなかった一面とは。

### 特殊害虫から日本を救え
**宮竹貴久**　1217-G

農作物へ大きな被害を及ぼす〝特殊害虫〟。その根絶事業に携わってきた現役昆虫学者による奮闘の記録。

### 読むダンス
**ARATA**　1218-H

BTSやSnow Man、XGなどの全七二作品を多角的に解説。心奪われるダンスは何がすごいのか？

### 働くということ「能力主義」を超えて
**勅使川原真衣**　1219-E

人を「選び・選ばれる」能力主義のあり方に組織開発の専門家が疑問を呈し、新たな仕事観を提案する。

### 首里城と沖縄戦　最後の日本軍地下司令部
**保坂廣志**　1220-D

20万人が犠牲となった沖縄戦を指揮した首里城地下の日本軍第32軍司令部壕。資料が明かす戦争加害の実態。

### 化学物質過敏症とは何か
**渡井健太郎**　1221-I

アレルギーや喘息と誤診され、過剰治療や放置されがちな〝ナゾの病〟の正しい理解と治療法を医師が解説。

### 限界突破の哲学　なぜ日本武道は世界で愛されるのか？
**アレキサンダー・ベネット**　1222-C

剣道七段、なぎなたなど各種武道を修行した著者が体力と年齢の壁を超える「身体と心の作法」を綴る。

### 教養の鍛錬　日本の名著を読みなおす
**石井洋二郎**　1223-C

『善の研究』や『君たちはどう生きるか』など「読んだふり」にしがちな教養書六冊を東大教授が再読する。

### 秘密資料で読み解く　激動の韓国政治史
**永野慎一郎**　1224-D

金大中拉致や朴正熙大統領暗殺、大韓航空機爆破事件、ラングーン事件など民主化を勝ち取るまでの戦いとは。

### 贖罪　殺人は償えるのか
**藤井誠二**　1225-B

己の罪と向き合う長期受刑者との文通から「償い」「謝罪」「反省」「更生」「贖罪」とは何かを考えた記録。